高等学校交通运输与工程类专业规划教材

公路机械化养护技术

丛卓红　陈新轩　丁智勇　主　编

郑南翔　主　审

China Communications Press Co.,Ltd.

内 容 提 要

本书集公路养护理论与实践为一体,主要介绍公路路基、路面、桥涵等结构物常见病害与病害机理分析;公路路基、路面、桥涵的养护方法,尤其是路面的各种预防性养护新技术;高速公路机械化养护技术;公路养护养护机械的合理配置等。

本书可作为高等院校机械设计制造及自动化、公路工程等专业的本科生教材,也可作为公路施工与养护技术人员的参考书。

图书在版编目(CIP)数据

公路机械化养护技术 / 丛卓红,陈新轩,丁智勇主编. —北京：人民交通出版社股份有限公司,2015.9
高等学校交通运输与工程类专业规划教材
ISBN 978-7-114-12469-3

Ⅰ. ①公… Ⅱ. ①丛… ②陈… ③丁… Ⅲ. ①公路养护—机械化—高等学校—教材 Ⅳ. ①U418

中国版本图书馆 CIP 数据核字(2015)第 203594 号

高等学校交通运输与工程类专业规划教材

书　　名:	公路机械化养护技术
著 作 者:	丛卓红　陈新轩　丁智勇
责任编辑:	李　喆　周　宇
出版发行:	人民交通出版社股份有限公司
地　　址:	(100011)北京市朝阳区安定门外外馆斜街 3 号
网　　址:	http://www.ccpress.com.cn
销售电话:	(010)59757973
总 经 销:	人民交通出版社股份有限公司发行部
经　　销:	各地新华书店
印　　刷:	北京盈盛恒通印刷有限公司
开　　本:	787×1092　1/16
印　　张:	14
字　　数:	317 千
版　　次:	2015 年 9 月　第 1 版
印　　次:	2015 年 9 月　第 1 次印刷
书　　号:	ISBN 978-7-114-12469-3
定　　价:	30.00 元

(有印刷、装订质量问题的图书由本公司负责调换)

高等学校交通运输与工程（道路、桥梁、隧道与交通工程）教材建设委员会

主 任 委 员：沙爱民　（长安大学）

副主任委员：梁乃兴　（重庆交通大学）

　　　　　　陈艾荣　（同济大学）

　　　　　　徐　岳　（长安大学）

　　　　　　黄晓明　（东南大学）

　　　　　　韩　敏　（人民交通出版社股份有限公司）

委　　　员：（按姓氏笔画排序）

　　　　　　马松林　（哈尔滨工业大学）　　王云鹏　（北京航空航天大学）
　　　　　　石　京　（清华大学）　　　　　申爱琴　（长安大学）
　　　　　　朱合华　（同济大学）　　　　　任伟新　（合肥工业大学）
　　　　　　向中富　（重庆交通大学）　　　刘　扬　（长沙理工大学）
　　　　　　刘朝晖　（长沙理工大学）　　　刘寒冰　（吉林大学）
　　　　　　关宏志　（北京工业大学）　　　李亚东　（西南交通大学）
　　　　　　杨晓光　（同济大学）　　　　　吴卫国　（武汉理工大学）
　　　　　　吴瑞麟　（华中科技大学）　　　何　民　（昆明理工大学）
　　　　　　何东坡　（东北林业大学）　　　张顶立　（北京交通大学）
　　　　　　张金喜　（北京工业大学）　　　陈　红　（长安大学）
　　　　　　陈　峻　（东南大学）　　　　　陈宝春　（福州大学）
　　　　　　陈静云　（大连理工大学）　　　邵旭东　（湖南大学）
　　　　　　项贻强　（浙江大学）　　　　　郭忠印　（同济大学）
　　　　　　黄　侨　（东南大学）　　　　　黄立葵　（湖南大学）
　　　　　　黄亚新　（解放军理工大学）　　符锌砂　（华南理工大学）
　　　　　　葛耀君　（同济大学）　　　　　裴玉龙　（东北林业大学）
　　　　　　戴公连　（中南大学）

秘 书 长：孙　玺　（人民交通出版社股份有限公司）

前言
PREFACE

　　截至 2014 年年底全国公路总里程 446.39 万 km,养护里程 435.38 万 km,占公路总里程约 97.5%。其中高速公路里程 11.19 万 km,一级公路里程 8.54 万 km,二级公路里程 34.84 万 km,公路密度达到 46.50km/100km^2。公路交通发展要坚持建、养、运、管并重的理念,加大国道改造力度,加强公路科学养护,全面提升公路运输的保障能力和服务水平。

　　交通运输部发布的《交通运输"十二五"发展规划》中明确提出,完善公路交通网络,重点提高国省道二级及以上公路比例,进一步加大危桥改造力度,按照技术规范要求严格实施安保工程;推进公路科学养护,实施公路大中修养护工程,确保全国每年对不少于 17% 的国省道实施大中修工程;加强预防性养护新设备、新材料、新技术和新工艺的研究,推行低碳、环保、节能养护,努力形成成套技术标准体系。

　　公路养护机械化水平是公路养护现代化的重要标志,它关系到公路养护作业的质量、速度和效益,也关系到养护机械的投资效益和养护作业成本。公路机械化养护技术与养护机械的发展相互依存,养护机械的设计和配置必须充分满足公路养护作业规范要求和作业条件,机械化作业必须符合养护作业的质量和速度要求。公路机械化养护技术是提高公路养护质量的重要手段。

　　本书是按照长安大学机械设计制造及其自动化(公路机械化养护与管理、交通建设与装备专业方向)专业的"公路机械化养护理论与养护技术"教学大纲的要求而编写的,适用于这两个专业方向本科生的教学需要。本书集公路养护理论与实践为一体,主要介绍公路路基、路面、桥涵等常见病害与病害机理分析;公路路基、路面、桥涵的养护方法,尤其是路面的各种预防性养护新技术;高速公路机械化养护技术;公路养护机械的合理配置等。本书既可作为高等院校的本科生教材,也可作为公路施工与养护技术人员的参考书。

本书共九章,第一章由陈新轩编写,第二、四、九章由丛卓红编写,第三、五章由马登成编写,第六章由丁智勇编写,第七章由张旭编写,第八章由陈一馨编写。全书由丛卓红、陈新轩、丁智勇主编,并担任全书统稿工作,由长安大学公路学院郑南翔主审。

限于编者水平有限,难免有疏误之处,恳请读者提出宝贵意见,以便及时修改完善。

编　者

2015 年 6 月

目录 CONTENTS

第一章　公路养护概述 ··· 1
　第一节　我国公路网概况 ·· 1
　第二节　公路养护的主要任务及工程分类 ································· 4
　第三节　公路养护的技术政策与组织管理 ································· 8
　第四节　公路养护的发展方向 ··· 10
第二章　路基养护 ··· 13
　第一节　路基病害 ··· 13
　第二节　路基使用状况评价及养护要求 ································· 16
　第三节　路基日常养护 ·· 17
　第四节　路基专项养护 ·· 26
第三章　沥青路面日常养护 ··· 43
　第一节　沥青路面病害 ·· 43
　第二节　沥青路面使用性能调查、评价及养护技术决策 ·········· 53
　第三节　沥青路面的日常养护 ··· 57
第四章　沥青路面预防性养护 ·· 65
　第一节　封缝 ··· 68
　第二节　雾封层与还原剂封层技术 ·· 73
　第三节　稀浆封层和微表处 ·· 78
　第四节　碎石封层 ·· 87
　第五节　薄层罩面与超薄罩面 ··· 91

1

第五章　沥青路面再生 ································· 97
第一节　概述 ································· 97
第二节　现场热再生 ································· 100
第三节　厂拌热再生 ································· 110
第四节　现场冷再生 ································· 113
第五节　厂拌冷再生 ································· 115

第六章　水泥路面养护 ································· 121
第一节　水泥路面病害类型 ································· 121
第二节　水泥路面使用性能调查、评价及养护技术决策 ································· 123
第三节　水泥路面日常养护 ································· 126
第四节　水泥路面预防性养护 ································· 130
第五节　水泥路面典型病害养护维修 ································· 135
第六节　水泥路面加铺 ································· 149
第七节　旧水泥混凝土路面再生 ································· 156

第七章　公路沿线设施养护 ································· 160
第一节　养护基本要求 ································· 160
第二节　交通安全设施养护维修 ································· 161
第三节　通信与监视设施养护 ································· 172

第八章　公路桥梁涵洞养护 ································· 175
第一节　概述 ································· 175
第二节　桥梁的检查与检验 ································· 176
第三节　桥梁上部构造的养护、维修与加固 ································· 189
第四节　墩台基础的养护维修 ································· 192
第五节　涵洞的养护、维修与加固 ································· 194
第六节　调治构造物的养护、维修与加固 ································· 195
第七节　超重车辆过桥措施 ································· 195

第九章　公路养护安全作业 ································· 197
第一节　公路养护安全作业的基本要求 ································· 197
第二节　公路养护维修作业控制区及安全设施 ································· 198
第三节　公路养护维修作业控制区布置 ································· 205

参考文献 ································· 213

第一章
公路养护概述

第一节 我国公路网概况

公路运输是综合交通运输系统中的一个重要组成部分。公路是国家经济发展和现代化建设的基础设施。随着我国国民经济的快速发展,对交通运输的需求不断增加,公路建设随之得到了迅猛的发展。现代化的公路建设和管理水平是未来交通的发展方向,也是衡量一个国家现代化水平的重要标志。实现公路养护与管理的现代化、科学化、规范化和系统化,对于充分发挥公路快速、安全、经济、舒适的功能和特点具有十分重要的意义。

我国自20世纪80年代末期修建第一条高速公路以来,公路建设取得了令人瞩目的巨大成就,1990~2013年间公路里程的增长态势如图1-1所示。高速公路的发展,极大地提高了中国公路网的整体技术水平,优化了交通运输结构,对缓解交通运输的"瓶颈"发挥了重要作用,有力地促进了中国经济发展和社会进步,1995~2014年我国高速公路里程增长态势图见图1-2。

中国国家高速公路网采用放射线与纵横网格相结合的布局方案,由7条首都放射线、9条南北纵线和18条东西横线组成,简称为"7918"网,总规模约8.5万km,其中主线路约6.8万km,地区环线、联络线等其他路线约1.7万km,是世界上规模最大的高速公路系统。编号系统完成后,也解决自中国首条高速公路——沪嘉高速公路通车以来,中国高速公路有名无号的问题,更方便驾车者出行。2013年6月20日,交通运输部在国务院新闻办举行的新闻发布会上正式公布了《国家公路网规划(2013~2030年)》,在该规划里国家高速公路网进一步完善,在

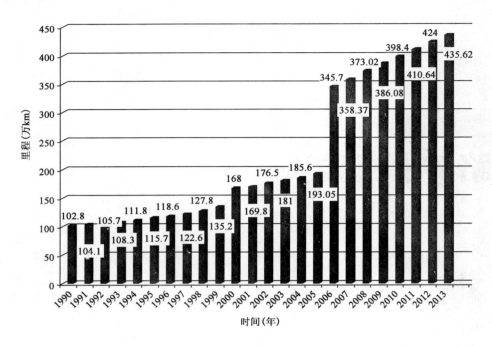

图 1-1 我国公路里程增长态势图

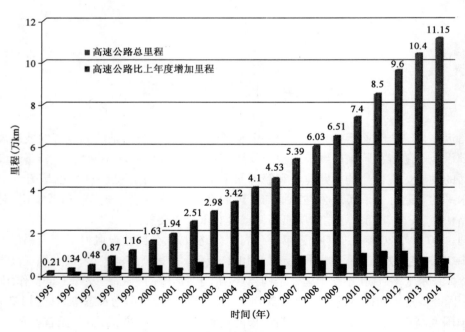

图 1-2 我国高速公路里程增长态势图

西部增加了两条南北纵线,成为"71118"网,规划总里程增加到了 11.8 万 km,如图 1-3 所示。

为保证庞大的公路网具有较高的服务水平,其后期的养护管理任务十分艰巨。公路投入使用之后,在行车荷载和自然等因素的作用下,公路基础设施各方面的性能会发生改变。为了保持或恢复公路基础设施各方面的使用品质,必须对其进行养护和管理。

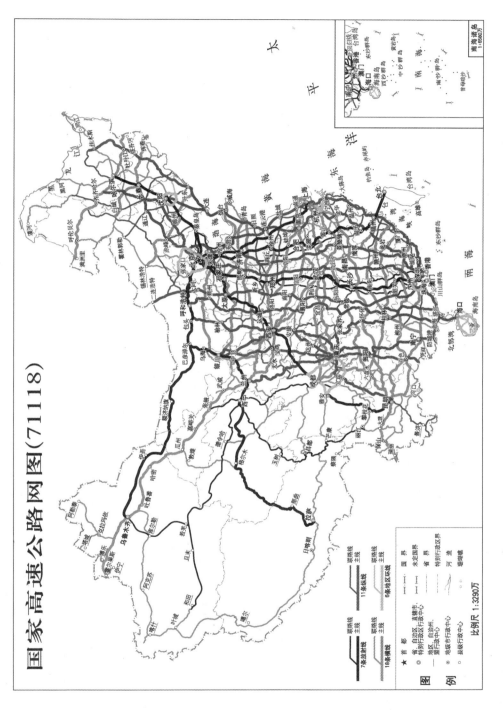

图1-3 我国国家高速公路网布局示意图

从发达国家的公路交通发展历程看,美国自20世纪50年代建成高速公路以来,经历了基础设施建设——→路网管理——→智能交通的发展阶段。我国公路交通的发展模式与西方发达国家略有不同。目前,虽然公路基础建设仍是我国国民经济建设和发展的主战场之一,但是国家干线公路网建设的重心已经逐步向西部地区转移,而东部地区已相继进入高速公路发展的第二阶段,即公路养护管理阶段,这一阶段所面临的主要任务是保证公路网安全、畅通和运营经济。主要体现在以下方面:交通管理系统方法与技术,交通基础设施养护与管理方法和技术(主要包括:路面管理系统方法与技术和桥梁管理系统方法与技术)。

第二节 公路养护的主要任务及工程分类

公路养护与管理的任务就是运用先进的技术和科学的管理方法,合理地分配和使用养护资金,通过养护维修使公路在使用年限内经常保持完好状态,并有计划地改善公路的技术指标,以提高公路的服务质量,最大限度地发挥公路的运输经济效益。公路养护管理主要内容包括:路基、路面、桥涵及其他排水工程设施、防护工程、交通工程设施及其他附属设施的养护管理。

一、公路养护与管理的任务

公路是一种综合设施,在投入使用之后需要不断地进行养护和管理。公路养护与管理的主要任务如下:

(1)公路养护工作必须贯彻"预防为主、防治结合"的方针。加强预防性养护,提高公路的抗灾能力。

根据积累的技术经济资料和当地的具体情况,通过科学分析,做好预测和防范工作,减少或消除导致公路损坏的因素,保证公路设施的耐久性和抗灾能力。特别应做好雨季的防护工作,避免或减少水毁损失。

(2)加强公路及其沿线设施的基本技术状况调查,及时发现和消除隐患。

按照《公路技术状况评价标准》(JTG H20—2007)规定的方法,进行公路技术状况调查,掌握公路技术现状,发现问题并及时解决。

(3)保持公路及其沿线设施良好的技术状况,及时修复损坏部分,保证公路行车安全、畅通、舒适。

(4)吸收和采用新技术、新工艺、新材料、新设备,采取科学的技术措施,不断提高公路养护工程质量,有效延长公路的使用寿命。降低公路设施的寿命周期成本,提高养护资金使用效率。

通过在公路养护过程中采用新技术、新工艺、新材料、新设备,不断提高养护技术水平,推进技术进步。在养护决策中逐步树立全寿命周期成本的理念,采用科学的决策方法,最大限度地发挥资金的使用效率。

(5)加强公路的技术改造,以适应公路交通事业的不断发展。

随着我国经济的发展和人民生活水平的不断提高,对公路交通的要求也在不断提高,进行公路技术改造是一项重要的任务。

二、公路养护的工程分类

公路养护管理按照不同的表述方式有很多分类方法。无论采用哪种分类方法，其根本目的是为养护管理的内容服务。常见的分类方法如下：

1. 按照养护对象及部位分类

公路养护对象十分广泛，可分为：路面养护、路基养护、桥梁养护与涵洞养护、隧道养护、通道养护、隔离栅养护、标志标线养护、紧急电话养护、收费设备养护、房屋养护等。该方法的优点是养护的对象具有单一的特点，所指明确，特别适合有针对性地研究养护工艺，制订养护措施，其缺点是分类较冗杂。

2. 按照养护手段分类

该方法是将公路养护划分为机械化养护和人工养护两大类。该分类方法较适合于具体考察公路机械化养护的比率和机械化程度的高低，不仅具有统计学上的意义，同时对具体的机械管理、机械设备租赁、养护规划等部门有着实际的管理意义。

3. 按照公路养护作业性质和规模分类

该分类方法兼顾了养护的工程性质、工程规模、技术难易程度等综合因素，便于养护管理部门较好地安排计划和资金，合理地进行施工组织。我国《公路养护技术规范》（JTG H10—2009）就是按照这种方法分类的，规范中将公路养护分为：小修保养、中修工程、大修工程和改建工程四类。

（1）小修保养工程

小修保养工程是对公路及其沿线设施经常进行维护保养和修补其轻微损坏部分的作业，使其经常保持完好状态。它通常是由养护工区（站）在年度小修保养定额经费内，按月（旬）安排计划，经常进行的工作。

（2）中修工程

中修工程是对公路及其沿线设施的一般性损坏部分进行定期的修理加固，以恢复公路原有的技术状况的工程。中修工程通常是由基层公路管理机构按年（季）安排计划并组织实施的工作。

（3）大修工程

大修工程是对公路及其沿线设施的较大损坏部分进行周期性的综合修理，以全面恢复到原技术标准的工程。大修工程通常是由基层公路管理机构或在其上级机构的帮助下，根据批准的年度计划和工程预算来组织实施的工作。

（4）改建工程

改建工程是对公路及其沿线设施因不适应现有交通量和荷载需要而进行全线或逐段提高技术等级指标，显著提高其同行能力的较大的工程项目。改建工程通常是由省级公路管理机构或地（市）级公路管理机构根据批准的计划和设计预算来组织实施或招标完成的工作。

对于当年发生较大自然灾害的公路抢修和修护工程，一般列为专项工程。对当年不能修复的项目，视其规模大小，列入下年度的中修、大修或改建工程计划。

公路养护工程分类情况见表1-1。

公路养护工程分类　　　　　　　　　表1-1

工程项目	小修保养工程	中修工程	大修工程	改建工程
路基	保养： (1)整理路肩、边坡，修建路肩、分隔带草木、清除杂物，保持路容整洁； (2)疏通沟边，保持排水系统畅通； (3)清除挡土墙、护栏滋生的有碍设施功能发挥的杂草，修理伸缩缝，疏通泄水孔及清除松动石块； (4)路缘带的修理。 小修： (1)小段开挖边沟、截水沟或分期铺砌边沟； (2)清除零星塌方。填补路基缺口，轻微沉陷翻浆的处理； (3)桥头接线或桥头、涵顶跳车的处理； (4)修理挡土墙、护坡、护坡道、泄水槽、护栏和防冰雪设施等局部损坏； (5)局部加固路肩	(1)局部加宽、加高路基，或改善个别急弯、陡坡、视距； (2)全面修理，接长或个别添建挡土墙、护坡、护坡道、泄水槽、护栏及铺砌边沟； (3)清除较大塌方，大面积翻浆、沉陷处理； (4)整段开挖边沟、截水沟或铺砌边沟； (5)过水路面的处理； (6)平交道口的改善； (7)整段加固路肩	(1)在原路技术等级内整段改善线形； (2)拆除、重建或增建较大挡土墙、护坡等防护工程； (3)大塌方的清除及善后处理	整段加宽路基，改善公路线形。提高技术等级
路面	保养： (1)清除路面泥土、杂物，保持路面整洁； (2)排除路面积水、积雪、积冰，铺防滑料、灭尘剂或压实积雪维持交通； (3)碎石路面刮平，整理车辙； (4)碎石路面匀扫面砂，加面砂，洒水润湿，刮平波浪，修补磨耗层； (5)处理沥青路面的泛油、拥包、裂缝、松散等病害； (6)水泥混凝土路面日常清缝、灌缝及堵塞裂缝； (7)路缘石的修理和刷白。 小修： (1)局部处理砂石路的翻浆变形，添加稳定料； (2)碎砾石路面修补坑槽、沉降，修理磨耗层或扫浆铺砂； (3)桥头、涵顶跳车的处理； (4)沥青路面修补坑槽、沉陷，处理波浪、局部龟裂、啃边等病害； (5)水泥混凝土路面板块的局部修理	(1)砂石路面处理翻浆和调整横坡； (2)碎砾石路面局部段加厚、加宽，调整路拱，加铺磨耗层，处理严重病害； (3)沥青路面整段封层罩面； (4)沥青路面严重病害的处理； (5)水泥混凝土路面严重病害的处理； (6)水泥混凝土路面接缝材料的整段更换； (7)整段安装、更换路缘石； (8)桥头搭板或过渡路面的整修	(1)用稳定材料改善整段土路； (2)整段加宽、加厚或翻修重铺碎砾石路面； (3)翻修或补强重铺高级、次高级路面	(1)整线整段提高公路技术等级，铺筑高级、次高级路面； (2)新铺碎砾石路面； (3)水泥混凝土路面病害处理后，补强或改造沥青混凝土路面

续上表

工程项目	小修保养工程	中修工程	大修工程	改建工程
桥梁涵洞隧道	保养： （1）清除污泥、积雪、积冰、杂物，保持桥面的清洁； （2）疏通涵管，疏导桥下河槽； （3）伸缩缝养护，泄水孔疏通，钢支座加润滑油，栏杆油漆； （4）桥涵的日常养护； （5）保持隧道内及洞口清洁。 小修： （1）局部修理、更换桥栏杆和修理泄水孔、伸缩缝、支座和桥面的局部轻微损坏； （2）修补墩、台及河床铺底和防护，砌体的微小损坏； （3）涵洞进出口铺砌的加固修理； （4）通道的局部维修和疏通，修理排水沟； （5）清除隧道洞口碎落岩石和修理圬工接缝，处理渗漏水	（1）修理更换木桥的较大损坏构件及防腐； （2）修理、更换中小桥支座、伸缩缝及个别构件； （3）大中型钢桥的全面油漆除锈和各部件的检修； （4）永久性桥墩、台侧墙及桥面的修理和小型桥面的加宽； （5）重建、增建、接长涵洞； （6）桥梁河床铺底或调治构造物的修复和加固； （7）隧道的局部防护与加固； （8）通道的修理与加固； （9）排水设施的更新； （10）各类排水泵站的修理	（1）在原技术等级内加宽、加高、加固大中型桥梁； （2）改建、增建小型桥梁和技术性简单的中桥； （3）增改建较大的河床铺底和永久性调治构造物； （4）吊桥、斜拉桥的修理与个别索的调整更换； （5）大桥桥面铺装的更换； （6）大桥支座、伸缩缝的修理更换； （7）通道的改建； （8）隧道的通风和照明、排水设施的大修或更新； （9）隧道的较大防护、加固工程	（1）提高公路技术等级，加固、加宽、加高大中型桥； （2）增改建小型立体交叉； （3）增建公路通道； （4）新建渡口的公路接线、码头引线； （5）新建短隧道工程
沿线设施	保养： 标志牌、里程碑、百米桩、界碑、轮廓标等埋置、维护或定期清洗。 小修： （1）护栏、隔离栅、轮廓标、标志牌、里程碑、百米桩、防雪栏栅等修理、油漆或部分添置更换； （2）路面标线的局部补画	（1）全线新设或更换永久性标志牌、里程碑、百米桩、轮廓线、界碑等； （2）护栏、隔离栅、防雪栏栅的全面修理更换； （3）整段路面标线的划设； （4）通信、监控设施的维护	（1）护栏、隔离栅、防雪栏栅的建设； （2）通信、监控设施的更新	（1）整段增设防护栏、隔离栅等； （2）整段增设通信、监控设备
绿化	保养： （1）行道树、花草的培育、抹芽、修剪、治虫与施肥； （2）苗圃内育苗的抚育、灭虫、施肥与除草。 小修： （1）行道树、花草缺株的补植； （2）行道树冬季刷白	更新、新植行道树、花草，开辟苗圃等		

对于高速公路养护工程按照养护性质及规模可分为：日常养护维修保养、专项工程、大修工程等。

（1）日常养护维修保养

为保持路况及设施完好，对高速公路及其沿线设施经常进行维护保养和修补其轻微损坏部分的作业。日常养护维修保养的特点是：经常性、及时性、周期性，点多、线长、面广、分散，移动作业；主要内容是：路基路面保养、桥梁涵洞保养、沿线设施保养、机电设备保养、绿化保养；组织方式分为：专项责任承包、分段综合承包。日常养护保养是公路养护资金使用的主要方面。

（2）专项工程

在保证交通的情况下进行的规模性养护施工，是对高速公路及其附属设施的一般性磨损和局部损坏进行修理、加固、更新完善的作业，是针对不同养护对象提出的具有保护作用的维护措施。例如：边坡的护砌加固、桥梁伸缩缝及桥头跳车的处治、沥青路面整段罩面、增设沿线景点及树木更新。专项工程的特点是：并非紧急需要，可以合理预测，分步实施，对于防止公路及运营设施的后期损坏、减少长期费用支出有重要意义；组织方式为专业施工队伍实施。专项工程是保证高速公路服务水平的重要一环。

（3）大修工程

高速公路及其附属设施已达到服务年限，必须进行应急性、预防性、周期性的修理，使之全面恢复原设计状态，或根据公路发展的要求进行的局部改善工程。例如：重建或增建的防护工程、整段路面的改善工程、增建小型立交或通道、增设沿线景点及树木更新。大修工程的特点是：按年度做出规划，在养护费用中列支；组织方式为专业施工队伍实施。

第三节　公路养护的技术政策与组织管理

一、公路养护方针

根据交通运输部颁发的《公路科学养护与规范化管理纲要》的要求，从我国公路建设、管理的实际出发，当前公路养护工作总的指导方针是：建养并重、协调发展、深化改革、强化管理、提高质量、保障畅通。

公路养护工作的目标是：以深化改革为动力，以技术进步为手段，以提高职工队伍素质为基础，以强化管理为依托，以依法治路为保障，建立现代化的公路养护管理体系。

二、公路养护的技术政策和技术路线

1. 公路养护应遵循的技术政策

（1）预防为主、防治结合。要根据历年积累的技术经济资料和当地的具体情况，通过科学分析，预作防范，消除导致公路损坏的因素，增强公路设施的耐久性和抗灾能力。特别要做好雨季的公路防护工作，以减少水毁损失。

（2）因地制宜、就地取材。在养护中应尽量选用当地天然材料和工业废渣，充分利用原有工程材料和工程设施,以降低养护成本。

（3）常年养护、科学养护。要推广应用国内外先进的养护技术和科学的管理方法,改善养护生产手段,提高养护技术水平,并做到常年养护不松懈。

（4）重视综合治理,保护生态平衡,保护路旁景观和文物古迹,防止环境污染,注意少占农田。

（5）全面贯彻执行《公路桥梁养护管理工作制度》,加强桥梁的检查、维修、加固和改善,逐步消除危桥。

（6）公路路面质量的改善提高应符合国家有关公路技术改造的方针、政策和《公路工程技术标准》(JTG B01—2014)的规定,施工时应注重社会效益,保障公路畅通。

（7）加强以路面养护为中心的全面养护,大力推广和发展公路养护机械化。

2. 公路养护工程技术措施应遵循的原则

（1）认真开展路况调查,分析公路技术状况,针对病害产生的原因和后果,采取有效、先进、经济的技术措施。

（2）加强养护工程的前期工作、各种材料试验及施工质量检验和监理,确保工程质量。

（3）推广路面、桥梁管理系统,逐步建立公路数据库,实行病害监控,实现决策科学化,使有限的资金发挥最大的效益。

（4）推广 GBM 工程,实施公路的科学养护与规范化管理,研究、推广先进合理的公路养护作业形式。

（5）认真做好公路交通情况调查工作,积极开发并采用自动化观测和计算机处理技术,为公路规划、设计、养护、管理、科研以及社会各相关方面提供全面、准确、连续、可靠的交通信息资料。

（6）提高养护机械化水平,管好、用好现有的养护机具设备,积极引进、改造、研制新型养护机械。

（7）加强对交通设施(包括标志、标线、通信、监控等)、收费设施、服务管理设施等的设置、维护、更新工作,保障公路应有的服务水平。

3. 公路养护质量考核与管理

对于新建公路有质量验收标准和评定办法,对于公路养护的质量也同样要进行质量考核。公路养护的质量要求如下：

（1）公路路面整洁,横坡适度,行车舒适;路肩整洁,排水畅通;构造物完好;沿线设施完善;绿化协调美观,力争构成畅、洁、绿、美的公路交通环境。

（2）公路养护质量的考核,应根据路况实际达到质量要求的程度,划分为优、良、中、次、差五个等级,作为衡量养护质量的主要指标。具体评定方法按《公路技术状况评定标准》(JTG H20—2007)执行。

（3）桥梁的养护管理工作,除考核桥梁的完好程度外,应创造条件定期检查其实际承载能力。

三、公路养护管理组织模式

我国公路养护管理组织模式一般为：

(1)一级及一级以下公路。一般设省市公路管理局、地(市)公路管理处、县(区)公路管理站(段)三级管理组织。每级管理部门分设不同的处、科、室,各自完成相应的工作。

(2)高速公路。一般设省市高速公路管理局,在每条或几条高速公路下设管理处,每级管理部门分设不同的处、科、室。

各级管理部门组成技术管理体系,负责管辖范围内公路养护与管理工作,主要包括:

(1)贯彻执行国家有关公路技术法规和公路养护、维修的技术政策和规章制度,负责制订本地区公路养护技术管理的相关规定和办法。

(2)定期组织检查公路各项工程设施的技术状况,提出或审订各类养护工程的技术措施和方案。

(3)依据法律法规要求,负责组织履行养护工程建设程序,监督养护工程实施及其竣工验收,以及参加与组织新、改建工程的竣工验收。

(4)负责组织公路交通情况调查,系统地观测公路使用情况,掌握各项技术经济指标,充实和修订公路路况技术档案,逐步建立数据库系统。

(5)掌握国内外公路科技发展动态,积极引进、开发、推广公路养护新技术、新材料、新工艺,组织科技交流和培训专业人才。

(6)地(市)级以下管理机构配备足够数量的专职养护工程技术人员。

(7)为实现公路养护工程逐步达到机械化的目标要求,对公路养护机械的配置标准及其相应的技术提出意见和建议。

第四节　公路养护的发展方向

公路网的养护与管理是一个工作范围大、项目繁杂、技术对策多样、需要持续投入资金的多层次决策的系统工程。随着社会、经济的发展和技术的进步,公路网养护与管理逐步向更加完善的技术先进化、决策科学化、管理规范化方向发展,树立环保、安全、人性、可持续发展的理念,逐步从单项技术决策与管理向最大限度地发挥交通基础设施综合功能和保值增值方向发展。公路养护管理今后的发展将主要体现在以下几个方面。

一、检测技术现代化

公路交通基础设施的各个部分在使用过程中会出现损坏、性能下降、缺失等现象,很多项目(路基路面状况、桥涵构造物状况、交通工程及沿线设施状况、公路绿化等)的检查、监测、检测等目前还没有完全实现自动化。

随着经济的发展和技术的进步,这些工作将逐步实现自动化和经常化。路面表面状况(路面表面损坏、道路平整度、沥青路面车辙、路面表面构造等)的检测将完全实现路面检测车自动检测与数据处理。桥梁结构和表面损坏实现桥梁检测车检测。

通过预埋高精度、长寿命传感器件并建立数据采集分析系统,逐步实现大型、特大型桥梁在服役全过程的健康监测,保证其运营安全。通过前方数字图像获取、辨别等技术,将逐步实现对交通工程及沿线设施状况、公路绿化等的检查和分析。通过使用地质雷达和超声波等技术,实现对结构物内部隐含缺陷的检测。

通过以上数据的累积，建立数据库，真正实现公路交通基础设施状况档案的电子化。

二、评价方法先进化

通过各种先进的技术手段对公路交通基础设施的技术状况进行检测，其目的是通过对检测数据的分析，建立公路交通基础设施不同性能方面的评价模型，并对其技术状况做出科学的评价，为制订合理的养护维修对策提供科学依据，为制订公路网养护投资规划提供基础。

技术状况评价模型，普遍采用适合交通基础设施特点，并经过检验应用效果较好的数学模型，这些模型随着时间及其他领域评价模型的发展而不断完善。

三、养护决策科学化

公路养护决策从大的方面讲是一个系统工程问题。一个路网采用什么样的养护决策，路网的养护规划如何制订等，这些都需要一套行之有效的科学方法。目前常用的决策方法可以分为：决策树法（Decision Tree）、排序法（Ranking）、数学规划的优化方法、人工智能的优化方法和近似优化方法。数学规划的优化方法主要包括：整数规划（IP：Integer Programming）、线性规划（LP：Liner Programming）、目标规划（GP：Goal Programming）和动态规划（DP：Dynamic Programming）等，人工智能的优化方法主要包括遗传算法、人工神经网络、模糊逻辑等。这些方法的应用大幅提高了公路网养护决策的科学化水平和路网的服务水平。

公路具体工程项目养护技术方案的决策有些比较简单，例如绿化维护、交通标志的更换等，大多数养护技术方案的决策是一个非常复杂问题，例如旧桥梁的维修与加固方案、旧路面的养护维修方案、特殊地质条件下路基病害维修方案的确定等。确定养护维修技术方法的前提是技术状况的检测和评价、设施目前的状态、损坏的原因和程度、需要达到的维修目标、现有的维修技术水平和力量、养护维修资金的约束以及其他非技术因素等。因此，养护技术方案的决策也需要不断提出新的决策方法和思路。

四、养护技术现代化

随着科技进步和经济发展，公路养护技术也得到了飞速发展。新设备、新材料、新工艺、新方法等不断在公路养护中得到应用。

养护机械设备，从过去的人工铁锹，发展到了全面机械化。例如：沥青路面养护中的由小面积快速修复工具到大面积就地热再生设备、路面裂缝灌缝系列设备、路面破碎机械、桥梁加固工作平台、交通工程设施维护工作平台、路基边坡整治工程机械、公路绿化专用设备、公路养护作业安全隔离与警示设备与设施等。

养护设备的现代化大幅提高了公路养护的效率和质量，收到了很好的经济和社会效益。随着时间的推移，公路养护机械将会继续向养护机械装备专业化、标准化、系列化的方向发展，以保障养护工程质量，提高养护生产效率，降低劳动强度，改善劳动环境。

在公路养护材料和工艺技术方面，性能良好的新材料不断在公路养护中得到应用，这些材料有的是借鉴了其他领域或国外的相关技术，有的是针对公路养护的特殊需要开发而成。例如材料方面，开发了加固桥梁的高强混凝土和其他高强加固材料（碳纤维等）；工艺方法方面，开发了体外预应力方法在桥梁加固中的应用等；路面养护技术方面，开发了微表处材料与技术、超薄磨耗层材料与技术、胶体类灌缝材料与技术、路面再生技术等。

五、养护管理规范化

公路养护和管理工作也是一个系统的工程,高效有序的组织管理是公路养护管理水平的具体体现。公路养护管理不仅应遵循本行业的法律法规和技术规范,同时应将公路养护管理过程中可能涉及的其他法律问题纳入管理工作中,认真学习相关的法律知识,并贯彻在工作中。因此,公路养护管理将会建立一套完整、规范的管理组织与运营体系。

在管理组织方面,建立机制灵活、运行效率高的管理体制;建立符合技术规律和规范规程的管理流程和管理方法,提高管理工作的效率;在一个法治社会中,各项管理工作必须有法可依,在制订管理工作项目过程中,必须考虑该项管理工作范围内可能涉及和出现的法律问题,以及相关的解决方法。

在技术方面,建立公路综合养护管理系统,其中包括公路网基础设施检测技术规范、基础资料和检测资料数据库、设施性能评价方法及技术标准、设施性能预测方法、养护技术对策及对策决策方法、路网养护规划方法等。该系统的运行将大大提高养护管理工作效率和科技含量。

在理念方面,在公路养护和管理工作中,树立可持续发展、安全、环保、人性化的理念。再生技术将被广泛采用,特别是旧路面材料,数量多、循环利用技术比较成熟,将会最大限度地得到应用,符合可持续发展的理念。公路养护中更注重环保材料(无毒、无污染、节能)的使用,养护工作过程中更注重研究和采用环保的施工工艺、技术措施和组织方法,施工过程中产生的废弃料得到符合环保要求的处理等。

此外,安全问题也越来越受到重视。公路养护施工过程中出现的安全事故屡见不鲜。因此,施工过程中的作业安全和交通安全非常重要,除严格执行安全施工的规定外,今后将不断总结经验,提出提高施工安全性的施工组织方法和技术措施,提高公路养护的安全水平。

公路养护管理工作中将越来越重视人性化。在工程机械设备设计、管理工作组织设计、施工作业方法等方面更加体现人性化。

第二章 路基养护

路基包括路肩、边坡、路基排水系统以及路缘石、挡土墙等部分。路基是公路的重要组成部分，路基是路面的基础，其强度和稳定性是保证路面结构稳定、路用性能良好的基本条件。因此，为了保证公路的正常使用品质，必须对路基进行周期性、预防性、科学合理的养护，使其经常处于良好的技术状态，不致发生较大的变形和其他病害。本章主要介绍路基养护的内容与要求、路基的日常养护与维修、路基的专项养护与维修。

第一节 路基病害

根据对路基各部分常见病害形式的调查，《公路技术状况评定标准》(JTG H20—2007)将路基损坏分8类：路肩边沟不洁、路肩损坏、边坡坍塌、水毁冲沟、路基构造物损坏、路缘石缺损、路基沉降以及排水系统淤塞。

一、路肩边沟不洁

路肩边沟不洁是指路肩(包括土路肩、硬路肩和紧急停车带)和边沟(包含边坡)有杂物、油渍、垃圾及堆积物，见图2-1，其长度按行车方向的长度计算。

路肩边沟不洁将影响公路美观，同时路肩部位的杂物垃圾如被风吹至路面或空中也会对行车安全造成一定的影响。

路肩部位的坑迹、油渍如不及时清理会腐蚀路肩,造成路肩损坏。车辆在高速公路上行驶,如果出现故障,都要停在紧急停车带进行检查、处理。特别是重型车辆,当其停下来使用千斤顶进行维修时,常常会给停车带的沥青路面留下难以恢复的千斤顶坑迹,见图2-2;同时,在维修过程中,个别车辆会在停车带上漏下柴油,侵蚀沥青混凝土路面,造成停车带沥青路面松散。日积月累,这些被侵蚀的地方就会发展成坑槽。这种情况如长期存在,既影响停车安全,又影响路肩的排水功能,并且会使路面水渗入基层或底基层,进而影响路面质量。

图2-1　路肩边沟不洁　　　　　　　　图2-2　千斤顶坑迹

二、路肩损坏

路肩是路基的基本组成部分,位于行车道外缘的地带,由外侧路缘带、硬路肩以及保护性土路肩组成。路肩的功能:一是保护路面;二是停置临时发生故障、事故的车辆;三是提供侧向余宽、显示行车道外侧边缘、引导视线、增加行车的安全舒适性;四是增加挖方弯道地段的视距;五是为设置交通安全设施(标志、防护栅等)或埋设地下管线及养护作业提供场地。

路肩损坏指土路肩、硬路肩或紧急停车带表面出现各种损坏,如坑槽、裂缝、松散等。造成路肩损坏的主要原因是排水不畅、雨水冲刷、施工或材料不良以及外力作用等,此外,汽车在紧急停车带检查维修时,也会给路肩留下千斤顶痕迹及油污,形成路肩坑槽等损坏。

三、边坡坍塌

挖方路段易发生边坡坍塌,见图2-3。边坡坍塌主要指边坡发生岩石塌落、缺口、冲沟、沉

图2-3　边坡坍塌

陷和塌方等。引起边坡坍塌的主要原因包括：边坡设计坡度过大、切坡过多、岩石风化、洪水冲刷以及春融等。严重的边坡坍塌会堵塞路面、边沟，威胁交通安全。损坏按处和行车方向的长度计算。

四、水毁冲沟

填方路段边坡由于雨水冲刷形成的冲沟，见图2-4。水毁冲沟是另一种形式的边坡损坏，指边坡出现冲沟和缺口，因雨水冲蚀而引发的局部沉陷等损坏。水毁冲沟损坏会严重影响路基的稳定性。路基压实不够、工程地质不良、路基填料土质差、路基排水不畅或缺乏防护等都会造成水毁冲沟损坏。损坏按处和冲刷深度计算。

图2-4　水毁冲沟

五、路基构造物损坏

路基构造物损坏指路肩、边坡、挡土墙等圬工体断裂、沉陷、倾斜、局部坍塌、松动和较大面积勾缝脱落等损坏。路基本身不稳定或构造物施工不良是造成路基构造物损坏的主要原因。损坏按处和行车方向的长度计算。

六、路缘石缺损

路缘石缺损指路缘石丢失或损坏，见图2-5。路缘石包括中央分隔带和路侧的缘石和拦水带的缘石。缺损按行车方向上的长度计算。

七、路基沉降

路基沉降指深度大于30mm的沉降。路基沉降易发生在高填方路段，严重时会直接影响公路的正常使用，并导致路面损坏。路面标线扭曲通常是路基发生整体沉降的标志之一。

八、排水系统淤塞

排水系统淤塞指边沟、排水沟、截水沟等排水系统淤积、堵塞，见图2-6。排水系统淤塞导致水无法从路面或路基及时排出，会加剧水对公路的损坏。沟内杂草未能及时清除，或有垃

图2-5　路缘石缺损

图2-6　排水系统淤塞

圾、碎砾石、土等堆积是造成排水系统淤塞的主要原因。

第二节　路基使用状况评价及养护要求

目前,世界各国还没有开发出用于路基检测的快速检测设备,因此,路基损坏主要依靠人工检测,有条件的地区还可以借助便携式路况数据采集仪进行现场记录、汇总、计算与评定。

路基技术状况用路基技术状况指数(Subgrade Condition Index-SCI)评价,按式(2-1)计算。

$$\mathrm{SCI} = \sum_{i=1}^{8} \omega_i (100 - \mathrm{GD}_{i\mathrm{SCI}}) \tag{2-1}$$

式中:$\mathrm{GD}_{i\mathrm{SCI}}$——第 i 类路基损坏的总扣分(Global Deduction),最高分值为100,按表2-1的规定计算;

　　ω_i——第 i 类路基损坏的权重,按表2-1取值;

　　i——路基损坏类型。

路基损坏扣分标准　　　　　表2-1

类型(i)	损坏名称	损坏程度	计量单位	单位扣分	权重(ω_i)
1	路肩边沟不洁		m	0.5	0.05
2	路肩损坏	轻	m²	1	0.10
		重		2	
3	边坡坍塌	轻	处	20	0.25
		中		30	
		重		50	
4	水毁冲沟	轻	处	20	0.25
		中		30	
		重		50	
5	路基构造物损坏	轻	处	20	0.10
		中		30	
		重		50	
6	路缘石缺损		m	4	0.05
7	路基沉降	轻	处	20	0.10
		中		30	
		重		50	
8	排水系统淤塞	轻	m	1	0.10
		重	处	20	

公路路基养护应符合下列要求:
(1)通过日常巡查,发现病害及时处治,保持良好稳定的技术状况。
(2)路肩无病害,边坡稳定。
(3)排水设施无淤塞、无损坏,排水畅通。

(4)挡土墙等附属设施良好。
(5)加强不良地质路基边坡崩塌、滑坡、泥石流等灾(病)害的巡查、防治、抢修工作。

第三节　路基日常养护

路基日常养护是根据路基养护的基本内容和要求,对路基各部分进行经常性的维修保养工作,以保持路基各部分的完整和功能完好。路基日常养护的业务主要包括下列内容:维修、加固路肩、边坡,清除路肩杂草杂物,以保持路容整洁;疏通改善排水设施,保持排水系统通畅;维修、处理各种防护构造物,包括清除挡土墙、护坡、护栏滋生的杂草,处理伸缩缝、泄水孔以及松动的石块;消除塌方、积雪,处理塌陷,检查险情,防治水毁;观察和预防、处理翻浆、滑坡、泥石流等病害;有计划、有针对性地对局部路基进行加宽、加高,改善急弯、陡坡和视距不良路段,使之逐步达到所要求的技术标准;对护栏、路缘石进行处理刷白工作,以保持其使用效果。

一、路肩的养护

路肩位于行车道外缘的地带,由外侧路缘带、硬路肩和保护性土路肩组成。路肩的功能是保护路面边缘,加强路基的稳定性,便于行人和非机动车的通行,也可用于紧急情况下的临时停车,偶尔供错车之用。如果养护不当,路肩松软,往往使路面边缘发生毁坏,即所谓的"啃边"破坏。而水是导致路肩松软的主要原因,因此,减少或消除水对路肩的危害是路肩养护的重点。

1. 养护要求
(1)路肩应保持干净、清洁、无杂物。
(2)路肩的横坡应平整顺适,横坡与路面横坡一致。
(3)路肩的宽度应符合《公路工程技术标准》(JTG B01—2014)的规定。
(4)路肩上严禁堆放任何杂物,对于改善工程及修补路肩坑槽所需的砂石材料,如需堆放在路肩上时,应选择在较宽的路段顺一侧堆放,但在桥头引道、弯道内侧及陡坡等处不得堆放。料堆内边离路面边缘应至少保持30cm,每隔10~20m必须留出不小于1m的空隙,以利排水。
(5)路肩应经常保持平整坚实,对出现的坑槽、车辙、缺口应及时修补;对雨天积水应及时排出,并分析原因进行处理。

2. 日常养护作业
(1)路肩清扫
路肩清扫包括机械清扫和人工清扫,进行路面清扫、保洁时,必须将硬路肩同时进行清扫和人工保洁;雨后路肩如有积水,应及时排除。
(2)护栏、路肩边缘的杂草修剪、清理
应经常进行护栏、路肩边缘的杂草修剪、清理工作,主要清理路面与硬路肩接缝、硬路肩与土路肩接缝、硬路肩与桥台搭板接缝之间的杂草。杂草清理后应及时用M7.5砂浆或沥青灌缝料予以填筑、灌注,防止雨水渗入。

(3)路肩与路面边缘产生裂缝

清理裂缝,保持裂缝干净无杂物,用 M7.5 砂浆或沥青灌缝料灌注裂缝,防止雨水渗入。

(4)硬路肩病害的维修

硬路肩如出现沉陷、缺口、车辙、坑槽、横坡不够等病害及修车时紧急停车带上留下的坑迹和腐蚀,应尽快组织维修。

高速公路路肩应根据设计要求铺沥青混凝土或水泥混凝土面层,并铺砌路肩边缘带,此时路肩的养护工作将转变成同类型路面的养护工作。

(5)路肩水的处理

路肩松软,多因水的作用,所以路肩的养护与维修工作的重点就是减少或消除水对路肩的危害。路面范围的地表水通过路肩排出,因此必须经常保持路肩的横坡平整顺适。高速公路路肩与路面横坡相同。路肩过高妨碍路面排水时,应铣刨整平,达到规定要求。

对于因路肩湿软,而经常发生啃边病害的路段,可在路肩内缘铺设排水盲沟(图 2-7),及时排除由路肩下渗的积水。盲沟的构造可采用无纺布包裹双壁波纹塑管的形式,这种盲沟施工便捷,造价低廉。

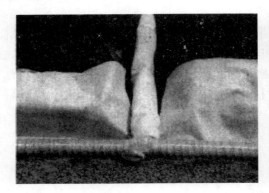 

图 2-7　路肩内缘铺设排水盲沟

二、边坡的养护

边坡包括路堑边坡和路堤边坡,它是保护路基的重要组成部分,主要用于保护路基稳定。边坡坡面应经常保持平顺、坚实、无裂缝。严禁在边坡上及路堤坡脚、护坡道上挖土取料或种植农作物。边坡发生病害,应采取相应的技术措施进行维修和加固。

影响路堤边坡稳定的主要因素包括填料种类、边坡高度以及路堤的类型。影响路堑边坡稳定的因素较为复杂,除了路堑深度和坡体土石的性质之外,地质构造特征、岩石的风化和破碎程度、土层的成因类型、地面水和地下水的影响、坡面的朝向以及当地的气候条件等都会影响路堑边坡的稳定性。土质(包括粗粒土)路堑边坡,则应考虑边坡高度、土的密实程度、地下水和地面水的情况、土的成因及生成年代等因素。

1. 养护要求

(1)边坡坡面应保持平顺、坚实、无裂缝。

(2)经常注意观察路堑高边坡,发现问题及时处理。

(3)及时清理边坡滑塌部分,避免堵塞路面、边沟。

(4)对边坡加固的各种设施应经常检查、维护,以保证其完整性良好。

(5)严禁在边坡上及路堤坡脚、护坡道上挖土取料、种植农作物或修建其他建筑物。

(6)土质边坡出现裂缝时,可用黏性土填塞捣实,以防表层水渗入路基体内。如出现潜流涌水,可开沟截断水源,将潜水引向路基外排出。

(7)填土路堤边坡处理时,应将原坡面挖成阶梯形,然后分层填筑夯实,并应与原坡面衔接平顺。

2. 日常养护作业

(1)边坡清理、修整

①边坡清理工作包括边坡的可视垃圾、路堑边坡上的高大树木等。

②边坡垃圾的清理工作应经常进行,清理的垃圾应集中收集并运往指定的地点,禁止焚烧。

③路堑边坡上的高大树木因雨水冲刷、台风等原因会倾倒在路面上,影响行车安全,应根据实际情况及时砍伐,砍伐时可只砍伐树干,保留树根。如因倾倒或砍伐在边坡形成空洞,应及时培土夯实并植草。

④高出路堑边坡的土体采用人工铲平,并与周围的边坡坡度协调,铲平后喷洒草籽或铺草皮进行绿化。

(2)边坡裂缝的修补

①路基上边坡、碎落台、坡顶、坡脚等出现裂缝,裂缝宽度小于 0.5cm 时,应及时用土进行填塞,填塞时应采用钢钎等细长工具分次进行。

②路基上边坡、碎落台、坡顶、坡脚等出现的裂缝超过 0.5m 时,应及时进行处理,以防雨水渗入。处理时先沿裂缝挖宽、挖深,宽度以人工、机械方便操作为限,深度以挖到看不见裂缝为止。如裂缝较深,则至少挖深 1.0m,开挖的沟槽两侧须坚实、平整。回填时须采用黏土,分层夯实,每层的松铺厚度不超过 25cm,并在顶部做成鱼背形。

(3)植物坡面防护技术

为使边坡状况尽可能与周边自然景观相协调,在有条件的路段应优先采取植物防护坡面技术,如种植灌木丛、铺草皮或种植香根草(引进自马达加斯加等国的生长繁殖快、耐寒又耐涝的禾科多年植物),也可采用"液压喷播"、"客土喷播"和"岩质坡面喷混植生"等技术措施。

"液压喷播"是利用液态播种原理,将植物种子(草种、花种或树种)或植物体的一部分(芽、根、茎等可发芽萌生的部分),经科学处理后混入水中,并配以一定比例的专用配料(如肥料、纸浆、黏合剂、保水剂、土壤改良剂等),通过喷播机搅拌,利用高压泵体的作用,喷播在公路路基坡面,促进其生长而形成坡面植被的技术措施,如图 2-8 所示。

"客土喷播"技术主要应用于稳定的砂、砾质以及风化岩质边坡坡面,将植物种子、保水材料(高吸水树脂)、稳定材料(水泥和合成树脂类土壤稳定剂)、疏松材料(木糠、谷壳等)客土和肥料等,经科学配方和混合,通过压缩孔喷于坡面,经过良好养护,生长成植被,如图 2-9 所示。

"岩质坡面喷混植生"技术是对裸露的岩质边坡,利用人工配制的有机植物生长基材,配以黏结剂、固网技术,喷射于坡面,使这层适合于植物生长的有机物料紧贴坡面,通过成孔物质的合理配置,使种植基土壤固体、气体、液体三相物质处于平衡状态,创造草类与灌木的良好生长环境,再选用草、灌、藤等种子混合配方,进行液态喷播,以得到石质坡面生态复合功能,如图 2-10 所示。

图 2-8 液压喷播

图 2-9 客土喷播

图 2-10 岩质坡面喷混植生

(4) 石质边坡的维修与加固

对于石质路堑边坡,应经常注意边坡坡面岩石风化发展情况,以及边坡上的危岩、浮石的变动,发现问题,及时采取适当的处理措施,如抹面、喷浆、勾缝、灌浆、嵌补、锚固等,以免堵塞边沟或危及行车和行人。

(5) 土质边坡的维修与加固

对于土质(或高度风化)路基边坡,河(湖)滩、河(湖)岸、常年受水淹和风浪侵袭的路堤边坡,以及经常有浮石坠落或土块塌落的路堑高边坡,如植树、种草效果不佳,应采取抛石防护、石笼防护、浆砌或干砌片石护坡,或挡土墙防护(图 2-11～图 2-13)。同时,也可考虑喷混凝土、设置碎落台等措施,或采取铁丝网、尼龙编织网、高强塑料网格等,铺于坡面并固定,在网格内种草或铺砌框格形砌块,然后在框格内种草等措施。对于路堑(半路堑)不稳定高边坡,根据边坡的地质条件,除选择采取以上加固措施外,也可采用抗滑桩稳固边坡。如有条件,推荐采用预应力锚索钢筋混凝土框格梁加固防护,其原理是锚索一端插入并固定于边坡下基岩或不动体(钻孔、灌浆),另一端施加预应力,并锚固于浇筑在坡面的钢筋混凝土框格梁上,使边坡坡体在可能失稳之前就受到主动加固支护。采用钢筋混凝土框格梁能有效地使所有锚索整体受力,防止体积较大的孤石在失稳时导致单根锚索受力而破坏。框格梁及锚索的规格尺寸应经设计计算确定。

图 2-11 石笼防护(尺寸单位:m)

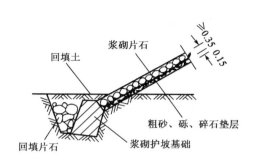

图 2-12 浆砌片石护坡(尺寸单位:m)

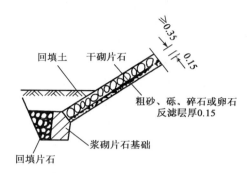

图 2-13 干砌片石护坡(尺寸单位:m)

边坡如发生坍塌需要修整时,不能在边坡上贴土修补,应在毁坏的地段上,从下到上挖成土台阶,再分层填土夯实。夯实土的宽度应稍超出原坡面,以便最后砌出坡面。

三、排水设施的养护

路基排水设施分为地面排水设施和地下排水设施。地面排水设施主要包括边沟、截水沟、泄水槽、排水沟、跌水及急流槽、拦水带等;地下排水设施主要包括暗沟、盲沟、有管渗沟、洞式渗沟及防水隔离层等。路基排水设施的主要作用是将路基范围内的土基湿度降低到一定的范围以内,保持路基常年处于干燥状态,确保路面具有足够的强度和稳定性。

1.养护要求

(1)排水设施应设置合理,功能完好。

(2)在汛前应对排水设施进行全面检查疏浚,对发现的病害及时进行维修。雨天必须上路巡查,及时排除堵塞,保持水流通畅,以防止水流集中冲毁路基。新建公路在下暴雨时,应专门对排水设施进行检查,检查进出水口是否平顺、排水是否畅顺、有无冲刷、排水设施是否完善、功能能否满足要求等。

(3)暴雨后应对排水设施重点检查,如有冲刷、损坏,需及时修复加固;如有堵塞应立即清除。

(4)排水设施的进出水口应保持畅通完好。

(5)拦水带的设置应合理,保证路面雨水及时排出;出水口设置不合理或排水不畅的拦水带应及时进行改造。

2.日常养护作业

(1)地表排水设施清理、疏通养护

①地表排水设施每年安排在雨季前全面清理一次,雨季后对堵塞、淤塞的地表排水设施进

行一次清理。清理的淤泥、杂草应运至指定的地点堆放,如在水沟边缘堆放,应距离水沟边缘1.0m以外,且不能影响排水及景观功能,并保证四周码放整齐、表面平整,每隔1.0~2.0m留0.5~1.0m的间隙。清理的垃圾物品应集中后运往指定的地点堆放,严禁抛撒或现场焚烧垃圾物品,以免造成环境污染、影响安全行车或造成火灾。

②地面排水设施清理时,应对松动的石块进行固定,并安排处理。

(2)地下排水设施的清理、疏通养护

①地下排水设施的清理、疏通,每年安排全面清理一次。

②清理、疏通地下排水设施时,对沟口的杂草进行清除,对沟口堵塞的用水进行冲洗或剔除较小颗粒的砂石,补充大颗粒碎(砾)石,以保持空隙,便于排水。

(3)中央分隔带排水设施的清理、疏通

①应经常进行检查,雨季前应进行清理,雨季应加强巡查,如发现损坏,应及时进行修补。

②如排水不及时、位置设置不当,应根据情况进行改善或另行修建。

(4)排水设施悬空处理

①排水设施由于冲刷、基础沉降等原因造成排水设施出现悬空,如不及时处理,会造成排水设施的损坏。

②处理时应先将冲刷面清理成规则断面,以便于机械或人工施工;如果悬空深度较高,应分段进行清理和回填,必要时采取临时支撑。

③清理完成后,用黏土分层回填夯实,沟底不能垂直夯实的部分,从侧面分层夯实。夯实时避免振动过大或直接对排水设施造成冲击。回填完成后,应使流水坡面与水沟连接平顺,排水顺畅,并及时补种、绿化以防止水土流失。

(5)拦水带的日常养护

①拦水带的出水口应经常保持平顺,出水口的泥沙、杂草应及时清理。拦水带的裂缝、变形、损坏应及时进行维修。拦水带出水口与急流槽相接处如出现裂缝,应及时用水泥砂浆封堵。

②如出水口附近坡度不顺,雨后经常积水,应对出水口进行维修。如果因路肩原因造成积水或出水口设置不当,应对路肩进行维修。如果重新布置出水口,同时应设置急流槽。

四、支挡、防护工程的养护

路基防护与加固工程,按其作用不同,可分为坡面防护、冲刷防护和支挡结构物防护三类。

1. 养护要求

(1)防护工程主要是指用作防止路基被冲刷和风化,起隔离作用的设施;加固工程是指为防止路基或山体因重力作用而滑塌,主要起支撑作用的支挡结构物。在日常检查和定期检查过程中,应根据防护工程与加固工程的特点进行检查。

(2)在反常气候、地震或重型车辆通过等特殊情况发生后,应及时进行检查,发现裂缝、断缝、倾斜、鼓肚、滑动、下沉或表面风化、泄水孔堵塞、墙后积水、周围地基错台、空隙等情况,应查明原因,并观察其发展趋势,采取相应的处理、加固等措施。

(3)对检查和处理加固等情况,应做好记录,建立技术档案。

2. 日常养护作业

1）种草、铺草皮和植树等植物日常养护

(1) 灌溉

灌溉可以改善植物的生长环境，补充植物的水分，是草正常生长的保证。鉴于草生长季节内，草与环境处于不断变化之中，不同地区、不同植物存在差异，水又是调节土壤湿度和改善小气候的重要环节，浇灌不能按照某个固定的模式实施，可根据以下技术要点进行。

①灌水时间。生长季节，根据不同时期的降水量对不同植物适时灌水是极为重要的。一般分为三个时期：a. 植物返青到雨季前，这一阶段气温高，蒸发量大，需水量大，是一年中最关键的灌水时期，根据土壤保水性能的强弱及雨季来临的时期可灌水 2~4 次；b. 雨季期，这一时期空气湿度大，蒸发量下降，而土壤含水率已提高到足以满足植物生长需要，期间可停止灌水；c. 雨季后至草枯黄期前，这一时期降水量下降，蒸发量大，而植物仍处于生命活动较旺盛阶段，与前两个时期相比，期间需水量显著提高，如不及时灌水，则影响植物生长，还会引起植物提前进入休眠期，期间需灌水 4~5 次。另外，如果采用间歇式喷雾，一天中的灌水时机一般以顶着太阳灌溉最好。此法不仅能补充水分，而且能明显改善小气候，有利于植物坪的蒸发作用、气体交换和光合作用，有助于协调水、肥、气、热及根系扩展。若采用浇灌、漫灌等，早春、晚秋以中午前后为好，其他季节以早晨、傍晚为好。

②灌水量。每次灌水应根据土质、生长期、植物等因素而定。一般草生长在干旱期内，每周需水量为 20~40mm；在炎热和严重干旱的情况下，草每周需水量为 50~60mm。通常情况下，应多次少灌，最大水量以地面刚好发生径流为止。

(2) 施肥

草坪施肥的种类主要是氮肥，能促进草坪叶色嫩绿、生长繁茂，同时减少开花结籽。寒季型草种的追肥时间最好是早春和秋季。第一次在返青后，第二次在仲春；天气转热后应停止施肥；秋季施肥可于 9~10 月进行。暖季型草种的施肥时间是晚春，生长季节一般每月或每两个月应施肥一次。

(3) 修剪

修剪是草坪和低矮灌木养护的重点，修剪能控制其高度，去除衰弱的垫层（由衰老死亡叶片长期累积而成的软绵层），促进分聚更新，增加叶片密度，抑制杂草生长，使草坪保持美观。一般的草坪和低矮灌木一年最少修剪 4~5 次。修剪时保留的高度越低，要求修剪的次数越多，草的叶片密度与覆盖度也随修剪次数的增加而增加。应根据草的剪留高度进行有规律的修剪，当草达到规定高度的 1.5~2.0 倍时就要进行修剪。

(4) 除杂草

杂草的入侵会严重影响植物的质量，使植物失去均匀、整齐的外观，同时杂草争水、争肥、争夺阳光，从而使植物长势减弱，因而除杂草是植物养护的重要一环。除杂草最根本的方法是合理的水肥管理，促进目标草的长势，增强与杂草的竞争能力，并通过多次修剪，抑制杂草的发生。一旦发生杂草侵害，除采用人工"挑除"外，也可用化学除草剂。

(5) 病虫害防治

及时做好病虫害的防治工作，以预防为主，精心管养，使植物增强抗病虫能力。经常检查，早发现早治理。采取综合防治、化学防治、物理人工防治和生物防治等方法防止病虫害蔓延和影响植物生长。尽量采取生物防治的办法，以减少对环境的污染。用化学方法防治时，一般在晚上进行；药物、用量及对环境的影响，要符合环保的有关要求和标准。最严重的病虫危害率应控制在5%以下。

(6)垃圾清理

绿化养护作业人员应每天至少对草坪内飘落或撒落的纸屑、塑料袋、果皮、落叶等进行一次彻底清理，在绿化作业当天收工前应对绿化修剪物等进行清理。

2)框格防护

(1)出现裂缝、断裂等病害应及时维修。局部悬空、边缘冲沟应及时填补，并根据冲刷情况完善排水设施。

(2)框格内出现的冲沟应填补后，再进行绿化。

3)抹面与捶面

(1)抹面或捶面出现裂缝、开裂或脱落后应及时灌浆修补或清除损坏部分后重新抹面或捶面。

(2)抹面或捶面工程的周边与未防护坡面衔接处应严格封闭。

(3)抹面或捶面防护的泄水孔、伸缩缝功能应完好，如有损坏应及时维修。

4)勾缝与灌浆

(1)清除松动填料，缝内冲洗干净。

(2)用1:4或1:5(质量比)的水泥砂浆捣插密实，有条件时可采用压浆机灌注。

(3)缝宽大且深时，宜用水泥混凝土灌注，可按体积比1:3:6或1:4:5的配合比配料，灌注捣实。

5)干砌片石、浆砌片(块)石、混凝土预制块护坡

(1)应经常检查勾缝有无脱落，沉降缝、泄水孔功能是否完好，如有损坏应及时修复。

(2)检查砌石是否有风化、松动、开裂等情况，如有损坏应及时维修。

(3)坡顶如有水渗入护坡后面，应及时采用封水措施，防止护坡滑塌。

6)挡土墙

挡土墙是支承路基填土或山坡土体，以防填土或土体失稳的构造物。挡土墙的维修与加固首先要对其进行检查。

(1)挡土墙检查

挡土墙除经常检查其有无损坏外，每年还应在春秋两季各进行一次定期检查，北方冰冻严重地区尤应注意，主要检查挡土墙在冰冻融化后墙身及基础的变化情况，以及冰冻前应采取的防护措施效果。另外，在反常气候、地震或重型车辆通过等特殊情况后应及时进行检查，发现裂缝、断裂、倾斜、鼓肚、滑动、下沉或表面风化、泄水孔堵塞、墙后积水、周围地基错台、空隙等情况，应及时查明原因，并观察其发展趋势，采取相应的维护修理、加固措施，并做好工作记录，建立技术档案备查。

(2)挡土墙加固

当挡土墙发生倾斜、局部鼓出、滑动或下沉等病害时，可采用下列方法之一进行加固。

①锚固法。适用于水泥混凝土或钢筋混凝土挡墙。采用直径在25mm以上的高强螺纹钢筋作锚杆，穿入钻孔内，用水泥砂浆灌满钢筋插入(扩张后的)岩体部分并固定锚杆，待砂浆达到一定强度后，对锚杆实施张拉，然后用锚头固紧(图2-14)。必要时，在加固前，可先在挡土墙外侧设置锚杆的断面处现浇长度为300~400mm、厚度为150~250mm的水泥混凝土条块，

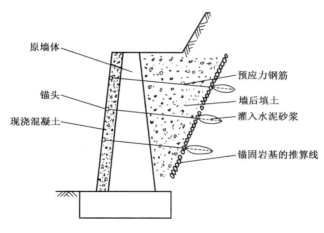

图 2-14 锚固法

以供埋置锚头。

②套墙加固法。用钢筋混凝土在原挡土墙外侧加宽基础,加厚墙身,如图 2-15 所示。施工时,先挖除墙后一部分填土,减除一部分土压力,以保证安全。采用该方法时,应注意新旧基础、墙体的结合,方法是凿毛旧基础和旧墙体,必要时可设置钢筋锚增强连接。

③增建支撑墙加固法。在挡土墙外,增建支撑墙,其基础埋置深度、尺寸和间距,应通过计算确定,见图 2-16。

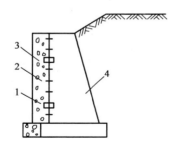 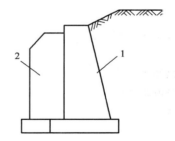

图 2-15 套墙加固法　　　　　　　　图 2-16 增建支撑墙加固法
1-连系石榫;2-钢筋锚栓;3-套墙;4-原挡土墙　　　1-原挡土墙;2-支撑墙

④重建挡土墙法。如挡土墙损坏严重,必要时也可将损坏的部分拆除重建。但必须注意新旧墙的不均匀沉降,在新旧墙结合处应留沉降缝,并注意新旧挡土墙接头的协调,并根据公路所在地区地形及水文条件,合理选择挡土墙。

如地基处理工程复杂,可采用干砌块石或码砌石笼进行加固。挡土墙的泄水孔应保持通畅,如有堵塞应加以疏通,疏通困难时,应视墙后地下水情况,增设泄水孔或加做墙后排水设施。砖、石、混凝土或钢筋混凝土挡土墙墙面出现碱蚀或风化时,可将风化表层凿除,露出新茬,再用水泥砂浆抹面或喷涂。

7)丁坝与顺坝

(1)严禁在坝上下游河流 200m 范围内采砂、采石,以免引起河床冲刷,造成基底悬空。

(2)定期检查坝与连接地层及其他防护设施的嵌接,如有变形、损坏应及时维修。

(3)坝体如有勾缝脱落、石块松动、撞击损坏等,应及时维修。

第四节　路基专项养护

路基是路面的基础,其强度和稳定性是保证路面结构稳定、路用性能良好的基本条件。路基的各种病害及破损都是由路基的强度和稳定性不足引起的。影响路基强度和稳定性的因素有两个方面:一方面是自然因素与地质条件,其中最主要的影响因素是温度和湿度;另一方面是人为因素,包括设计、施工和养护。路基工程一经完成,路基的质量主要取决于路基的养护水平。

一、路基边坡病害防治

公路特别是山区公路的边坡病害是路基最常见病害之一,通常有崩塌、落石、滑坡、坡面冲刷、坍塌、剥落和泥石流等形式。

1. 山区公路边坡崩塌防治

公路边坡崩塌是较常见病害,危害严重,经常阻断交通。崩塌是岩体突然而猛烈地从陡峻的斜坡上崩离翻滚跳跃而下的现象。崩塌可发生在高峻的自然山坡上,也可发生在高陡的人工路堑边坡上。发生崩塌的物体一般为岩石,但某些土坡也会发生崩塌。

崩塌的规模有大有小,由于岩体风化、破碎比较严重,边坡上经常发生小块岩石的坠落,这种现象称为碎落;一些较大岩块的零星崩落称为落石,规模巨大的崩塌也称为山崩。

崩塌与滑坡的明显区别是:崩塌发生急促,破坏体散开,并有倾倒、翻滚现象;而滑坡体一般总是沿着固定滑动面(带)整体地、缓慢地向下滑动。

公路路堑开挖过深,边坡过陡或由于切坡使软弱结构面暴露,都会使边坡上的岩体失去支撑,在水流冲刷或地震作用下引起崩塌。

崩塌按形成机理可划分为三类。

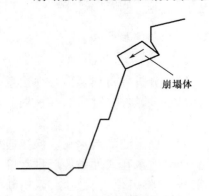

图 2-17　滑移式崩塌断面示意图

(1)滑移式崩塌

滑移式崩塌的形成机理是,崩塌首先沿已有的层面或其他结构面产生滑移,一旦崩塌体重心滑出坡外,崩塌就会发生。其断面如图 2-17 所示。

(2)倾倒式崩塌

倾倒式崩塌体多是柱状和板状岩体,其形成机理是岩体在失稳时绕根部一点发生转动性倾倒,一旦岩体重心偏离到坡外,岩体就会突然崩塌。此处不稳定岩体在强烈地震或者长时间大暴雨作用下,容易失稳产生倾倒式崩塌,如图 2-18 所示。

(3)错断式崩塌

错断式崩塌多为直立柱状或板状岩体,在失稳时不是发生倾倒,而是在自重力作用下,下部与稳定岩体没完全断开的部分,可能沿图 2-19 中虚线所示位置发生错断。不稳定岩体是否会发生崩塌,关键在于没有断开的部分在自重力作用下最大剪应力是否大于岩石的容许抗剪强度,一旦最大剪应力大于岩石的容许抗剪强度,错断式崩塌就会突然发生。长期风化作用、强烈的振动以及特大暴风雨的动静水压力都会促使和诱发这类崩塌的发生。防治崩塌的措施主要如下:

①路基上方的危岩及危石应及时检查清除,特别在雨季前要细致检查。如有威胁行车安全的路段,可根据地形和岩层情况,采用嵌补、支顶的方法予以加固。

②在小型崩塌或落石地段,应尽量采取全部清除的办法。如由于基岩破坏严重,崩塌、落石的物质来源丰富,则宜修建落石平台、落石槽等拦截结构物。

③由于存在软弱结构面而易引起崩塌的高边坡,可根据情况采用支挡墙或支护墙等措施,以支持边坡,并防止软弱结构面的张开或扩大。

④对边坡坡脚,因受河水冲刷而易形成崩塌者,河岸要做防护工程。

⑤在可能发生崩塌的地段,必须做好地面排水设施。

⑥采用柔性防护网进行防护。

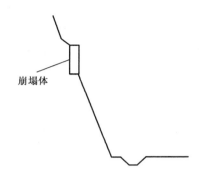

图2-18　倾倒式崩塌断面示意图

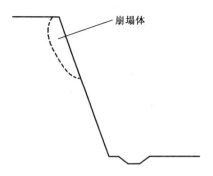

图2-19　错断式崩塌断面示意图

2. 落石防治

落石是岩石碎块的一种剥落现象,其范围较剥落严重。产生原因:路堑边坡坡度较陡(>45°),岩石破碎和风化严重,在振动及水的侵蚀和冲刷作用下,块状碎屑沿坡面向下滚动。

防治落石的传统防护形式主要是护面墙、衬砌拱、挡墙等。但对挖方边坡较陡且坡面很不整齐的路段,如果采用传统的防护形式,必须对边坡进行削坡,达到一定的设计坡比,并使坡面平整。这种方法会产生许多问题,如新增占地、开方量和弃方量大、施工期间会对路面产生破坏、施工方案及交通安全组织困难、工期较长等。所以,需要采用SNS(Safety Netting System)柔性防护系统进行防护(图2-20、图2-21),以避免出现传统防护方式带来的问题。

图2-20　SNS主动防护系统

图2-21　SNS被动防护系统

(1) SNS 柔性防护系统构成和分类

SNS 柔性防护系统是一种能拦截和堆存落石的柔性金属栅栏,与传统的建筑物拦截系统的主要区别在于系统的柔性和强度足以吸收和分散传递预计的能量,使系统的损伤最小。根据防护原理和防护目的,SNS 系统分为主动防护系统和被动防护系统两大类。

主动防护系统是通过锚杆和支撑绳固定方式,将以钢丝绳网为主的各类柔性网覆盖或包裹在需防护的斜坡或危石上(图 2-22),以限制坡面岩土体的风化剥落或破坏以及危岩崩塌(加固作用),或者将落石控制在一定范围内运动(围护作用);其后一功能本质上应归入被动防护,但在 SNS 系统中,由于其结构形式与起加固作用的主动防护系统相似,因此为叙述和分类方便,仍将其归入主动防护,并可将两者分别称为标准主动防护和主—被动防护而加以区分。主动防护系统按其防护功能、防护能力和结构形式的不同分为 2 类 9 种形式,见表 2-2。该系统以坡面锚固形式和固定方式作为基本的选型设计。

 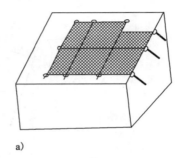 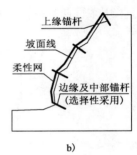

a)   b)

图 2-22　SNS 主动防护系统示意图
a)标准主动防护系统;b)主—被动防护系统

SNS 主动防护系统分类　　　　　　　　　　　　　　　　　　　　　　　表 2-2

分类	网型	固定方式	防护功能
GAR1	钢绳网	边沿锚固 + 支撑绳 + 缝合绳	主—被动系统,围护作用,部分抑制崩塌的发生,限制大块落石运动范围
GAR2	钢绳网	系统锚固 + 纵横向支撑绳 + 缝合绳,孔口凹坑 + 张拉	坡面加固,抑制大块崩塌和风化剥落、溜坍、溜滑的发生,限制局部或少量大块落石运动范围
GPS1	钢绳网 + 格栅	同 GAR1	同 GAR1,有小块落石时选用
GPS2	钢绳网 + 格栅	同 GAR2	同 GAR2,有较小危石块体时选用
GPS3	钢绳网 + 格栅 + 喷种草籽	同 GPS2	同 GPS2 + 抑制水土流失 + 坡面绿化
GER1	格栅	同 GAR1,但用铁线缝合	同 GAR1(落石块体较小时选用)
GER2	格栅	同 GAR2,但用铁线缝合	同 GER1 但防护功能略强
GES1	格栅 + 喷种草籽	同 GER1	同 GER1 + 抑制水土流失 + 坡面绿化
GES2	格栅 + 喷种草籽	同 GER2	同 GER2 + 抑制水土流失 + 坡面绿化

被动防护系统是将以钢丝绳网为主的栅栏式柔性系统设置于斜坡上一定位置处,用以拦截斜坡上的滚落石以避免其破坏保护的对象,因此有时也称为拦石网。被动防护系统根据其防护能量和结构形式的不同分为 4 类(图 2-23)。整个系统由钢丝绳网(需拦截小块落石时附加一层铁丝格栅)、固定系统(锚杆、拉锚绳、基座和支撑绳)、减压环和钢柱 4 个主要部分构

成。系统的柔性主要来自于钢丝绳网、支撑绳和减压环等结构,且钢柱与基座间亦采用可动连接以确保整个系统的柔性匹配。系统的基本设计包括根据落石的动能和弹跳高度来选择系统的防护能级和设置高度。

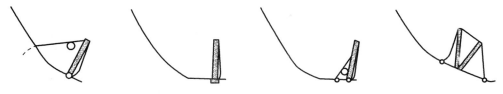

图 2-23　SNS 被动防护分类横断面示意及其标准能级

(2)SNS 柔性防护系统设计参数
①防护区域:向既有或潜在破坏区外延伸 2m。
②锚杆间距:2~4m,标准间距为 3.5m。
③预应力 P:30kN。
④锚杆长 L:2m,锚入滑动边界以下 1m 以上,并保证抗拔力不低于 $1.3P$。
⑤锚杆倾角:一般宜垂直于坡面,当格栅有悬空时,宜使锚杆与张紧后的格栅表面垂直。
⑥锚杆孔:干钻,孔径应比锚杆直径大 20mm 以上。
⑦格栅:需用材料面积×(1.05~1.08)×拟防护面积,就近取为整数张格栅的面积,现场可根据需要进行纵向分割。
⑧缝合钢丝:与格栅编织用同型号钢丝,长度为缝合路径长度的 1.3 倍。
⑨锚定板:数量与锚杆根数相同,并带专用螺母。
(3)SNS 柔性防护系统施工顺序与方法
施工顺序有两种:一种为设置锚杆后铺设格栅,其优点是孔径不受限制,钻孔工作不受格栅影响,格栅不受砂浆污染等;另一种为铺设格栅后设置锚杆,其优点是铺设格栅时无外露锚杆头的干扰,易于明显确定锚杆的最佳位置,格栅为后续作业提供了落石防护,无须临时安全防护措施,且有助于攀爬行走和系安全带(绳)等。

3. 路基滑坡防治

路基山坡土体或岩体,由于长期受地面水、地下水活动的影响,使其结构破坏,逐渐失去支撑力,在自重力作用下,整体地沿着一定软弱面(或带)向下滑动,这种地质现象称为滑坡,如图 2-24 所示。滑体滑动一般是缓慢的,可延续相当长的时间。但坡度较陡时,也会突然下滑。

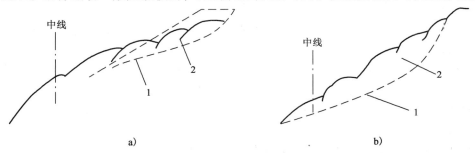

图 2-24　路基滑坡病害示意图
a)上边坡滑坡;b)穿过下边坡的滑坡
1-滑坡面;2-滑坡体

发育完整的滑坡,一般都包括后缘环形滑坡壁、与滑坡壁毗邻的封闭滑坡洼地、微向后倾的滑坡台阶、滑动面与滑床,以及各种类型的滑坡裂缝和滑坡面等,如图 2-25 所示。掌握这些形态要素,有助于识别滑坡和判断滑坡的稳定性。

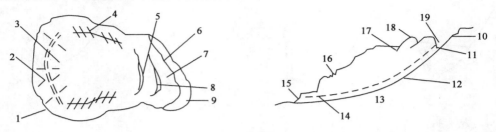

图 2-25　滑坡形态示意图

1-滞坡周界;2-扇形裂缝;3、16-鼓胀裂缝;4-剪切裂缝;5、17-拉张裂缝;6、11-主裂缝;7、19-滑坡洼地;8、18-滑坡台阶;9、10-滑坡壁;12-滑动面;13-滞坡床;14-滑动带;15-滑坡舌

(1)滑坡的分类

按滑坡的组成物质,滑坡主要分为三类。

①岩石顺层滑坡。这类滑坡的滑动面,为岩体中比较软弱的岩层面或软弱夹层面,上部岩体沿滑动面顺坡向下滑动,如图 2-26 所示。岩层为二叠系灰岩夹炭质页岩,虚线所示的滑体在施工过程中已滑走,上部还残留有未滑动的岩体,下部滑面平整光滑。

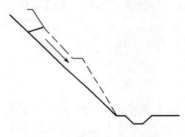

图 2-26　岩石顺层滑坡断面图

②花岗岩残积层滑坡。花岗岩边坡风化严重,加上降雨量充沛,边坡坡面遭受降雨的强烈冲刷,坡面冲沟发育,花岗岩残积层沿原花岗岩的构造节理向坡下滑动产生滑坡。

③砂页炭残坡积层滑坡。这类滑坡大多是砂岩、炭质页岩、凝灰岩、泥质千枚岩、板岩的残坡积层,多为粉质黏土夹碎石层,厚度 20m 以上。

(2)滑坡形成的主要原因

产生滑坡病害的原因很多,主要是地质因素和水的作用。

①地质因素。包括具有蓄水构造、聚水条件、软弱面(带)以及向路基倾斜的岩层山坡等地质条件。遇到以下情况就有可能发生滑坡:

a.山坡表层为渗水的土或岩层,下层为不透水土或岩层(形成隔水层),且岩层向路基倾斜。在这种情况下,当有地下水经常活动时,就会使表层土(岩层)沿隔水层滑动形成滑坡。

b.山坡岩层软硬交错,且其软弱面向路基倾斜,由于风化程度不同或地下水侵蚀等原因使岩层可能沿某一软弱面向下滑动。

c.当边坡上部为松散堆积层,而下部的主要岩层较陡,且又伸入路基时,则上部的松散堆积层容易发生滑坡。

d.路线穿过软硬不均的岩石断开地带,而断开地带又为地下水集中活动地区时,开挖路堑容易引起滑坡。

②水文影响。水是促进滑坡的重要条件,表现情况有:

a.大量雨水渗入滑坡体内,使土体潮湿软化,增加土体重量,降低土的强度,从而加速滑坡的活动。

b. 地下水是引起滑坡的主要条件之一,地下水量增加,浸湿滑动面,降低滑动面的抗滑能力,从而加速滑坡的形成。

c. 排水设施布置不合理。例如在渗水性强的边坡上设置天沟,沟内没有铺设防水层,当地面水集中流入天沟内,水分大量渗入土体内部,以致产生滑坡。

d. 溪河水位涨落,水分渗入坡体内,润湿滑动面,或河水冲刷滑坡坡脚,减弱支撑力,引起坡体下滑。

e. 边坡上有灌溉渠道或水田,没有进行适当处理,渗漏严重,使土体潮湿软化,增加土体自重,降低土的强度,从而导致滑坡。

(3) 滑坡的防治

滑坡的类型很多,且成因复杂,在防治和处理滑坡时,要针对各种不同情况采取不同的防治措施。道路上滑坡多发生于路基边缘,这是因为修筑公路破坏了地貌原始自然的平衡状态,形成新的临空面,后经外界雨水的侵蚀和重力的共同作用,导致路基边坡滑塌。因此,防治滑坡的措施应以排水疏导为主,再配合抗滑支撑措施,或上部减重,维持边坡平衡。其主要方法有以下几种:

① 地面排水

滑坡体以外的地面水,应予拦截引离;滑坡体上的地面水,要注意防渗并尽快汇集引出。各种地面排水措施的适用条件以及布置、设计与施工原则列于表2-3。

滑坡地面排水措施 表2-3

名 称	适用条件	布置、设计与施工原则
环形截水沟	滑体外	截水沟应设在滑坡可能发展的边界5m以外,根据需要可以设置数条,分段拦截地表水,向一侧或两侧的自然沟系排出。在坡度陡于1:1的山坡上,常采用陡坡排水槽来拦截山坡上方的坡面径流。沟槽断面以满足排泄坡面径流为准,如土质渗水性强,应采用黏性土、石灰三合土或浆砌片石铺砌防渗层
树枝状排水系统	滑体内	结合地形条件,充分利用自然沟系作为排水渠道,汇集并旁引坡面径流于滑坡体外排出,排水沟布置应尽量避免横切滑体,主沟宜与滑移方向一致。支沟与主沟斜交30°~45°。如土质松软,可就土夯成沟形,上铺黏性土或石灰三合土加固。通过裂缝处,可采用搭叠式木质水槽或陶管、混凝土槽、钢筋混凝土槽,以防山坡变形拉断水沟,使坡面水集中下渗
明沟与渗沟相配合的引水工程	滑体内的泉水或湿地	目的在于排除山坡上层滞水和疏干边坡土体含水,埋入地下部分类似集水渗沟,露出地面部分是排水明沟
平整夯实自然山坡坡面	滑体内	如山坡土质疏松,坡面水易于阻滞下渗,应对坡面整平夯实。填塞裂缝,防止坡面径流汇集下渗
绿化工程(植树、铺种草皮)	滑体内	绿化工程是配合表面排水的一项有效措施,特别对渗水严重的黏性土滑坡和浅层滑坡,效果显著。在滑坡面种植灌木及阔叶果树,可疏干坡体水分,根系起加固坡面土层的作用。铺种草皮可滞缓坡面径流速度,防止冲刷,减少下渗,避免坡面泥土淤塞沟槽

② 地下排水

排除滑坡地下水的工程措施,应用较多的有各种渗沟,包括:

a. 支撑渗沟。用以支撑不稳定的滑坡体,兼起排除和疏干滑坡体内地下水的作用,适用深度（高度）2~10m。

b. 边坡渗沟。当滑坡前缘的路基边坡有地下水均匀分布或坡面大片潮湿时，可修建边坡渗沟，以疏干和支撑边坡，同时，也能起到阻截坡面径流和减轻坡面冲刷的作用。

边坡渗沟的平面形状有垂直、分支及拱形。分支渗沟的主沟主要起支撑作用而支沟则起疏干作用。分支渗沟可以互相连接成网状布置。

c. 截水渗沟。当有丰富的深层地下水进入滑坡体时，可在垂直于地下水流的方向上设置截水渗沟，以拦截地下水，并排出滑坡体外。

③减重

减重就是在滑坡体后缘挖除一定数量滑坡体面使滑坡稳定下来。这种措施适用于推动式滑坡，一般滑动面不深，滑床上陡下缓，滑坡后壁或两侧有岩层外露或土体稳定不可能再发展的滑坡。减重主要是减小滑体的下滑力，不能改变其下滑趋势，所以减重常与其他措施配合使用。

④支挡工程

支挡工程可分为以下几种：

a. 抗滑垛。一般用于滑体不大，自然坡度平缓，滑动面位于路基附近或坡脚下部较浅处的滑坡。片石垛是一种简易抗滑措施，可用片石干砌或石笼堆成，主要是依靠片石垛的自重，以增加抗滑力。

b. 抗滑挡土墙。在滑坡下部修建抗滑挡土墙，是整治滑坡常用的有效措施之一。对于大型滑坡，常作为排水、减重等综合措施的一部分；对中、小型滑坡，常与支撑渗沟联合使用。其优点是山体破坏少，稳定滑坡收效快。抗滑挡土墙一般多采用重力式结构，其尺寸应经计算确定。

c. 抗滑桩。抗滑桩是一种用桩的支撑作用稳定滑坡的有效抗滑措施，一般适用于非塑性体层和中厚度滑坡前缘，以及使用重力式支撑建筑物圬工量大、施工困难的场合。

4. 坡面冲刷防治

对于花岗岩残积层、石炭系炭质、泥质页岩、砂岩残坡积层都有不同程度的坡面冲刷问题，特别是花岗岩残积层的坡面冲刷问题更为严重。花岗岩残积层，在高温多雨的条件下，岩石风化迅速，形成一定厚度的残积岩。残积层颗粒组成以细砂、中砂、粗砂为主要组成部分，含少量黏土颗粒。从结构上看为颗粒松散的砂泥质结构，抗水性差。这种残积物高边坡抗冲刷性能很差，易形成密集的鸡爪状冲沟，中下部冲刷成直径1~5m、深5~7m的落水洞，上下落水洞相连，坡面支离破碎。

雨季大量坡面冲刷物流向公路，堵塞排水沟，严重地淤埋路面，增加养护维修投资。坡面冲刷再进一步发展，可能导致边坡坍塌。考虑花岗岩残积层坡面侵蚀的形态特征和发展阶段，可把花岗岩残积层的坡面侵蚀分类如表2-4所示。

坡面侵蚀分类　　　　　　　表2-4

分类标准	侵蚀形态特征					
类型	片蚀		沟蚀			坍塌
	溅蚀	面蚀	细沟侵蚀	浅沟侵蚀	切沟侵蚀	冲沟侵蚀	

5. 剥落防治

剥落是指边坡表土层或风化岩表面，在温热的作用下，表面发生胀缩的现象，从而引起零碎薄层从边坡上脱落下来。其处理方法：
（1）优化排水系统，不使地面或地下水侵蚀路基边坡。
（2）加固边坡，如种草、铺草皮或植树。
（3）对于风化的软质岩层，可修建干砌或浆砌片石护墙。
（4）整修边坡，及时清除可能滑塌的土石方。
（5）对裂缝较多的岩层，可用喷浆法，以防止岩石剥落及风化。

6. 泥石流防治

（1）泥石流形成类型

①由水流冲刷山坡滑落物质而形成。山坡或沟岸泥沙由于重力作用而不断地坍塌、碎落或滑坡而落入沟道，在暴雨的冲击下而形成泥石流。这种形式中最严重的是大型滑坡堵断沟道，水流直接由滑坡体上流过或形成溃决，也有的在暴雨时滑坡中的饱和水与滑坡体一涌而下，形成强大的泥石流。

②由水流冲刷河床表面形成。水流直接冲动沟底泥沙而形成泥石流，当河床表面有粗化层，沟谷中发生洪水时，将粗化层冲走，下部细粒泥沙将发生溃决性冲刷，形成大规模的泥石流。

③由滑坡直接演变为泥石流。滑坡在高速滑运过程中，土体被液化而形成泥石流。

④高山地区山坡由于融冻作用而产生向下滑动的液化土体，即融冻泥石流。

⑤矿山废渣由于水流冲刷或滑塌而形成泥石流。

（2）泥石流的防治方法

泥石流对路基的危害主要是通过堵塞、淤埋、冲刷、撞击等方式造成的。公路防治泥石流应以预防为主，采取综合治理的方法来减轻泥石流的危害。防治泥石流的工程措施为：

①对流泥、流石的山坡来说，在春秋两季，应大量进行植树造林、铺植草皮。

②在泥石流形成区的上侧修筑截水沟、排水沟，把水引出去，以减小或消除洪水冲击。

③在泥石流形成区，采用平整山坡、填实沟缝、修筑梯阶、土埂和支撑挡墙、加固沟头和沟底等方法，控制水土流失，防治滑坡发展。

④对于小量的泥石流而言，可在路肩外缘修建拦渣挡墙，并在每次雨后及时清理淤积的泥石，避免挡墙失去作用。

⑤泥石流形成区的地质、地形条件较好时，可分级修建砌石或混凝土拦渣坝。

⑥可采用排洪道、急流槽、导流堤等措施使泥石流顺利排走，以防止掩埋道路、堵塞桥涵。

⑦实施滞流及拦截措施。滞流措施是在泥石流沟中修筑一系列低矮的拦挡坝，其作用是：拦蓄部分泥沙、石块等固体物质，减弱泥石流的规模；固定泥石流河床，防止沟床下切和谷坡坍塌；减缓河床纵坡，降低流速，防止或减轻泥石流对路基及其附属构造物的破坏。常用的滞流建筑物主要是谷坊坝。拦截措施主要是修建拦渣坝或停淤场，将泥石流中的固体物质全部拦淤，只许余水过坝。

⑧对泥石流严重地点，养护部门应做到：加强巡视检查，观察其变化动态，尽力采取防治措施，发生泥石流后，要集中人力、机械尽快清除堆积物，维持交通安全，根据掌握的资料，提出整治办法，及时报请上级主管部门处理。

二、路基翻浆防治

路基翻浆主要发生在我国东北、华北、西北、西南等季节性冰冻地区的春融季节，以及盐渍、沼泽、水网等地区。

潮湿地段的路基在冰冻过程中,地中的水分不断地向上移动聚集,引起路基冻胀。春融时,路基湿软,强度急剧降低,加上行车的作用,路面发生弹簧、鼓包、冒浆、车辙等现象,称为翻浆。翻浆的发生,不仅会破坏路面,妨碍行车,严重的还会中断交通,对国民经济建设、国防战备都具有一定的危害,并增加道路养护的工作量。

1. 翻浆的分类分级

路基中水分来源不同,并以不同形式存在于路基土中。为了针对不同来源的水分所引起的翻浆,采取相应的措施进行根治,现将翻浆按水分的存在形式进行分类,见表2-5。

翻 浆 分 类　　　　　　　　表2-5

序号	翻浆类型	导致翻浆的水分来源
1	地下水类	受地下水的影响,土基经常潮湿,导致翻浆。地下水包括上层滞水、潜水、层间水、裂隙水、泉水、管道漏水等。潜水多见于平原区,层间水、裂隙水、泉水多见于山区
2	地面水类	受地面水的影响,使土基潮湿,导致翻浆。地面水主要指季节性积水,也包括路基、路面排水不良而造成路旁积水和路面渗水
3	土体水类	土因施工遇雨或用过湿的土填筑路堤,造成土基原始含水率过大,在负温度作用下使上部含水率显著增加,导致翻浆
4	气态水类	在冬季强烈的温差作用下,土中水主要以气态形式向上运动聚积于土基顶部和路面结构层内,导致翻浆
5	混合水类	受地下水、地面水、土体水或气态水等两种以上水类综合作用产生的翻浆。此类翻浆需要根据水源主次定名,如地下水面水类等

根据翻浆高峰时期路面变形破坏程度,将翻浆路段分为三级,见表2-6。

翻 浆 分 级　　　　　　　　表2-6

翻浆等级	路面变形破坏程度
轻型	路面龟裂、湿润、车辆行驶时有轻微弹簧
中型	大片裂纹、路面松散、局部鼓包、车辙较浅
重型	严重变形、翻浆冒泥、车辙很深

2. 翻浆的发生过程

秋季,由于降水或灌溉的影响,地面水下渗、地下水位升高,使路基水分增多,为冬季水分积聚提供了必要条件。

冬季气温下降,路基上部的土开始冻结,此时,土孔隙内的自由水在0℃时首先冻结,形成冰晶体。当温度继续下降时,与冰晶体接触的土颗粒表面的薄膜水(弱结合水在 $-0.1 \sim -10$℃时冻结)受冰的结晶力作用,移动到冰晶体上面冻结。因此,该部分土粒表面的水膜变薄,破坏了原来的吸附平衡状态,产生剩余分子引力,将吸取邻近土粒的薄膜水。同时,当水膜变薄时,薄膜水内的离子浓度增加,产生渗透压力差。在土粒分子引力和渗透压力差的共同作用下,薄膜水就从水膜较厚处向水膜较薄处移动,并逐层向下传递。在温度为 $0 \sim -3$℃(-5℃)的条件下,未冻区有充足的水源供给时,水分发生连续移动,就使路基上部大量聚冰。

如果冻结线在某一深度停留时间较长,水分有充分的聚积时间,当水源供给充足时,便在冻结线附近形成聚冰层。它通常只出现在路基上部的某一深度范围内,一般厚度为5~30cm。聚冰层可能有一层或多层,凡聚冰层所在之处即是路基土含水率最大之处。

冻胀是翻浆过程中的一个阶段。土基下部的水向上积聚并冻结成冰,就会形成冻胀,过大的冻胀会使柔性路面产生鼓包、开裂,使刚性路面出现拱起、错台或板的折断。

对于沥青路面的道路,由于路面材料的导热系数远大于路肩土,所以路面下的土首先冻结,于是不但是路基下部水分,而且路肩、边坡下尚未冻结的土中的水分都向路面下已冻结区土中聚集。因此路面下聚集水分特别多,加重了聚冰层的形成。

待到来年春季化冻时,由于路面结构层的吸热和导温性较强,路面下的路基土先于路肩下的融化,于是路基下残余未化的冻土形成凹槽,融化后的水分难以排出,路基上部处于过湿状态,如图2-27所示。当融化至聚冰层时,路基湿度更大,有时甚至超过液限。这样,路基在化冰过程中强度显著降低,以致丧失承载能力,在行车荷载作用下发生弹簧、开裂、鼓包、车辙,严重时泥浆外冒,路面大面积破坏,就形成了翻浆。

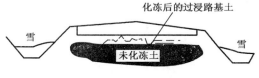

图2-27 路基土化冻时的情况

3. 影响翻浆的因素

影响公路翻浆的主要因素有:土质、温度、水、路面、行车荷载、人为因素等,其中土质、温度、水三者的共同作用是形成翻浆的三个自然因素。

(1)土质

粉性土最容易形成翻浆,当粉性土和黏性土含有大量腐殖质和易溶盐时,则更易形成翻浆,砂土在一般情况下不会发生翻浆。

(2)温度

初冬时,气温较高或冷暖交替出现,温度在0~-3℃(-5℃)之间停留时间较长,冻结线长期停留在路面下较浅处,就会使大量水分聚集到距路面很近的地方,产生严重翻浆。春季化冻时,天气骤暖,土基急速融化,则会加重翻浆的程度。

(3)水

秋雨及灌溉会使路基土的含水率增加,使地下水位升高,将加剧翻浆的程度。

(4)路面

路面结构与类型对翻浆也有一定的影响,例如,在比较潮湿的土基上铺筑沥青路面后,由于沥青面层透气性较差,路基土中的水分不能通畅地从表面蒸发,使水分滞积于土基顶部与基层,导致路面失稳变形,以致出现翻浆。

(5)行车荷载

公路翻浆是通过行车荷载的作用,最后形成和暴露出来的,当其他条件相同时,在翻浆季节,交通量越大,车辆轴载越重,则翻浆越为严重。

(6)人为因素

在下列情况下,都将加剧翻浆的形成:

①设计时对引发翻浆的因素考虑不周。路基设计高度不够,特别是低洼地带,路线没有避开不利的水文地质地带,缺乏防治翻浆的措施,以及路面结构不当,厚度偏薄等。

②施工质量问题。填筑方案不合理,不同土质填料混杂填筑,或采用大量的粉质土、腐殖土、盐渍土、大块冻土等劣质填料,或分层填筑时压实度不足。

③养护不当。排水设施堵塞,路拱有反向坡,路面、路肩积水,对翻浆估计不足,且无适当的抢防措施。

4.翻浆的防治措施

防治翻浆的基本措施包括:防止地面水、地下水或其他水分在冻结前或冻结过程中进入路基上部;在化冻期,可将聚冰层中的水分及时排除或暂时蓄积在透水性好的路面结构层中;改善土基及路面结构;采用综合措施防治。防治翻浆的措施见表2-7。

防治翻浆措施　　表2-7

编号	措施种类	适用翻浆类型	翻浆等级	适用地区或条件	使用说明
1	路基排水	①②⑤	轻、中、重	平原、丘陵、山区	适用于一切新、旧道路
2	提高路基	①②⑤	轻、中、重	平原、洼地、盆地	新、旧路均可用,必要时也可与本表中的3、4、5、6、7、9任一类措施组合应用
3	砂(砾)垫层	①②③⑤	中、重	产砂、砾地区	新、旧路均可用,主要做垫层或与2、4类措施组合应用
4	石灰土结构层	①②③④⑤	轻、中、重	缺少砂、石地区	新、旧路均可用,做基层或垫层或与3、5类措施组合应用
5	煤渣石灰土结构层	①②③④⑤	中、重	缺少砂、石地区,煤渣供应有保证	新、旧路均可用,做基层或垫层或与4类措施组合应用
6	透水性隔离层	①⑤	中、重	产砂、石地区	适用于新路
7	不透水隔离层	①②④⑤	中、重	沥青、油毡纸,塑料薄膜供应有保证	多用于新路
8	盲沟	①⑤	轻、中、重	坡腰或横向地下水出露地段,地下水位高的地段	新、旧路均可使用
9	换土	①②③⑤	中、重	产砂砾或水稳性好的材料地区	适用于新、旧路
10	无纺布土工膜	①②④⑤	轻、中、重	平原、丘陵、山区	适用于新、旧路,可与1~9任一类措施组合使用

注:1.适用翻浆类型:①地下水类;②地面水类;③土体水类;④气态水类;⑤混合水类。
　　2.冰冻地区的潮湿路段上,不宜采用石灰土做基(垫)层。

具体的防治措施包括如下几个方面:

(1)做好路基排水,提高路基

做好路基排水是预防和处理地面水类和地下水类翻浆的首要措施。良好的路基排水可以防止地面水或地下水浸入路基,使路基土体保持干燥。

提高路基是一种效果显著、简便易行、比较经济的常用措施。增大路基边缘至地下水或地面水位之间距离,使路基上部土层保持干燥,在冻结过程中不致因过分聚冰而失稳。提高路基的措施适用于取土方便的路段,并宜采用透水性良好的土填筑路基。在重冰冻地区及粉性土地段,在提高路基时还要与其他措施,如砂垫层、石灰土等配合使用。

(2)铺设隔离层

隔离层设在路基顶下0.5~0.8m处,其目的在于阻断毛细水上升通道,保持上部土基干

燥,防止翻浆发生。地下水位或地面积水较高,又不宜提高路基时,可铺设隔离层。隔离层按使用材料可分为两类:

①透水性隔离层。采用碎石、砾石、粗砂或炉渣等做成,其厚度一般为 10~20cm,分别自路基中心向两侧做成 3% 的横坡(图2-28)。对新旧路线翻浆均可采用。其位置应在地下水位以上,一般在土基 50~80cm 深度处,在盐渍土地区的翻浆路段,其深度应同时考虑防止盐胀和次生盐渍化等要求。为了防止淤塞,应在隔离层上面和下面铺设 1~2cm 泥炭、草皮或炉渣、石屑、针刺无纺布等透水性防淤层。连接路基边坡部位,应铺大块片石防止碎落。隔离层上部与路基边缘的高差不小于 50cm,底部高出边沟底 20~30cm。

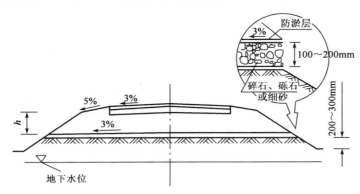

图 2-28　粗粒料透水隔离层

②不透水隔离层分贯通式和不贯通式两种,设置深度与透水性隔离层相同。当路基较窄时,隔离层可横跨全部路基,称为贯通式,见图2-29a);当路基较宽时,隔离层可铺至延出路面边缘外 50~80cm,称为不贯通式,见图2-29b)。前者适用于地面排水有困难或地下水位高的路段,用以隔断毛细水和横向渗水;后者适用于一般路段,用以隔断毛细水。

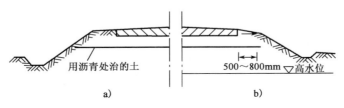

图 2-29　不透水隔离层
a)贯通式;b)不贯通式

不透水隔离层所用的材料和厚度如下所示:

a. 直接喷洒厚度为 2~5mm 的沥青。

b. 沥青含量为 8%~10% 的沥青土或 6%~8% 的沥青砂,厚度一般为 2.5~3cm。

c. 2~3 层油毡或塑料薄膜(在盐渍土地区不能使用)。

d. 复合土工膜,一布一膜或两布一膜。

(3)设置路肩盲沟或渗沟

①设置盲沟

为及时排除春融期间路基中的自由水,达到疏干路基上部土体的目的,可在路基上设置横向盲沟。该方法适合于路基土透水性较好的地下水类翻浆路段。盲沟布置应与路中心线垂直,如路段纵坡为60°~75°(顺下坡方向)的交角,两边交错排列,间距为5~10m,深度为20~40cm,宽为40cm左右。盲沟应用渗水性良好的碎(砾)石填充,沟底宜做成4%~5%的坡度。盲沟出水口应高出边沟水面30cm,出口按一般盲沟处理,如图2-30所示。路基两侧边沟下面设置盲沟如图2-31所示。

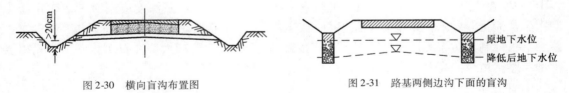

图2-30 横向盲沟布置图　　　　图2-31 路基两侧边沟下面的盲沟

②排水渗沟

为了降低路基的地下水位,可在边沟下设置盲沟或有管渗沟。为了拦截并排除流向路基的层间水,可采用截水渗沟。

近年来,开发了一种新型的加筋软式透水管,透水管内衬为经磷酸防腐处理并涂敷PVC的高强弹簧硬钢丝,紧贴钢丝圈外编织三层高强尼龙和特殊纤维制成的滤布和透水层。管体坚固耐用,具有较好的透水、过滤与排水功能,耐酸碱,施工简便,尤其适于各种复杂地形使用,替代传统的盲沟和渗沟施工可取得较好效果。软式透水管的构造如图2-32所示。

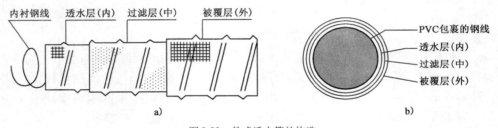

图2-32 软式透水管的构造
a)纵剖面图;b)横剖面图

(4)换土

对因土质不良造成翻浆的路段,可在路基上部换填水稳定性好、冰冻稳定性好、强度高的粗颗粒土,以提高土的强度和稳定性。

一般可根据地区情况、道路等级、行车要求、换填材料等因素确定换土厚度。一些地区的经验认为,在路基上层换填40~60cm厚的砂性土,路基可以基本稳定。换土厚度也可以根据强度要求,按路面结构层厚度的计算方法计算确定。

用换土法治理翻浆路段,应突出抓一个"早"字,一经发现翻浆势头,立即进行开挖,用较少的工作量取得较好的效果。换土适合于路基高程受到限制,不能加高路基,且附近有砂性土的路段。

(5)改善路面结构层

①铺设砂(砾)垫层。砂(砾)垫层是用砂砾、粗砾或中砂做成的垫层,它具有较大的空隙,能隔断毛细水的上升,化冻时能蓄水、排水;冻融过程中体积变化小,可减小路面的冻胀和沉陷。它还具有一定的强度,能将荷载进一步扩散,以减小路基的应力和应变。

砂(砾)垫层的厚度可按蓄水原则或排水原则设置。蓄水原则是指春融期间,路基化冻后的过量水分能全部集中于砂垫层中。根据蓄水的需要并考虑砂(砾)垫层被污染后降低蓄水能力的情况,经调查研究得出:中湿路段砂(砾)垫层的经验厚度为0.15~0.20m,潮湿路段为0.2~0.3m。排水原则是将春融期汇集于砂垫层中的水分通过路肩盲沟排走,其厚度应由路面强度及砂(砾)垫层构造和施工要求决定,一般为0.1~0.2m。

②铺设水泥稳定类、石灰稳定类或石灰工业废渣类基(垫)层。这类基(垫)层具有较好的板体性、水稳性和冻稳性,可以通过路面的整体强度,起到减缓和防止路基冻胀和翻浆的目的。但在重冰冻地区潮湿路段,石灰土不宜直接采用,须与其他措施配合使用,如在石灰土下铺设砂垫层。

③设置防冻层。对于高级和次高级路面,结构层的总厚度除满足强度要求外,还应满足防冻层厚度要求,以避免路基内出现较厚的聚冰带,导致路面冻胀和开裂。防冻层厚度可分别按相应路面设计规范的有关规定确定。

5. 翻浆路段的养护

翻浆现象是一个四季都发生的过程。秋季,水分开始聚集;冬季,水分在路基中重分布;春季,水分使路基上部过分潮湿;夏季,水分蒸发、下渗,路基处于干燥状态。因此,在各个季节里,应根据各自不同的现象,采取适当的养护措施,加强预防性的防治工作,以防止或减轻翻浆病害。

(1)秋季养护

秋季养护的中心内容是排水,尽可能防止水分进入路基,保持路基处于干燥状态,以减少冬季冻结过程中由于温差作用向路面下土层聚流的水分,这是一项最根本的措施。所以秋季养护要做好下列工作:

①随时整修路面、路肩、边坡。路面应维护好路拱和平整度,如有裂纹、松散、车辙、坑槽、搓板等病害,都应及时处理,避免积水。

路肩应保持规定的排水横坡,尤其应在雨后夯压密实,保持路肩坚实平整。边坡要保持规定坡度,拍压密实,防止冲刷和坍塌阻塞边沟,造成积水。

②修整地面排水设施,保证地面排水通畅。

③检查地下排水设施,保证地下水能及时排出。

(2)冬季养护

冬季养护的中心内容是采取措施减轻路基水分在温差作用下向路基上层聚集的程度,同时要防止水分渗入路基。所以冬季养护要做好下列工作:

①应及时清除翻浆路段的积雪。雪层导温性能差,具有保温作用,将减缓路基土冻结速度,使冻结线长期停留在路基上层,使路基下层水分有机会大量聚积到路基上层,致使翻浆加重。所以应十分注意除雪工作。

②经常上路检查,发现路面出现裂缝、坑槽等要及时修补,融化雪水要及时排除。

③经常发生翻浆的路段,应在翻浆前做好准备工作,有翻浆势头的路段,应及早进行抢修,包括准备好抢防的用料。

(3)春季养护

春季是翻浆的暴露时期,在天气转暖的情况下,翻浆发展迅速,养护工作中心内容是抢防。当路面出现潮湿斑点、松散、龟裂,表明翻浆已开始露头。对鼓包、车辙或大片裂缝、行车颠簸、路基发软等现象应采取以下措施:

①在两边路肩上每隔3~5m交错开挖横沟,沟宽一般为30~40cm,沟的深度根据解冻深

度逐渐加深,直到路面底层以下,沟的外口高于边沟沟底。

②路面坑洼严重的路段,除路肩外开挖横向沟外,还应顺路面边缘加修纵向小盲沟,或渗水井。渗水井的直径以不超过40cm为宜,井与井的间距应根据实际情况确定,沟或渗水井的深度应至路面底层以下。如交通量不大,也可挖成明沟。

③如果条件许可,应尽量绕道行车或限制重车通过,避免因行车碾压,加剧路面破坏。

④在交通量较小的县乡公路上,可以用木料、树枝等做成柴排,铺在翻浆路段上,上面再铺碎石、砂土,以临时维持翻浆期间通车,防止将路面压坏。

(4) 夏季养护

夏季是翻浆的恢复期,这时养护的核心内容是修复翻浆破坏的路基、路面,采取根治翻浆的措施。要查明翻浆的原因,对损坏路段的长度、起始时间、气温变化、表面特征、养护历史等进行调查分析,做出记录,确定治理方法和措施。

三、路堤沉陷防治

工程竣工后在自然环境影响和重复荷载作用下,路基可能会产生整体下沉、局部沉陷、不均匀沉陷等病害,严重时会影响公路的正常使用,降低公路的等级。因此,为了更好地保证公路的正常使用,对路堤出现的严重病害,必须采取行之有效的处理办法,使路基处于良好的技术状态。

防治沉陷的措施主要如下:

1. 换土复填法

因填筑土质不符合要求,路基出现下沉但面积不大且深度不深时,常采用换土复填的方法。此法是将原路基出现病害部分的土挖除,更换新的且符合规范要求的土。一般采用级配较好的砂砾土或塑性指数满足规范要求的亚黏土。回填时,挖补面积要扩大,且逐层挖成台阶状,由下往上,逐层填筑,碾压密实,压实度要求高出原路压实度1%~2%为宜。如需要时,可结合土工合成材料进行施工。该方法只要掌握好路基的填筑方法即可,技术要求较低。

2. 固化剂法

在处理路基的下沉中,如果更换路基填料受到限制,且填筑料数量不大时,可在原填料中掺入一定量的固化剂处理路基病害。

固化剂作为一种特殊的建筑材料,其不同的物理性质和化学组成决定了不同的类别、特点和固化方法。路用材料固化剂从形态上看,可分为固态和液态两大类;从化学构成上看,可分为主固化剂和助固化剂两大部分。其中固体粉状固化剂中主固化剂以石灰、石膏、水泥为主,助固化剂采用高聚物,如聚丙烯酸铵、聚丙烯酸或含有活性基团的有机化合物;液态固化剂中主固化剂多采用水玻璃,助固化剂则采用各种无机盐,如碳酸镁、碳酸钙等。前者与土混合加压,适合于表层或浅层土的固化;后者使用时,采用特殊工艺将浆液注入土中使土固结,适合于深层土的固结。

目前,固化剂的种类很多,在道路工程中使用时,可根据路用土的种类与固化剂的成分、类型选用。

3. 粉喷桩法

对于处理10m以内路基下沉病害,采用粉喷桩加固技术是较为理想的一种方法。粉喷桩处理软基土时会产生一系列物理、化学反应,在原地基中形成强度、刚度较大的桩体,同时也使桩周土体性质得到改善,桩体与桩间土体形成复合地基,共同承担外荷载。

使用粉喷桩加固路基,应认真调查路基病害的情况,认真做好粉喷桩施工的设计(桩径、桩距、固化剂掺入量、桩身强度等),施工中要严格掌握固化剂掺入量、粉喷桩龄期、土样含水率、混合料搅拌的均匀性,应着重抓好施工中的几个环节:

(1)严格按粉喷桩施工规范施工,严格掌握钻机的就位、钻进、停钻、提升、停喷、重复的工艺流程。

(2)做好粉喷桩的质量控制。粉喷桩处理软基属隐蔽工程,通常是昼夜施工,必须做好粉喷桩的质量控制,内容包括桩距、桩位检查,逐桩控制喷粉量、桩长等。

4. 灌浆法

灌浆法是利用液压、气压或电化学原理,通过将浆液均匀地注入地层中,浆液充填、渗透和挤密等方式占据土粒间或岩石裂缝中的空间,经人工控制一定时间后,浆液将原来松散的土粒或裂隙胶结成一个整体,形成一个结构新、强度大、防水性能高和化学稳定性良好的"结石体"。

灌浆施工主要控制参数包括灌浆压力、浆液浓度、灌浆量、灌浆次序等内容。如何选择和控制灌浆压力、浆液浓度等因素,是灌浆施工中首先要解决的问题。灌浆压力是保证灌浆质量的重要因素之一,如果压力过小,浆液射流达不到预计范围内,还会使浆液沿路基薄弱部位冲出路基,达不到灌注目的。因此,在大范围灌注前,应先做试验,根据注浆段的路基类型,结合单孔注浆量选择合适注浆压力。浆液浓度通常用水灰比1∶1为宜。在密实较好的黏土路基中,可适当增大水量,使稀浆更易充分进入黏土路基中。

灌浆次序是指灌孔的受注顺序,一般以三次序灌注为宜,应先根据灌浆孔平面图,设计好灌浆次序。第1、2次序孔以单孔注浆量为控制指标,第3次序为加压灌注。灌浆结束应以设计的终孔压力和平均单孔注浆量为双重控制标准。

其中,单孔灌注量 = 排距×孔距×孔深×路基孔隙率,路基孔隙率依路基压实度确定。

四、水毁防治

公路特别是山区公路的水毁形式多样,常见的有水毁滑坡、坡面冲沟、坍塌、泥石流、淤塞涵洞、掏挖路基、冲垮桥梁等。公路水毁虽然形式多样,但其形成原因往往只有以下几个方面。

1. 自然因素

自然因素作用是公路水害产生的一个重要原因。地球自身内、外应力的作用以及各种气候条件的综合作用,为公路水害的发生创造了条件。引发或诱导公路水害的自然因素,主要有以下三个方面:

(1)地质

公路水害的成因和活跃程度受地质构造的影响。对于断裂构造,存在着一定的构造带且风化强烈,为泥石流、塌方、滑坡等灾害提供了充分的固体物质。泥岩、页岩经强烈风化后,又为灾害提供了细颗粒物质,从而造成桥涵淤塞、河床抬高,引发路基垮塌等多种病害。

(2)地形、地貌

公路地形高低悬殊,山坡陡峭,在重力和水力作用下,松散、稳定性差、物料易形成垮塌和水土流失，为各种公路水害的产生和发展提供了条件。如山体植被稀少，自然横坡较大，局部性暴雨强度较大、频率高，河床比降大，那么公路水害程度也较大。因此，地形地貌因素是公路水害发生的又一重要原因。

（3）气象

雨季降雨集中，一次降雨量大，易为公路水害的形成提供丰富充足的水分条件。松散的固体堆积物在强降雨的作用下，含水量达到饱和时，黏结性、黏聚力迅速降低，在强降雨形成的地面径流冲击下，固体堆积物力的平衡很快被破坏，发生塌方、滑坡、泥石流等各种水害，从而直接导致或诱导公路水害发生。因此，气候因素也是公路水害发生的原因之一。

2. 环境的破坏

环境的破坏是公路水害产生的直接原因。公路沿线的经济建设，沿线土地开发和不合理的人类活动破坏了自然生态平衡和山体的稳定性。公路建设本身就是对自然状态的山体稳定边坡的破坏，无论是挖方还是弃土堆置，都会不同程度地诱发滑坡、崩塌、泥石流等灾害发生。

森林的过量采伐，使植被覆盖率降低，也会导致公路水害的发生。陡坡开荒，过度放牧，不仅加剧了坡面的侵蚀，也加速了各种灾害的活动。根据调查和观测，泥沙和石屑在干燥状态下的稳定静止角度为35°，潮湿状态下的稳定静止角度为25°，因此在自然坡度超过25°的坡面上开荒种地，雨水的作用使小块体土壤移动，对坡面土壤的侵蚀由弱变强，坡面被侵蚀冲刷的沟牙逐年扩大，陡坡边坡上的土壤、小石块、石屑等在侵蚀冲刷中被大量带走，淤积边沟或汇入沟中，在桥梁涵洞以及沟谷的入口处淤塞河道，并抬高沟床、河床，使洪水流向发生改变，冲毁路基，毁坏桥涵，冲刷河岸或坡脚，从而造成公路垮塌等灾害。

恢复并保护公路沿线生态环境所采取的措施如下：

（1）在公路沿线山坡上植树造林，建立以防护林为主的生物治理，并辅以与水土保持相结合的综合治理措施。

（2）对于公路修建开挖后的高边坡应采取单元水土保持措施，采取种植根系发达、传播速度快的树木，以及增加植被等措施实施生态保土，增加水土涵养，减小地面径流对坡面的冲刷，从而增加坡面稳定。

（3）禁止在公路边坡开荒和毁林开荒，保护好坡面植被，增强边坡的水土保持能力。

（4）加强公路沿线以及沿线河流岸坡耕地的治理，采取坡改梯和退耕还林相结合的手段。

（5）预防并制止过度放牧。

3. 养护原因

养护措施不力是公路水害程度加重的又一重要原因。公路养护部门要做好日常养护，事前将各种事故隐患消灭于萌芽状态，事后及时采取恢复措施，清除公路路基塌方，清理边沟，掏挖堵塞涵洞，将水害程度降至最低，有效保障公路畅通。

第三章
沥青路面日常养护

第一节 沥青路面病害

公路沥青路面是我国当前较为普遍的路面结构,具有表面平整、密实、无接缝、行车舒适、耐磨、噪声低、施工期短、养护维修简便、能够吸水,且适宜于分期修建等优点,因而得到了广泛的应用。但由于沥青混凝土材质本身的差异,以及受设计和施工水平的影响,沥青路面往往会出现裂缝、车辙、松散、冻胀翻浆、沉陷、拥包、泛油、龟裂、唧浆等病害。这些病害的出现严重影响了行车速度、行车安全,加大了汽车磨损,缩短了沥青路面使用寿命。根据《公路技术状况评定标准》(JTG H20—2007)将沥青路面损坏分为11类21项,具体见表3-1。

沥青路面损坏类型　　　　　　表3-1

破损类型		分级	外观描述	分级指标	计量单位
1	龟裂	轻	初期裂缝(<2mm),裂区无变形、无散落	块度:20~50cm	m²
		中	裂块明显,缝较宽(2~5mm),有轻微散落或轻度变形	部分块度:<20cm	
		重	裂块破碎,缝宽(>5mm),散落重,变形明显	大部块度:<20cm	
2	块状裂缝	轻	缝细(<3mm)、不散落或轻度散落,块度大	块度:>100cm	m²
		重	缝宽(>3mm),散落,裂块小	块度:50~100cm	
3	纵向裂缝	轻	缝壁无散落或轻微散落,无或少支缝	缝宽:≤3mm	m²
		重	缝壁散落重,支缝多	缝宽:>3mm	

续上表

破损类型		分级	外 观 描 述	分级指标	计量单位
4	横向裂缝	轻	缝壁无散落或轻微散落,无或少支缝	缝宽:≤3mm	m²
		重	缝壁散落多,支缝多	缝宽:>3mm	
5	坑槽	轻	坑浅,面积小(<0.1m²)	坑深:≤25mm	m²
		重	坑深,面积较大(>0.1m²)	坑深:>25mm	
6	松散	轻	细集料散失,路面磨损,路表粗麻		m²
		重	粗集料散失,多量微坑,表面剥落		
7	沉陷	轻	深度浅,行车无明显不适感	深度:10~25mm	m²
		重	深度深,行车明显颠簸不适	深度:>25mm	
8	车辙	轻	变形较浅	深度:10~15mm	m²
		重	变形较深	深度:>15mm	
9	波浪拥包	轻	波峰波谷高差小	高度:10~25mm	m²
		重	波峰波谷高差大	高度:>25mm	
10	泛油		路表呈现沥青膜,发亮,镜面,有轮印		m²
11	修补		因破损或病害而采取修复措施进行处治,路表外观上已修补的部分与未修补部分明显不同		m²

一、裂缝类损坏

裂缝的形式多种各样,如龟裂、块裂、纵裂、横裂和反射裂缝,其成因各有不同。不论是哪种形式的裂缝,都应及时进行修补,否则雨水将会通过裂缝进入基层,使基层甚至路基软化,造成基层、路基强度降低,最终导致沥青路面承载能力下降,进而造成路面局部或成片损坏,严重影响行车舒适性,并使路面寿命大幅降低。裂缝破损属于沥青路面结构性破坏,更多的是影响沥青路面的耐久性。

1. 横向裂缝

(1)现象

与道路中线近似垂直的单条裂缝,有时伴有少量支缝,是高速公路最主要的裂缝形式,如图3-1所示。按裂缝宽度及边缘破坏情况分为轻度、重度两个等级。横向裂缝按长度计算,并按0.2m的影响宽度换算成损坏面积。

轻度横向裂缝:缝细、裂缝壁无散落或有轻微散落,无支缝或有少量支缝,缝宽在3mm以内。重度横向裂缝:缝宽、裂缝贯穿整个路面,裂缝壁有散落并伴有少量支缝,主要缝宽大于3mm。

(2)原因分析

①横向裂缝主要是沥青路面的温度收缩裂缝,由于温度骤降,混合料的应力松弛性能较差,温度下降产生的应力超过材料的极限抗拉强度。

②半刚性基层收缩裂缝的反射裂缝。

③桥梁、涵洞或通道两侧的填土产生固结或地基沉降。

图3-1 横向裂缝

④施工缝未处理好,接缝不紧密,结合不良。

2. 纵向裂缝

(1) 现象

与道路中线大致平行的单条裂缝,有时伴有少量支缝,如图3-2所示。按裂缝宽度及边缘破坏情况分为轻度、重度两个等级。纵向裂缝按长度计算,并按0.2m的影响宽度换算成损坏面积。

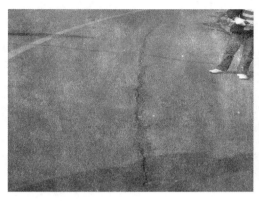 

图3-2 纵向裂缝

轻度纵向裂缝:缝细、裂缝壁无散落或有轻微散落,无支缝或有少量支缝,缝宽在3mm以内。重度纵向裂缝:缝宽、裂缝壁有散落、有支缝,主要缝宽大于3mm。

(2) 原因分析

纵向裂缝,主要由于地基和填土不均匀性,特别是在旧路基拓宽地段,因土质台阶处理不规范、分层填筑厚度及压实度控制不严。

①拓宽路段的新老路面交界处沉降不一。

②纵向沟槽回填土压实质量差而发生沉陷。

③前后摊铺幅相连接处的冷接缝未按有关规范要求认真处理,因结合不紧密而脱开。

3. 块状裂缝

(1) 现象

表现为纵向和横向裂缝交错而使路面分裂成多边形大块,块裂的网格在形状和尺寸上都有别于龟裂,如图3-3所示。按照裂缝块度的大小,分为轻度和重度两个等级。

图3-3 块状裂缝

轻度块裂:缝细、裂缝区无散落,裂缝宽度在3mm以内,大部分裂缝块度大于1.0m。重度块裂:缝宽、裂缝区有散落,裂缝宽度在3mm以上,主要裂缝块度在0.5~1.0m。

(2)原因分析

①拓宽路段的新老路面交界处沉降不一。

②纵向沟槽回填土压实质量差而发生沉陷。

③前后摊铺幅相接处的冷接缝未按有关规范要求认真处理,因结合不紧密而脱开。

④早期路面裂缝经表层水渗透、冲刷、唧浆,从而产生以缝为中心的下陷变形,同时产生新裂缝甚至碎裂破坏。

4.龟裂

(1)现象

沥青路面最为严重的一种裂缝形式,在路面上呈相互交错的小网格状裂缝,因形状类似乌龟背壳而被称为龟裂,如图3-4所示。龟裂发生的程度及密度是判断路面是否存在结构性损坏及承载能力是否满足要求的重要依据。

图3-4 龟裂

按裂缝块度、缝宽及裂缝有无变形,分为轻度、中度和重度三种。轻度龟裂为初期裂缝,缝区无变形、无散落、缝较细,主要裂缝宽度小于2mm,主要裂缝块度在0.2~0.5m。中度龟裂为龟裂的发展期,裂缝区有轻度散落或轻度变形,主要裂缝宽度在2~5mm,部分裂缝块度小于0.2m。重度裂缝的龟裂特征明显,裂块较小,裂缝区变形明显,散落严重,主要裂缝宽度大于5mm,大部分裂缝块度小于0.2m。

(2)原因分析

①沥青面层疲劳老化、基层顶面松散、凹陷,基层反射裂缝等。

②由于沥青混合料中沥青偏少,油石比偏低,使得沥青与集料间黏结性差。

③因低气温施工,压实度过小,造成沥青面层内部空隙率过大,在车辆的载荷作用下造成的沥青面层松散。

④集料颗粒被足够厚的粉尘包裹,使沥青膜黏结在粉尘上,而不是黏结在集料颗粒上,在表面的摩擦力作用下磨掉沥青膜,并使集料颗粒脱离,这种情况主要是由于集料含泥量超标所造成的。

⑤沥青混合料拌和时沥青温度过高,导致沥青老化,沥青膜剥落使沥青与集料的黏结力减弱而产生松散。

⑥基层强度松软而引起的面层龟裂松散。

⑦集料选择有误,选择了酸性集料与沥青黏附性差而造成的松散。

⑧水损害导致的松散,由于车轮动态载荷的作用,水分逐渐渗入沥青与集料的界面上,使沥青黏附性降低并逐渐丧失黏结力,沥青膜从集料表面脱落,沥青混合料出现掉粒、松散。

二、松散类损坏

松散类损坏是沥青路面常见病害,直接影响行车安全。主要表现为沥青路面的水损害,是沥青路面的主要病害之一。水损害是沥青路面在水或冻融循环的作用下,由于汽车车轮动态荷载的作用,进入路面空隙中的水不断产生动水压力形成真空负压抽吸的反复循环作用,水分逐渐渗入沥青与集料的界面上,使沥青黏附性降低,并逐渐丧失黏结力,面层中的集料颗粒脱落,粗细集料散失起砂,路面磨损,路表粗麻,表层剥落,如不及时治理,会从路表面向下形成坑槽。松散可能出现在整个路面表面,也可能在局部区域出现,一般在轮迹带比较严重。

1. 坑槽

(1)现象

局部集料丧失而在路表面形成的坑洞,可深及不同的路面结构层,如图3-5所示。按槽的深浅及有效面积的大小,将坑槽分为轻度、重度两个等级,按面积进行计量。影响路面行驶质量和行驶安全性。出现坑槽需立即进行修补。

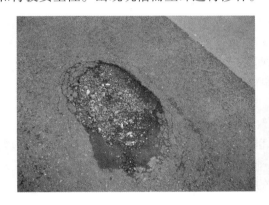 

图 3-5 坑槽

轻度坑槽:坑浅,有效坑槽面积在 $0.1m^2$ 以内(约 $0.3m \times 0.3m$)。重度坑槽:坑深,有效坑槽面积大于 $0.1m^2$(约 $0.3m \times 0.3m$)。

(2)原因分析

沥青混合料空隙率过大、路面渗水、排水设施不完善、压实度不足、沥青混合料抗水损害能力不足,沥青面层厚度偏薄,混合料粒径偏大,混合料离析等。

2. 松散

(1)现象

从路面表面向下不断发展的集料颗粒流失和沥青结合料流失而造成的路面损坏,如图3-6所示。影响路面行驶质量和行驶安全性。出现坑槽需立即进行修补。按损坏严重程度的不同分为轻、重两个等级,按面积计量。

图 3-6 松散

轻度松散：路面细集料散失，出现脱皮、麻面等表面损坏。重度松散：路面粗集料散失，表面出现脱皮、麻面、露骨、剥落、小坑洞等损坏。

(2) 原因分析

①沥青混合料中沥青偏少，油石比偏低，沥青与集料间黏结性差。
②低气温施工，压实度小，沥青面层内部空隙率过大。
③集料含泥量超标，集料颗粒被粉尘包裹，使沥青膜不能黏结在集料颗粒上。
④拌和时温度过高，导致沥青老化。
⑤基层松软而引起的面层龟裂松散。
⑥误选择了酸性集料，与沥青黏附性差。
⑦水分逐渐渗入沥青与集料的界面，降低了沥青黏附性和黏结力。

三、变形类损坏

1. 沉陷（depression）

(1) 现象

路表面产生的大于10mm的局部凹陷变形，是沥青路面主要结构性破坏形式之一，如图3-7所示。特点是沉陷面积大，涉及的结构层次比较深，主要出现在挖方段和填挖交界处。按沉陷深度大小及对行车舒适性的影响分为轻度、重度两个等级，按面积计量。

轻度沉陷：深度在10~25mm，正常行车无明显感觉。

重度沉陷：深度大于25mm，正常行车有明显感觉。

(2) 原因分析

沉陷是由于路基、路面产生竖向变形而导致路面下沉。通常有三种情况：

①均匀沉陷：是由于路基、路面在自然因素和行车作用下，达到进一步密实和稳定引起的沉落，一般不会引起路面破坏。路面强度不能适应日益增长的交通量，从而产生路面疲劳现象。

②不均匀沉陷：由于路基、路面不密实，碾压不均匀，在水的侵蚀下，经行车作用引起的变形。路面排水不好，路基过度湿润产生不均匀沉降，引起路面局部下沉。

③局部沉陷：由于路基局部填筑不密实或路基有墓穴、枯井、树坑、沟槽等，当受到水的侵蚀而沉陷。路基或基层强度不足或填挖路基强度不一致，在车辆荷载作用下，路基或基层结构遭破坏而引起沉陷。

图3-7 沉陷

2. 车辙（rut）

(1) 现象

沥青路面表面行车的沿轮迹方向深度大于10mm的纵向带状凹槽（辙槽），如图3-8所示。一般表现为在汽车荷载反复作用的轮迹带上产生竖直向下的永久变形，较严重时两侧通常有鼓起变形，是沥青路面的主要病害之一。20世纪70年代末美国各州公路局曾做过调查统计，在被调查的44条主要公路中，有13条公路的破坏是由车辙引起的，占调查总数的29.5%；日本的高速公路路面维修、罩面的原因,80%以上是由于车辙引起的。对于我国的高速公路而言,道路交通量增长非常迅猛,往往远超设计预期增长速度,同时高速公路重车比例在不断提高,车辆超载现象非常普遍,这种交通条件对路面的破坏作用非常严重,尤其会导致路面车辙的产生。

图3-8 车辙

按车辙深度的不同分为轻度、重度两个等级,按长度进行计量,并按0.4m的影响宽度换算为损坏面积。

轻度车辙:辙槽浅,深度在10~15mm。

重度车辙:辙槽深,深度15mm以上。

(2)沥青路面车辙的主要危害

在沥青路面的各种破坏现象中,车辙问题尤其重要,它除了影响行车舒适性外,还对交通安全有直接影响。

车辙致使路表过量的变形,影响了路面的平整度。轮迹处沥青层厚度减薄,削弱了面层及路面结构的整体强度,从而易于诱发其他病害。雨天路表排水不畅,降低了路面的抗滑能力;甚至会由于车辙内积水而致车辆漂滑,影响了高速行车的安全;车辆在超车或更换车道时方向失控,影响了车辆操作的稳定性。由于车辙的产生,严重影响了路面的使用寿命和服务质量。

(3)车辙类型

①结构型车辙

由于荷载作用超过路面各层的强度,车辙主要发生在沥青面层以下包括路基在内的各结构层的永久性变形。这类车辙的宽度较大,两侧没有隆起现象,横断面呈"U"形(凹形),如图3-9a)所示。

在我国,由于基层基本是半刚性基层,强度及板体性好,基层及基层以下的变形极小,除了某些基层施工不良的路段外,此类型车辙很少。

②失稳型车辙

在高温条件下,车轮碾压的反复作用,荷载产生的剪应力超过沥青混合料的抗剪强度,即稳定强度极限,使流动变形不断累积形成车辙。一方面是车轮作用部位下凹,另一方面车轮作用甚少的车道两侧反而向上隆起,在弯道处还明显向外推挤,车道线及停车线因此可能成为曲线,如图3-9b)所示。这种车辙一般都有剪切变形产生的两侧隆起现象。对主要行驶双轮车的路段,车辙断面成"W"形,尤其容易发生在上坡路段、交叉口附近,即车速慢、轮胎接地产生的横向应力大的地方。在我国,大部分车辙均属于此类型。

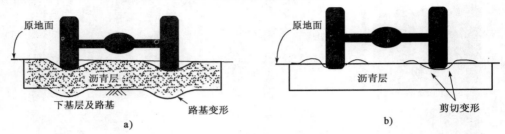

图3-9 车辙类型
a)结构型车辙;b)失稳型车辙

③磨耗型车辙

由于沥青路面结构顶层的材料在车轮磨耗和自然环境作用下持续不断的损失形成,尤其是汽车使用了防滑链和凸钉(胶钉)轮胎后,这种车辙更易发生。

④再压实型车辙

由于沥青面层本身的压密造成,是非正常的车辙。尤其是某些高速公路施工时没有充分的压实,也有的工程片面追求平整度,在降低温度后碾压,造成压实度不足,致使通车后的第一个高温季节混合料继续压密(比正常情况严重)形成车辙。这种车辙两侧没有隆起,只有下凹,呈"U"形或"W"形。车辙形成在车道线附近,即车轮作用次数较少的部位变形很小或保持原状。

(4)原因分析

车辙的形成受多方面因素的影响,可归纳为内在因素和外部条件。内在因素主要反应在材料本身的质量上,而外部条件则包括气候条件和交通条件。当外部条件与内在因素结合在一起时就会对沥青路面产生综合影响。此外,路基、路面基层和路面结构组成及其施工质量也会导致沥青路面车辙的形成。

①沥青混合料类型

沥青混合料按其结构特点可分为三种类型,如图3-10所示。

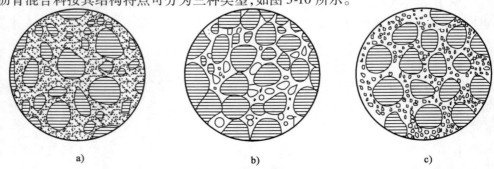

图3-10 沥青混合料典型结构示意图
a)悬浮密实结构;b)骨架空隙结构;c)密实骨架结构

a. 悬浮密实结构,根据连续级配的原理组成的密级配沥青混合料,矿料级配基本上按照富勒(Fuller equation)曲线的指数原理构成。该级配由于材料从大到小连续存在,并且各有一定的数量,实际上同一档较大颗粒都被较小一档颗粒挤开,大颗粒犹如以悬浮状态处于较小颗粒之中。这种结构通常按密实级配原则进行设计,其密实度与强度较高,水稳定性、低温抗裂性能、耐久性都比较好,但由于受沥青材料的性质和物理状态的影响较大,故高温性能较差。

b. 骨架空隙结构,沥青混合料的粗颗粒集料彼此紧密相接,集料之间能够形成互相嵌挤的骨架。在这种结构中,粗集料之间内摩擦力与嵌挤力起着决定性作用。其结构强度受沥青的性质和物理状态影响较小,因而高温稳定性好。但由于空隙率较大,其透水性、耐老化性能、低温抗裂性能、耐久性较差。

c. 骨架密实结构,综合以上两种方式形成的结构,一方面混合料中有足够数量的粗集料形成骨架,又根据粗集料骨架的空隙的多少加入足量较细的沥青填料,形成较大密实度和较小的残余空隙率,因此矿料级配是一种非连续的间断级配。兼具上述两种结构的优点,是一种较为理想的结构类型。

②材料组成及设计

沥青混合料由沥青、集料和矿粉混合组成。一般来说,选择优质的材料,采用合适的沥青用量,进行适当的级配设计,能显著的提高沥青混合料的抗车辙能力。

沥青材料的特性对车辙的影响非常显著,沥青的高温黏度越大、劲度越高、与石料的黏附性越好,相应的沥青混合料抗高温变形能力越强。通过添加合适的改性剂可大幅度提高沥青的高温黏度,从而改善沥青混合料的高温稳定性。

沥青用量对混合料的抗车辙能力有极为明显的影响。施工时严格控制沥青用量对控制车辙有极为重要的意义,这一点对重载路段尤为重要。加大荷载可以使配合比设计的沥青用量减小,沥青用量减小将使碾压困难,采用较小的沥青用量之后,通过重型压路机碾压成型的路面具有较好的高温抗车辙能力。

沥青混合料的空隙率对车辙也有重要影响,一般认为密级配沥青混合料的空隙率应接近4%,空隙率小于3%将使混合料发生车辙的可能性明显增大。

③道路交通条件

交通条件对沥青路面车辙的影响可以归结为荷载、轮胎气压、行车速度、车流渠化等。荷载对沥青路面高温车辙的影响是不言而喻的,特别是重载车、超载车对加速沥青路面的变形起到了推波助澜的作用。通常,轮胎气压是适应车辆荷载的,荷载越大则轮胎气压越高。车辆超载也会促使汽车驾驶员增加轮胎气压,其对沥青路面永久变形的影响与荷载的影响是一致的。行车速度对沥青路面永久变形的影响主要反映在荷载的持续时间上,车辆行车速度越慢,荷载作用时间越长,相同交通量所引起的路面变形越大。这种情况主要出现在停车场、车站、交叉路口、爬坡车道、收费站,以及其他交通拥挤的地方。渠化交通也会加快沥青路面车辙的形成。特别是高速公路的行车道、重载车、较高的轮胎气压、较慢的行车速度,再加上渠化交通则无疑是雪上加霜,这种情况需要特别予以重视。

④气候条件

气候条件主要包括气温、日照、热流、辐射、风、雨等,其中,除了湿度对沥青混合料高温性能的影响机理不同外,其他因素归结起来都反映在温度上,而这也是影响最为显著的因素。此外,日照造成的沥青老化也会影响混合料的高温性能。黑褐色的沥青混合料具有较强的吸热能力,而整个路面又构成了一个巨大的温度场,由于热量的大量聚集、蓄积,使得路面温度不断升高,这也是在夏季沥青路面的温度远高于气温的重要原因。由于热量难以从沥青路面中散出,使沥青路面长时间处于高温状态,在外部荷载的作用下就很容易产生流动变形,从而形成拥包、车辙。在钢箱梁的桥面铺装上,由于箱内空气的流通很差,温度比箱外可能要高30℃,使沥青层的温度高达70℃以上。

有资料认为,在40~60℃范围内,沥青混合料的温度上升5℃,其变形将增加2倍。因此,尽管我们不可能改变天然的气候状况,但若能采取可能的措施,降低路面温度,例如采用浅色的石料,种植行道树,改善路面的通风等,将有利于保持沥青路面稳定。

研究表明,路面在潮湿状态下,沥青混合料的水敏感性增大,同时使高温稳定性也降低。尽管降雨能使路面温度下降5℃左右,但有水状态比干燥状态将容易产生车辙。

3. 波浪拥包

(1)现象

由于局部沥青面层材料移动而在路表面形成的有规律的纵向起伏,波峰和波谷间隔很近,如图3-11所示。此类病害对路面行驶质量影响较大。按波峰波谷的大小不同将其分为轻度、重度两个等级,按涉及的面积进行计量。

轻度波浪拥包:波峰波谷高度差小,高差在10~25mm。重度波浪拥包:波峰波谷高度差大,高差大于25mm。

(2)原因分析

①沥青混合料的沥青用量偏高或细集料偏多,热稳定性不好。在夏季气温较高时,不足以抵抗行车引起的水平力。

②面层摊铺时,底层未清扫或未喷洒(涂刷)黏层沥青,致使路面上下层黏结不好;沥青混合料摊铺不均匀,局部细料集中。

③基层或下面层未经充分压实,强度不足,则发生位移变形。

④陡坡或平整度较差路段,面层沥青混合料容易在行车作用下向低处积聚而形成拥包。

四、其他类损坏

1. 泛油

(1)现象

沥青混合料中的沥青在天气炎热时向上迁移到表层,而在冷天时又不能渗入下层,因而沥青积聚在路面表面,形成一层有光泽的沥青膜的现象为泛油路,如图3-12所示,损坏按面积计算。

(2)原因分析

①混合料组成设计不当,混合料中沥青用量过多或空隙率过小,多余沥青由下部泛到路表。

②混合料拌和控制不严,细集料含量过少,混合料比表面积较小,则沥青用量相对较多。

③黏层油用量不当,喷洒过多或洒布不均匀。

④施工质量差,摊铺时混合料产生离析,局部细集料过分集中。

⑤雨水渗入使下层沥青与石料剥离,在水作用下沥青膜剥落,引起表层泛油。

图 3-11 波浪拥包

图 3-12 泛油

2. 磨光

（1）现象

路面沥青被挤出或表面被沥青膜覆盖形成发亮的薄油层，未见或很少见集料，路表光滑，容易引起行车滑溜的交通事故，如图 3-13 所示，损坏按面积计算。

（2）原因分析

主要是由于沥青面层沥青用量过大、稠度太低、热稳定性差等原因引起。

3. 冻胀翻浆

主要是在冻融时期，因为水的侵入和路基土的水稳定性能差，路基上层积聚的水分冻结后引起路面胀起并开裂。如果不及时处理，到了冻胀路面彻底融化时，在车辆的重压下就会产生道路翻浆，给行车安全带来极大的隐患。

图 3-13 磨光

第二节　沥青路面使用性能调查、评价及养护技术决策

路面使用性能评价是路面管理、养护等方面的一个重要影响因素。通过收集历年路面使用性能检测数据，并结合现时路面状况调查资料，对当前路面服务能力做出判断并评价，为后续的养护时机、养护措施的选取提供数据支持。

我国《公路技术状况评定标准》（JTG H20—2007）是以 1 000m 路段长度为基本评定单位。在路面类型、交通量、路面宽度和养护管理部门单位发生变化处，评定单位不受此限制，但评定路段长度最大不应超过 2 000m。沥青路面使用性能包含平整度、车辙、抗滑性能、结构强度和路面破损等五项技术内容。路面使用性能指数 PQI 按下式计算。

$$PQI = \omega_{PCI}PCI + \omega_{RQI}RQI + \omega_{RDI}RDI + \omega_{SRI}SRI \tag{3-1}$$

式中：ω_{PCI}——PCI 在 PQI 中的权重，按表 3-2 取值；

ω_{RQI}——RQI 在 PQI 中的权重，按表 3-2 取值；

ω_{RDI}——RDI 在 PQI 中的权重，按表 3-2 取值；

ω_{SRI}——SRI 在 PQI 中的权重，按表 3-2 取值。

沥青路面 PQI 分析指标权重 表 3-2

权重	高速、一级公路	二、三、四级公路
ω_{PCI}	0.35	0.60
ω_{RQI}	0.40	0.40
ω_{RDI}	0.15	—
ω_{SRI}	0.10	—

1. 路面损坏（PCI）

路面损坏状况检测，宜采用自动化的快速检测方法，条件不具备时，可人工检测。路面损坏检测数据应以 100m（人工检测）或 10m（快速检测）为单位长期保持。

路面损坏用路面损坏状况指数（PCI）评价，PCI 按式（3-2）、式（3-3）计算。

$$PCI = 100 - a_0 DR^{a_1} \quad (3\text{-}2)$$

$$DR = 100 \times \frac{\sum_{i=1}^{i_0} \omega_i A_i}{A} \quad (3\text{-}3)$$

式中：DR——路面破损率（Pavement Distress Ratio），为各种损坏的折合损坏面积之和与路面调查面积之百分比（%）；

A_i——第 i 类路面损坏的面积（m^2）；

A——调查的路面面积（调查长度与有效路面宽度之积，m^2）；

ω_i——第 i 类路面损坏的权重，按表 3-3 取值；

a_0——沥青路面采用 15.0；

a_1——沥青路面采用 0.412；

i——考虑损坏程度（轻、中、重）的第 i 项路面损坏类型；

i_0——包含损坏程度（轻、中、重）的损坏类型总数，沥青路面取 21。

沥青路面损坏类型和权重 表 3-3

类型（i）	损坏名称	损坏程度	权重（ω_i）	计 量 单 位
1	龟裂	轻	0.6	面积 m^2
2		中	0.8	
3		重	1.0	
4	块状裂缝	轻	0.6	面积 m^2
5		重	0.8	
6	纵向裂缝	轻	0.6	长度 m（影响宽度：0.2m）
7		重	1.0	
8	横向裂缝	轻	0.6	长度 m（影响宽度：0.2m）
9		重	1.0	
10	坑槽	轻	0.8	面积 m^2
11		重	1.0	
12	松散	轻	0.6	面积 m^2
13		重	1.0	

续上表

类型(i)	损坏名称	损坏程度	权重(ω_i)	计 量 单 位
14	沉陷	轻	0.6	面积 m²
15		重	1.0	
16	车辙	轻	0.6	长度 m(影响宽度:0.4m)
17		重	1.0	
18	波浪拥抱	轻	0.6	面积 m²
19		重	1.0	
20	泛油		0.2	面积 m²
21	修补		0.1	面积 m²

2.路面行驶质量(RQI)

路面平整度宜采用快速检测设备,可结合路面损坏和车辙一并检测。路面平整度检测数据应以100m(人工检测)或20m(快速检测)为单位长期保持。

路面平整度用路面行驶质量指数(RQI)评价,按式(3-4)计算。

$$RQI = \frac{100}{1 + a_0 e^{a_1 IRI}} \tag{3-4}$$

式中:IRI——国际平整度指数(International Roughness Index,m/km);

a_0——高速、一级公路0.026,其他等级公路0.018 5;

a_1——高速、一级公路0.65,其他等级公路0.58。

3.路面车辙(RDI)

路面车辙宜采用快速检测设备,可结合路面损坏和路面平整度一并检测。根据断面数据计算路面车辙深度(RD),计算结果应以10m为单位长期保存。

路面车辙用路面车辙深度指数(RDI)评价,按式(3-5)计算。

$$RDI = \begin{cases} 100 - 2.0 RD & (RD \leqslant RD_a) \\ 60 - 4.0(RD - 20) & (RD_a < RD \leqslant RD_b) \\ 0 & (RD > RD_b) \end{cases} \tag{3-5}$$

式中:RD——车辙深度(Rutting Depth,mm);

RD_a——车辙深度参数,采用20mm;

RD_b——车辙深度限值,采用35mm。

4.路面抗滑性能(SRI)

路面抗滑性能宜采用基于横向力系数的路面抗滑性能检测设备或其他具有可靠数据标定关系的自动化检测设备。路面抗滑性能检测数据(横向力系数)应以20m为单位长期保存。

路面抗滑性能用路面抗滑性能指数(SRI)评价,按式(3-6)计算。

$$SRI = \frac{100 - SRI_{min}}{1 + a_0 e^{a_1 SFC}} + SRI_{min} \tag{3-6}$$

式中:SFC——横向力系数(Side-way Force Coefficient);

SRI_{min}——标定参数,采用35.0;

a_0——模型参数,采用 28.6;

a_1——模型参数,采用 -0.105。

5. 路面结构强度指数(PSSI)

路面结构强度宜采用自动检测设备检测。弯沉检测数据应以 20m 为单位长期保存。采用贝壳曼梁检测时,检测数量应不小于 20 点/(km·车道)。

路面结构强度用路面结构强度指数(PSSI)评价,按式(3-7)和式(3-8)计算。

$$\text{PSSI} = \frac{100}{1 + a_0 e^{a_1 \text{SSI}}} \tag{3-7}$$

$$\text{SSI} = \frac{l_d}{l_0} \tag{3-8}$$

式中:SSI——路面结构强度系数(Structure Strength Coefficient),为路面设计弯沉与实测代表弯沉之比;

l_d——路面设计弯沉(mm);

l_0——实测代表弯沉(mm);

a_0——模型参数,采用 15.71;

a_1——模型参数,采用 -5.19。

6. 沥青路面的养护对策

沥青路面养护质量的评定等级分为优、良、中、次、差 5 个等级,按《公路技术状况评定标准》(JTG H20—2007)评定,并应按以下情况分别采取各种养护对策:

(1)在满足强度要求的前提下(路面的结构强度系数为中等以上时),当高速公路及一级公路的路面状况指数(PCI)评价为优、良,或者二级及二级以下公路的路面损坏状况指数评价为优、良、中时,以日常养护为主,并对局部破损进行小修;若高速公路及一级公路的路面状况指数(PCI)评价为中及中以下,或者二级及二级以下公路的路面状况指数评价为次及次以下,应采取中修罩面措施。

(2)当强度不能满足要求时,应采取大修补强措施以提高其承载能力。

(3)当高速公路及一级公路的路面行驶质量指数(RQI)评价为优、良,或者二级及二级以下的公路的行驶质量指数评价为优、良、中时,以日常养护为主;当高速公路及一级公路的路面行驶质量指数评价为中及中以下,或者二级及二级以下公路的路面行驶质量指数评价为次及次以下时,应采取罩面等措施改善路面的平整度。

(4)高速公路及一级公路的抗滑能力不足(SFC<40)的路段,或二级及二级以下公路抗滑能力不足(SFC<33.5)的路段,应采取加铺罩面层等措施提高路表面的抗滑能力。

(5)当路面不适应现有交通量或荷载的需要时,应通过提高现有路面的等级,或通过加宽等改建措施提高公路的通行能力和服务质量。

(6)大、中修及改建工程的结构类型和厚度,可根据公路等级、交通量、当地经济条件和已有经验,通过设计确定。

对项目级的养护维修对策,可根据公路网的资金分配情况和养护工作计划安排,结合各路况分项评价结果和本地区成熟的养护经验,选择具体的养护维修措施。

第三节　沥青路面的日常养护

一、沥青路面灌缝机械化养护

1. 灌缝工艺

沥青路面产生裂缝破损,若不及时对裂缝进行修补,将会使路表水通过裂缝进入路面结构层,导致路面承载能力下降,进而造成路面局部或成片损坏,大幅缩短路面的使用寿命。对已产生的裂缝进行及时有效的处理,可控制裂缝的发展,延长路面的使用寿命。裂缝修补是一种预防性养护,一般当裂缝发展到一定程度就应进行填封处理,但填封的时间最好安排在天气偏凉的季节(温度在7~20℃)。根据经验,在春季和秋季进行灌缝施工,其效果最佳。美国公路协会的研究表明:若公路早期进行有效养护花费1元钱,可节省后期4~5元的维护费用,且延长路面的使用年限5~8年,其经济效益是明显的。常用的裂缝修补方法有普通沥青人工灌缝,普通沥青灌缝机灌缝,改性乳化沥青材料灌缝、灌缝胶处理裂缝、压浆法处理裂缝等。

(1)普通沥青人工灌缝修补法

①普通沥青人工灌缝修补工艺

该修补方法一般采用重交通 AH-90 号基质沥青。为保证较好的封堵效果,亦可采用软化点较高、黏附性较好、感温性较好的改性沥青。对于宽度为 0.6cm 以下的裂缝,直接用热沥青灌缝,工具为铁壶或专用容器即可。沥青灌满后在沥青表面撒一层石屑(或河砂),再用烙铁烙平。对于宽度为 0.6~1.0cm 的裂缝,先将热沥青(150~160℃)灌入缝内(沥青不要灌满),然后在沥青上撒一层加热到 100~120℃ 的矿料(粒径小于 0.6cm),加热后的矿料撒到沥青上容易下沉到缝中,使沥青和矿料填充更密实。最后将石屑撒在裂缝上,用烙铁烙平。

②普通沥青人工灌缝的优缺点及经济性分析

人工灌缝操作简单,使用设备和人员较少,修补费用低。但由于未清扫裂缝和进行开缝处理,造成黏结不牢固,灌缝质量得不到保证;随着路表面及基层的温度收缩,约一年以后,维修后的裂缝可能重新开裂,需要再次修补,所以经济性不高。而且,裂缝较宽时不宜用这种方法。

(2)普通沥青灌缝机灌缝修补法

①普通沥青灌缝机灌缝修补工艺

这种修补工艺一般要用扩缝机对裂缝进行扩缝,再利用空气压缩机输出的高压气体将槽内松动的材料或扩缝时切下的松散材料全部清除干净。然后利用喷灯喷出的火焰对开槽部位进行加热,再用热沥青灌缝机将热沥青灌入缝中。最后在沥青缝上撒上石屑并用小型压路机进行碾压。

②普通沥青灌缝机灌缝的优缺点及经济性分析

由于在灌缝机灌缝之前,进行了裂缝的开槽和清理工作,灌注的沥青黏结牢固,灌缝的质量得到了改善,使用寿命相对人工灌缝有了较大的提高。这种方法虽然增加了施工设备的投资,但相应地降低了工人劳动强度,工作效率也有了较大的提高。由于灌缝材料所限,灌缝后的耐久性仍然不高。

(3)改性乳化沥青材料灌缝

①改性乳化沥青材料灌缝修补工艺

首先用4~6MPa的压缩空气对裂缝(若裂缝宽度大于1cm建议开槽处理)从一端吹至另一端,一般需吹2遍;再用竹片或铁铲清除缝中的剩余杂物;然后用改装后的普通煤气罐盛入2/3体积的改性乳化沥青灌缝材料(在普通沥青中加入改性剂,常温下具有流动性),并用气泵加压至4MPa通过专用的填封料喷洒杆向裂缝中灌入,一般需浇灌2~3遍,直至灌缝材料与路面平齐为止;最后将筛好的细砂撒到灌缝表面,用抹子抹平,即可开放交通。

②改性乳化沥青材料灌缝的优缺点及经济性分析

改性乳化沥青具有良好的低温稳定性、渗透性,特别适用于修补较深的裂缝,同时具有较强的抗水损害、抗疲劳、低温开裂的能力。施工过程中无须加热,设备比较简单,每套设备每天可完成800~1000m灌缝,灌缝效果较好,使用寿命一般为3~5年。缺点是改性剂的价格偏高。因为改性乳化沥青的加工工艺复杂,生产成本较高,导致改性乳化沥青相对普通沥青来说比较贵,灌缝费用约为8元/m^2,因此一般只在高速公路、一级公路的中面层和表面层使用。

(4)密封胶处理裂缝

①密封胶处理裂缝修补工艺

该工艺首先要沿裂缝方向进行开槽,用高压空气进行吹缝,将开槽后缝内的松散颗粒和杂物彻底清理干净,一般需吹缝2遍。然后用普通液化气罐外接喷火装置对裂缝加热,温度达到80~100℃即可,这样有利于灌缝胶和沥青混凝土的牢固黏结。密封胶采用加热罐(在其底部有一液化气加热炉盘)加热,加热到193℃时,加热炉盘自动停止加温进入保温状态,这时用灌缝机自带的具有刮平装置的压力喷头将密封胶均匀灌入槽内。灌缝分二次灌满,第一次灌至槽深的4/5,第二次灌满并在槽口两侧拉成宽6cm,厚0.3cm的贴封层,在刚灌满的密封胶表面撒布石粉或细砂,待灌缝胶冷却至常温后(一般需15min左右)即可开放交通。

②密封胶处理裂缝修补方法的优缺点及经济性分析

这种修补方法的优点是:密封胶灌入裂缝后,很快就能渗透到裂缝两侧的沥青混合料中并融合在一起,黏结比较牢固;贴封层边缘整齐,灌缝充分饱满,表面平整;密封胶在常温和低温时均具有较高的弹性,可随着裂缝的胀缩而发生弹性变形,始终保持其密封作用,长期有效的封闭了沥青路面的裂缝。密封胶的品种多,并有不同的分级,适用于在不同路面,不同气候条件,不同裂缝状态的修补。不足的是在施工中普遍采用的密封胶是进口材料,价格昂贵,导致工程费用增大。目前国内也在进行这种材料的研发。

(5)压浆法处理裂缝

①压浆法处理裂缝修补工艺

施工时向裂缝内压入水泥净浆,水泥可采用325或425号普通硅酸盐水泥;为保证较好的流动性,水泥剂量可以取为350kg/m^3。压浆前用环氧树脂砂浆将裂缝的裂口严密封堵,但沿裂缝每隔一定距离(10~15m)预埋一个注浆管,将压浆机的喷嘴插入注浆管中,启动压浆机,将压力泵的压力均匀增加到1.5MPa左右进行压浆,待浆体由相邻注浆管中溢出时,表明裂缝已被填满。最后关闭压力泵,将压浆机移至其他注浆口继续压浆。

②压浆法处理裂缝修补方法的优缺点及经济性分析

压浆法养护效果较好,适用于处理沥青路面基层与路基较深的裂缝,具有开放交通较早和修补材料费用低等优点。但是这种方法对施工人员数量要求多再加上操作较复杂,导致工程造价较高。这种方法只适合于裂缝宽度较大(大于 20 mm)、裂缝较深较长且结构层和土基相对稳定的情况,具有一定的局限性。

(6)各种裂缝修补方法比较

根据某高速公路的部分路段养护工程的数据,结合上述的适用性和经济性分析,对常用的几种裂缝修补方法做出比较,结果如表 3-4 所示。

几种裂缝修补方法的比较　　表 3-4

方法	普通沥青人工灌缝	普通沥青灌缝机灌缝	压浆法修补裂缝	改性乳化沥青灌缝	密封胶灌缝
材料	普通沥青	普通沥青	环氧树脂砂浆和水泥浆	改性乳化沥青	高分子聚合物(一般为进口材料)
	便宜	便宜	较便宜	较贵	昂贵
设备投资	小	较小	较大	较小	较大
人员	1~2 人	约 3 人	约 20 人	约 7 人	约 10 人
工艺	简单	较简单	较复杂	较简单	一般
工程造价	2 元/m 左右	3 元/m 左右	和裂缝深浅有关	8 元/m 左右	20 元/m 左右
寿命	1 年左右	1.5 年左右	较长	3~5 年	5 年左右
适用范围	宽度小于 1cm 的裂缝	宽度大于 1cm 的裂缝	路面基层与路基较深较长的裂缝	较深的裂缝	较浅的裂缝

2. 灌缝材料

美国选用灌缝材料的依据是气候环境条件、处治措施和统一的标准规范,大部分州都根据各自特点,选择几种不同的材料,并颁发产品许可证,发布市场准入许可名单。

FHWA 将灌缝材料分为 3 种:热灌、冷灌和化学类灌缝材料。其中热灌材料包括:沥青、改性沥青、纤维沥青、沥青橡胶、橡胶沥青、低模量橡胶沥青等;冷灌材料包括:液体沥青(乳化沥青)、改性乳化沥青等;化学类灌缝材料包括:硅树脂等。除此之外,还有稀释沥青、沥青玛蹄脂(添加石粉、石灰、粉煤灰等制成)和沥青胶砂,但由于环保、经济等方面的原因,这些材料在灌缝中应用较少。

要选择恰当灌缝材料,首先要建立材料质量和特性的标准体系,对于灌缝材料,应包括准备时间、工作和易性、养护时间、黏结性、黏聚性、柔性、弹性、老化后的特性、流动性等方面的材料特性。

在 AASHTO M324 和 ASTM D6690 中定义了 4 种热灌灌缝料。第一类是适用于温暖气候地区,最低温度为 -18℃;第二类是适用于大部分地区,最低温度为 -29℃。第二类与第二类适应的环境条件相同,不过另外附加了一些条件。最后是第四类,适用于严寒地区的材料。

美国关于热灌缝材料的技术标准较多,全美通用的技术标准有:ASTM:D5329,D5078,D6690(代替原 D1190,D3405),D1985;AASHTO:M324(等同于 ASTM D6690,代替 M173,M301);Fed:SS-S-1401C,SS-S-164;FAA:P605 等,这些标准大多是针对路而热灌缝材料专门制定的,标准也有一定的差异,D6690 考查的性能指标包括:针入度、软化点、低温黏结拉伸试验(Bond,浸水与干燥两种)、流动值、弹性恢复、老化后弹性恢复等。这些规范大多形成于 20 世纪 90 年代,在实践中也发现了一些问题和不足,因此美国近年来开展了大量的关于灌缝材料标准的研究。2007 年,伊利诺伊州立大学的 Al-Qadi 等就灌缝材料的选择提出了一套新的试验方法,该方法针对灌缝料经常发生的脱落破坏、黏轮破坏、断裂破坏、剥离破坏等破坏形式,在原有 ASTM,AASHTO 规定的基础上,就灌缝胶的黏性、延展性、耐久性、柔性、流动性等多方面指标提出了一套新的更为科学的试验方法,这些试验方法基于 SHRP-PG 的设备进行。

美国关于冷灌缝料的技术标准主要有三种:一是 ASTM D244-00,乳化沥青测试方法标准;二是 ASTM D2006-65,橡胶与石油衍生产品的特性测试方法,该方法已经被停用;三是 ASTM D2170-Ola,沥青动力黏度测试方法标准。除此之外 Golden Bear 公司开发一种试验方法,称为泵吸稳定性试验,用于测试材料在交通泵吸作用下的稳定性,但是目前没有关于黏附性的测试标准。

在北美市场上,灌缝材料生产商及其产品繁多,其中较大的生产商有:CRAFCO(克来福)公司生产的多种热灌缝胶,如 Asphalt Rubber、Asphalt Plus、Polyflex 和 Roadsaver Sealant 等;Golden Bear Oil 公司生产的 CRF,这是一种乳化沥青冷灌缝材料;MulchSEAL 是一种冷灌的专利产品,可用于处理反射裂缝的预防性养护罩面。

3. 灌缝技术要求

(1)根据裂缝损坏宽度的不同,灌缝分为直接灌缝和开槽灌缝。对于大于 10mm 的沥青路面重裂缝,裂缝边缘无变形、无散落、无支缝,宜将缝内清理干净后,采用直接灌缝的方法。对于 10mm 以下的裂缝,需先用开槽机进行开槽扩缝,然后通过灌缝机将专用灌缝胶注入缝隙内,填充封闭裂缝。

(2)灌封胶应具有良好的防水性能,与路面接触面、裂缝两侧界面有良好的黏附性、良好的温度稳定性,即夏季高温不流淌、冬季低温不脆裂、弹性好、耐老化,能够适应裂缝宽度随气温发生的变化;施工方便、成型快、适应道路尽快开放交通的要求,符合环保要求,对施工人员和道路环境不产生污染等特性。

(3)清除缝内的杂物及尘土,用压缩空气吹净。使用液化气喷灯对裂缝进行烘干,保证裂缝内干燥。将加热到要求温度的灌缝胶灌入缝内,控制灌封胶的灌注量,春季与路面平齐或较路面略低,秋冬季高于路面 2～3mm。

(4)开槽灌缝作业技术要求:沿裂缝位置对裂缝进行开槽处理,开槽宽度至少为 1.2cm,开槽深度范围为 1.2～2.5cm,深宽比最好控制在 2∶1 以内。除去已松动的边缘部分,利用钢丝刷对剥落部分进行处理。清除缝内的杂物及尘土,用高压空气或者热空气吹扫。

使用液化气喷灯对裂缝进行烘干,保证裂缝内干燥。将加热到要求温度的灌缝胶灌入槽内,并要求将所开的灌缝槽灌满填实。

为了能提前对施工路段开放交通,减小因施工作业产生的交通压力,在灌缝胶上撒上少量的砂子或细集料,防止黏轮,以提前开放交通。

(5)现场施工控制要求:施工前,对材料和设备进行检查,养护单位必须提供详细的灌封胶材料质检报告,确认材料及设备符合要求后方可施工。

(6)环境及气候要求:

施工时路面潮湿或路面温度低于 5℃ 时不应施工,宜选择日平均气温在 10℃ 以下施工最为合适,因为这一时段沥青混凝土路面裂缝宽度达到较大值。雨雪雾天严禁施工作业,施工时要求道路视线良好,不得在有雾天气时施工,风力小于三级,路面干燥,严禁在过湿或积水的路面上施工。

(7)裂缝开槽,采用无贴封标准槽或者无贴封浅槽设计,要求开槽线与裂缝完全吻合,不能有错位现象,裂缝边缘剥落部分必须清理干净。如若在开槽后发现裂缝潮湿,必须烘烤至干燥状态。

(8)提前对灌封胶进行加热,控制好加热温度和出料温度。灌封胶可重复使用,但多次重复加热会导致材料能下降,重复加热次数不得超过2~3次(按照道路密封胶使用说明书要求进行控制)。

(9)用灌缝机上带有刮平器的压力喷头将灌封胶均匀地灌入槽内,分次灌入,直至灌满并在裂缝两侧拖成一定宽度与厚度的封层。每条裂缝的灌注工作要连续,并应在裂缝表面形成"T"形密封层。灌缝时应当注意的是必须将灌嘴插入缝底,慢慢挤压胶液,否则,灌嘴插不到底部,灌完胶后,缝底部易积存气泡,气泡上升,缝内胶液易积聚成球状,影响灌缝质量。

(10)灌缝完成后要求灌缝胶温度下降至常温方才能够通车放行,具体开放交通时间可根据气温情况灵活掌握。

二、沥青路面坑槽修补机械化养护

1. 坑槽修补技术

坑槽修补主要指针对坑槽、局部网裂、龟裂、拥包以及滑移、裂缝等病害进行的修补。目前根据维修工艺和维修设备的不同,沥青路面坑槽修补常用的方法有热补法、热再生法、喷射式修补法等,在实际应用中,应该根据其适用性和经济性加以选择。

(1)路面坑槽热补法

首先测定破坏部位的范围和深度,传统的工艺是按"圆洞方补"的原则划出大致与路中线平行、垂直的坑槽修补轮廓线(长方形或正方形),用切缝机切开,然后用风镐或丁字镐将破坏的路面清除形成坑槽。用喷灯对坑槽四周及底部加热以后,随即迅速将已加热的黏结沥青均匀完整的薄刷在已加热变软的坑槽四壁及槽底。再将已加热的沥青混合料填入坑槽内,在摊平、碾压和夯实新填补的沥青混合料时视坑槽深度采用单层或双层填补。填料高度要略高于原路面(高出量应根据坑槽深浅、用料粗细及设备压实程度而定),压实稳定后与原路面相齐平。最后用热沥青刷涂填塞坑槽四周接茬缝空隙,使缝空隙填充密实,并用石屑和纽砂给修补过的坑槽四周进行封边,以防止坑槽填料冷却后接茬缝处开裂渗水。另外一种施工工艺是日本研究出一种称之为"荒川式斜削施工法"的方法,这种方法的特点是在返土、压平和补铺沥青混合料前,先将被切坑槽边缘用特制工具切成45°斜坡形,然后再用喷燃器将边缘烧成粗糙形状,接着再铺压沥青混合料,这样可使新料和旧料紧密结合在一起,不易出现裂缝。

热补法是一种常用的修补办法,对工艺设备要求比较简单,节省材料和机具并降低了工人的劳动强度,而且修补速度快,修补后的路面没有弱接缝,路面病害处理彻底,修补质量高,维修后的使用寿命可达3~5年,可维持到路面罩面或中修,养护费低,具有很好的经济性。但是易受气候影响,在低温季节和雨季不能施工。

(2)路面坑槽热再生修补法

首先将养护修补车的加热板或其他高效热辐射加热板放置到待补区域,使其底面距路面4cm左右,对路面进行5~10min的加热,直至路面温度达到140℃以上,沥青路面软化后,耙松被软化的沥青旧料,人工剔除材料中大粒径集料以及烘焦的沥青混合料,喷洒乳化沥青,利用旧料现场再生,再补充新沥青混合料并拌和、摊铺平整。最后用石屑和细砂给修补过的区域四周进行封边,并用振动压路机进行碾压,从边缘向中央逐渐进行,使修补面与原路面成为一体。

热再生修补法的优点是能对旧料进行现场再生利用,减少了环境污染、资源浪费,降低了维修成本;碾压后坑洞修补表面平整、坑洞内新旧料间无明显接缝;与其他维修方法相比,施工进度快,工期短,可以快速开放交通;因施工中产生的振动、噪声比其他施工法小,市区可进行夜间作业。但由于是在现场加热旧沥青路面,施工容易受气候的影响,寒冷季节不宜施工。另外,因为要使用专用机组进行作业,故设备投资较大。由于坑洞内的原有旧料严重老化,失去了原有的级配和油石比,施工作业仅凭经验添加一定量的黏结沥青和新料,新旧料的掺配比例难以控制、拌和不易达到均匀,所以无法保证修补材料的性能和质量。同时由于对坑槽底面和基层的病害处理不彻底,故只适用于沥青路面表层坑槽的修补,最终获得的坑洞修补质量不高,耐久性稍差。

(3) 喷射式修补法

喷射式坑槽修补技术是一种对沥青路面坑槽进行机械化修补的新工艺。该法首先要利用自动坑槽修补车自带的鼓风机喷出的高强空气流直接将坑槽内残留的松散粒料、杂物以及积水吹出。然后在坑槽内裸露的底面和四壁上喷洒热的乳化沥青黏结油,要求喷洒均匀、完整。再通过修补车自带的喷管将沥青混合料持续喷射到坑槽内,逐层喷射。通过喷射压力,实现混合料的压实,不需要再进行碾压。最后在修补表面均匀的喷撒一薄层石屑,便可开放交通。

喷射式坑槽修补技术的自动化和机械化程度高,可以节省大量的人力和时间,提高了维修效率。另外这种方法的适应性强,不仅在正常气候下可进行作业,而且在低温季节和雨季也可作业,尤其在大量坑槽的快速抢修时更为方便。不足之处是对设备的自动化和机械化要求高,在设备上投资较大,修补质量一般,平整度稍差。

(4) 各种坑槽修补方法的比较

上述三种修补方法的修补质量、经济性和适用性各不相同,应根据具体情况选用。表3-5为修补方法的选择提供了依据。

坑槽修补方法比较　　　　　　表3-5

名称	热补法	热再生修补法	喷射式修补法
修补工艺	较简单	较复杂	简单
修补质量	高	不高	一般
设备投资	一般	较高	高
施工气候条件	低温季节和雨季不能施工	寒冷季节不宜施工	不受气候限制
适用范围	表层和基层坑槽	表层坑槽	表层和基层坑槽
经济性评价	经济性好	经济性较好,社会效益好	经济性一般

(5) 冷料冷补工艺

该施工工艺主要用于应急性修补,通常先要开槽成型,将待补坑槽松散物、灰尘或淤泥清除,倒入冷补料。松铺系数为1.2~1.5,摊铺均匀,保证坑槽周边材料充足。但不要漫散至坑槽边沿外的路面。后用夯锤或振动式路碾机压实(日常施工时通常采用平板夯,如遇特殊情况可直接使用夯锤),深度在6cm以上的坑槽必须分层投料夯实。若密实度不足,则经车辆行驶碾压,修补处会略有下沉,此时不必挖除坑内原填冷补材料,只需将更细一级的冷补料铺上压实即可。为防止此类情况的发生,通常使修补后坑槽地表面略高于周围路面约5~10mm。运行一段时间修补处即会与路面持平。每桶25kg装的冷补材料可修补大小约为50~50cm、深4.5cm左右的坑槽。使用冷补材料进行修补只需要大约10min即可开放交通。

(6)热料热补工艺

随着养护设备的发展,逐渐采用加热设备进行路面的就地热修补,能较好地解决接缝的问题,并且热修补技术明显提高施工质量。市场上使用的设备如英达科技公司生产的"修路王"设备以及河南高远养护公司生产的热修补设备等,其主要原理是采用100%高强度辐射热加热墙,先将沥青路面加热、耙松、喷洒乳化沥青,使沥青料再生,再加入热的新料,用自带的压路机将其压实,能够达到很好的修补效果。这类就地热修补设备的主要工艺包括:

①测定破坏部分的范围与深度,按"圆洞方补、斜洞正补"的原则,划出坑槽修补轮廓线(正方形或长方形),适当外移5cm左右,使得接缝处理效果更好。

②将加热板调整到合适的位置,选择适当的加热区域。

③用加热板加热待修的区域,可以自行设定时间,一定时间后路面被软化。

④耙松软化的路面,切边。

⑤喷洒乳化沥青形成一层黏结沥青,从料仓中输出一直保温的新沥青混合料。

⑥摊铺整平,再喷洒适量乳化沥青作为再生剂。

⑦由边部向中间反复压实4~6遍。

⑧清理作业区域,开放交通,通常夏季开放交通略晚。一般情况下"修路王"修补加热墙面积范围内的病害大概需要20min,修复后接缝密合、平整、美观、耐久。

(7)热料冷补工艺

热料冷补适合于雨天抢救性修复,通常路面在通车几年后,一场雨会引起全线路面出现几百、上千个坑槽。为了确保行车安全,可以利用热修补设备的加热仓保温热料,沿线填补坑槽。此时不用对原始坑槽进行处理,填满后直接压实,待好天后用加热墙对原修补坑槽接缝处进行加热处理。这样既达到了道路安全防范的应急处理,同时也不影响路面的修补质量,此措施越来越多地被高速公路养护单位在雨天施工时所采用。

2. 坑槽修补材料

(1)坑槽冷修补材料

这类快速补路材料呈黑色颗粒状固体,有石油溶剂气味。不溶于水,无腐蚀性,符合环保要求。一般有2种集料规格。第一种主要集料粒径为8~10mm,可用来修补深度在30mm以上的坑槽;另一种主要集料粒径为3~5mm,可用来修补深度在30mm以下的坑槽。该种材料无须加热或搅拌,无须特别工具或技能,操作简单方便,自流动性高,与其他材料黏结性强,可以在低温、酷暑等气候下实现对路面坑槽的24h修补。修补完工可立即开放交通,解决了传统路面因受养护期、气候、材料最低购买量的制约,而使路面坑槽不能及时修补,或者在修补过程中严重影响交通的固有弊病。其一般为桶装,密封桶装储存可长达10个月以上。开桶后,用剩余料不会短时硬化固结,在1个月内仍可正常使用。

(2)坑槽热修补材料

用于日常养护的热修补材料主要为各种规格的沥青混合料,由于一般的坑槽只有5cm左右,为了保证修补处的压实度,不发生离析现象。根据实际经验,选择日常用的热料规格主要为AC-16或AC-13及添加改性剂的这类粒径较小的集料。

3. 坑槽修补技术要求

(1)坑槽放线

技术人员察看并根据病害的具体情况,依据"圆坑方补"、坑槽边缘线与路中心线平行或垂直的原则,确定坑槽挖补范围和开挖边界线。

(2)切缝

施工人员按线切割,先长边后短边,交叉角不能过切后欠切,切缝深度不低于开挖深度的80%,并及时清理废料。

(3)坑槽开挖

用风镐先中间后周边挖除,逐层开挖到稳定部分,坑槽开挖深度大于8cm时应按台阶式分层开挖,台阶宽度10~15cm,坑槽边缘不留毛茬无松动,坑壁垂直成线。

(4)坑槽的整理清扫

①用钢刷将坑壁上不稳定颗粒和灰尘清刷干净;

②用吹风机或空压机把坑槽的灰尘吹扫干净;

③喷灯将坑底及四壁潮湿部位烤干。

(5)界面处理

用批刀把界面处理剂均匀涂抹在坑槽四壁上,厚度约2mm,涂抹时勿污染路面。

(6)裂缝处理

①用批刀将界面处理剂均匀、无遗漏地涂抹在裂缝处,把裂缝填平;

②测量裂缝长度,截取抗裂贴,揭去隔离膜均匀贴在裂缝上,使抗裂贴与地面牢固结合。

(7)喷洒乳化沥青

施工人员用乳化沥青喷洒器向坑底和台阶均匀喷洒适量乳化沥青,洒布量应合适,不存液、不露白。

(8)沥青混合料下层摊铺

先测量坑槽深度,采用合理松铺系数,计算出摊铺厚度,当坑槽深度大于8cm时使用AC-20C沥青混合料分层摊铺,沥青混合料运输必须使用保温运输设备,以保证混合料温度,避免离析。待乳化沥青完全破乳后方可进行摊铺,摊铺时用扣锨法,保证沥青混合料不离析,坑槽边缘用细料填入,摊铺平整后把表面大粒料扫除。

(9)下层压实

下层摊铺后,向高频冲击夯底板喷洒隔离剂,对摊铺的沥青混合料进行先周边后中间、平整无痕迹夯实3~4遍,相邻夯实带应重叠夯板的一半宽度。

(10)上层摊铺

首先测量坑槽深度,采用合理松铺系数,计算出摊铺厚度,沥青混合料放料温度不低于120℃。摊铺时用扣锨法,保证沥青混合料不离析,坑槽边缘用细料填入,摊铺平整后把表面大粒料扫除,要求坑槽四周接缝平整无错台。

(11)上面层压实

上层摊铺后,开始用静压方式碾压,最后用振动方式碾压,先周边后中间,纵横结合,直到碾压密实。碾压顺序是先碾压接缝后压中心,相邻碾压带应重叠1/3轮宽以上。碾压时注意坑槽接缝处是否缺料,缺料及时填补,多料及时清理,保证坑槽的碾压密实度,高度、接缝一致。压实后的坑槽应高出原路面2~3mm,平整度控制在3mm以内。

(12)清理工作现场坑槽碾压结束后,对施工现场进行清扫,废料及时装车。测量坑槽面层温度降至50℃以下方可通车放行。

第四章
沥青路面预防性养护

路面预防性养护(Pavement Preventive Maintenance,简称PPM)是指在不增加路面结构承载力的前提下,对结构完好的路面或附属设施有计划的采取某种具有费用效益的措施,以达到保养路面系统、延缓损坏、保持或改进路面功能状况的目的。

在最合适的时间,将最合适的措施,应用在最合适的位置,是预防性养护措施的核心理念。预防性养护技术并非指单一的养护措施的应用,而是指周期性、系统性的成套养护策略的应用。

预防性养护技术主要着重于路面的单一类型损坏,在修复某种路面损坏的同时,兼顾其余路面损坏。预防性养护技术的针对性更强,着眼点更具体,仅针对项目级系统,不适用于网级系统。

沥青路面常用的预防性养护措施主要有封缝、表面封层、薄层罩面三种类型。

(1)封缝主要是针对原路面的局部裂缝,如果没有伴随出现较大范围的轻微网裂,只有少数几条可以比较明显区分的裂缝,封缝可保持沥青路面良好状况,防止因水的渗透使路面裂缝扩大,从而避免造成更加严重的唧浆、坑槽等病害。

(2)表面封层技术根据实施的材料不同可以分为:雾封层、同步碎石封层、稀浆封层、微表处等。

雾封层是将雾状的乳化沥青或还原剂喷洒到沥青路面上,其目的是更新表面被氧化的沥青、填封微小裂缝和空隙、路面防水以及抑制松散,一般期望使用寿命约3~4年。

同步碎石封层采用专用设备即同步碎石封层车将碎石及黏结材料(改性沥青或改性乳化

沥青)同步铺撒在路面上,通过自然行车碾压作用,形成单层沥青碎石磨耗层,这种技术能有效治愈路面松散、轻微网裂、车辙、沉陷等病害,使路面具有良好的抗滑性能和防渗水性能。

稀浆封层技术作为微表处技术的基础,主要应用于较低等级的公路,而微表处技术则广泛应用于高等级公路的养护中。微表处技术可有效地防止路表水的下渗,提高路面抗磨耗性能和抗滑性能,并同时完成对原路面车辙的修复,可在施工后1~2h内开放交通,减少施工对交通的影响。

(3)薄层罩面按照实施方法的不同可分为冷薄层罩面和热薄层罩面两类。

冷薄层罩面是在常温下就可以实现施工,不需要对材料进行加热,具有施工方便、快捷、中断交通时间短等优点,目前应用较多的冷薄层罩面工艺的技术主要是乳化沥青或乳化改性沥青混合料,主要包括稀浆封层、微表处技术。

热薄层罩面相对于冷薄层罩面而言需要对材料进行加热,然后施工。热薄层罩面按照级配类型不同可以分为开级配、密级配、间断级配。

热薄层罩面可以防止路面品质下降、恢复路面的抗滑能力、修复路面的缺陷和轮廓,用于处治综合病害,养护成本较高。

路面预防性养护措施的选择,应根据公路等级、路面技术状况、交通量、资金和费用效益等因素,进行综合分析,科学确定。

首先,预防性养护技术的选择必须"对症下药",根据原路面技术状况和病害情况,选择有针对性的对策。通常可参照表4-1做出选择。

预防性养护措施选择列表 表4-1

类别	项目	指标	预防性养护措施							
			雾封或再生剂封层	微表处	改性或普通稀浆封层	碎石封层	复合封层	超薄或薄层罩面	灌缝	局部挖补
交通量	交通量等级	一类、二类	★	×	★	★	★	★	×	★
		三类、四类	★	×	★	★	★	★	×	★
		五类、重载	★	★	×	★	★	★	×	★
重要养护目的	封水	—	★	★	★	★	★	★	—	—
	恢复抗滑性能	—	×	★	★	★	★	★	—	—
	封闭非疲劳裂缝	—	△	△	△	△	△	★	★	△
	恢复局部破损	—	×	×	×	×	×	×	—	★
	恢复平整	—	×	△	△	△	△	★	—	—

续上表

类别	项目	指标	预防性养护措施							
			雾封或再生剂封层	微表处	改性或普通稀浆封层	碎石封层	复合封层	超薄或薄层罩面	灌缝	局部挖补
原路面宏观技术指标	PSSI	>85	★	★	★	★	★	★	—	—
		≤85	×	×	×	×	×	×	—	—
	PCI	<80	×	×	×	×	×	×	—	—
		80~90	△	★	△	★	★	★	—	—
		>90	★	★	★	★	★	★	—	—
	IRI	≤3.5	★	★	★	★	★	★	—	—
		>3.5	×	★	★	★	★	★	—	—
原路面主要病害形式	车辙	<15mm	×	★	★	★	★	★	—	—
		15~40mm	×	★	×	×	×	×	—	—
		>40mm	×	△	×	×	×	×	—	—
	横向裂缝	轻微	×	★	★	★	★	★	★	—
		严重	×	×	×	×	×	×	★	—
	纵向裂缝	轻微	×	★	★	★	★	★	★	★
		严重	×	×	×	×	×	×	★	★
	龟裂	轻微	×	★	△	★	★	△	×	★
		中等	×	×	×	△	△	×	×	★
		严重	×	×	×	×	×	×	×	★
	坑槽	轻微	×	×	×	×	×	×	—	★
		严重	×	×	×	×	×	×	—	★
	麻面、松散	轻微	★	★	★	★	★	★	—	★
		严重	×	×	×	△	△	×	—	★
	泛油	—	×	★	★	★	★	★	—	★
	磨光	—	×	★	★	★	★	★	—	—
	沉陷	轻微	×	×	×	×	×	×	—	★
		严重	×	×	×	×	×	×	—	★

注：★—推荐使用；△—谨慎使用或有条件使用；×—不推荐使用。

其次，从公路等级角度讲，有的预防性养护措施只适用于高速公路，有的则只适用于普通公路，有的则适用于各等级公路。如，稀浆封层其性能一般无法适应高速公路养护需要；碎石封层路面的行车噪声相对较大，散落的集料可能对高速行车形成安全隐患，因此一般不用于高速公路磨耗层；就地热再生施工队列较长，对路面厚度有一定要求，因此一般不用于二级及二级以下公路，如表4-2所示。

各等级公路适用的预防性养护措施　　　　　　　表4-2

公路等级	预防性养护措施							
	雾封或再生剂封层	微表处	（改性）稀浆封层	碎石封层	复合封层	超薄或薄层罩面	封缝	就地热再生
高速公路	★	★	×	×	×	★	★	★
一级公路	★	★	×	★	★	★	★	★
二级公路	★	×	★	★	★	★	★	×
三级及以下公路	★	×	★	★	★	★	×	×

注：★—推荐；×—不推荐。

第一节　封　缝

一、概述

裂缝是沥青路面常见的一种病害，其中宽度在6mm以内的裂缝属于预防性养护的范围。封缝是最常用的沥青路面预防性养护措施。封缝可以防止水分进入基层和路基，进而保护路面结构，还可以减缓裂缝边缘材料的破碎，进而阻止更为严重的损坏。封缝措施应在路面裂缝出现的初期使用，处治越早，越能保护路面结构。根据文献报道，封缝措施的使用寿命最少为2年，最长为10年。

封缝措施主要包括填封和密封两种处治方式。封缝措施可以推迟路面破坏，延长路面使用寿命。在裂缝密度处于较低和中等的水平时，封缝措施能取得良好的应用效果。路面裂缝密度较大时，必须采用铣刨或加铺等方式加以修复。图4-1所示的情况即不适合采用封缝措施。

图4-1　路面的裂缝密度较大时不适宜采用封缝措施

封缝包括裂缝填封和裂缝密封两种处理方式，各方式的适用范围见表4-3。

裂缝密封、填封工艺选择　　　　表4-3

裂缝特征	裂缝处治工艺	
	密封	填封
裂缝类型	非活动性（年水平位移＜2.5mm）	活动性（年水平位移≥2.5mm）
宽度（mm）	5～10	5～20
边缘破坏情况	没有或很少，破碎面长度小于裂缝长度的25%	没有或中等水平，破碎面长度小于裂缝长度的50%

裂缝填封用来处治活动性裂缝，此类裂缝冬季宽度较大夏季宽度较小。典型的活动性裂缝夏季宽度一般超过3mm，而冬季宽度一般可增长15%～100%。裂缝填封首先需要根据裂缝的几何形状进行开槽，然后进行清理、干燥工作，最后再选择填缝料进行填封。开槽宽深比大于1时有助于提高封缝效果。

裂缝密封主要用于处治非活动性裂缝，此类裂缝宽度一般小于3mm。非活动性裂缝一般处于裂缝发展的初期，且较多地出现在冬季气候温和的地区。裂缝密封无需对裂缝开槽，可直接采用热压缩空气清理，然后填装密封剂。裂缝密封技术最适用于气候温暖且交通量较小的地区。

裂缝填封和裂缝密封可以结合使用：纵向裂缝采用填封，横向裂缝采用密封。这两种方法的综合运用，可以提高封缝处理的效果，减少路面的破坏。

二、封缝的适用条件

当路面出现裂缝，首先需要评定现有路面状况，同时还要根据裂缝的类型、当地的气候条件、路面的结构、交通量的大小、维修计划等各类因素，综合确定最佳的封缝措施。

1. 路面状况

封缝措施针对路面的非结构性裂缝，适用于裂缝率小于50%的沥青路面。封缝措施只适用于以下两种情况：

（1）有足够的结构强度，能达到设计使用要求的路面。

（2）路面病害较轻的路面。

在路面投入使用3～5年内，路面出现较小宽度的裂缝时应选择封缝措施进行处理。当路面裂缝宽度超过20mm，不论密度如何，都不再适合采用封缝措施。假如这些裂缝继续扩张形成坑槽，则应该选用其他类路面养护措施。表4-4是裂缝宽度和密度的分级情况。

裂缝宽度和密度分级　　　　表4-4

裂缝	等级	描述
宽度	轻微	宽度处于2～10mm的单独裂缝，裂缝边缘未出现凹陷等变形现象
	中等	宽度处于10～20mm的单独或多重裂缝，以及宽度在10mm以下边缘出现凹陷等变形现象的裂缝
	严重	单独或多重裂缝，有凹陷或变形。裂缝宽度超过20mm或低于20mm，但边缘出现破碎现象的裂缝
密度	间歇	裂缝率小于20%，横向裂缝间隔为30～40m
	频繁	裂缝率处于20%～50%之间，纵向裂缝局部存在或分布于整个路面，横向裂缝间隔为20～30m
	严重	裂缝率大于50%，横向裂缝间隔为10～20m

2. 气候因素

沥青路面封缝效果的好坏,主要由原始路面状况、密封剂质量和封缝工艺三个因素决定。影响封缝工艺的因素主要有空气的温度和湿度、路面表面的温度和湿度以及密封剂的性能等。

空气温度的改变将会造成裂缝水平位移发生周期性变化,从而导致密封剂受到拉伸和挤压产生形变。在空气温度季节性差异较大的地区,沥青路面的裂缝是活动性的,裂缝最大宽度出现在 2 月,最小宽度出现在 6~8 月。密封剂冬天被拉伸,夏天被压缩,水平位移随着时间的不同在 5~25mm 之间变化。因此,封缝措施的施工最佳时期应为春季的 4~5 月初,此时气候温和,密封剂受到的拉、压应力均较小。在春季进行封缝施工,也有助于利用夏季的高温天气使密封剂完全渗入裂缝内部和浸润裂缝表面。

为防止密封剂填装受到露水的影响,封缝施工宜于早晨 9:00 之后完成。采用热空气吹扫可较大程度上提高封缝效果。热空气吹扫是利用温度较高的压缩空气吹扫裂缝,它可以有效地吹净裂缝中的灰尘、碎屑和杂物,而且还能将裂缝内的潮气、水分蒸发掉,使裂缝完全干燥,同时还可进一步地加热裂缝壁面材料至较高的温度,甚至可使被加热壁面材料呈黏性状态。此时再进行密封剂填装,可以大幅提高密封剂与壁面材料的黏结效果。

3. 裂缝密封和裂缝填封的确定原则

裂缝密封和裂缝填封是两种不同的封缝工艺。裂缝填封主要应用于活动性的裂缝。裂缝填封的施工工序为:裂缝的开槽,裂缝的清理和干燥,填装密封剂,封边修整。裂缝填封的密封剂的选择以及封缝措施使用寿命参考如下:

(1)在中等交通量情况下,对于中等宽度的活动性裂缝,可采用普通密封剂进行填封,封缝有效期一般为 1~3 年。

(2)在重交通量的情况下,对于中等宽度的活动性裂缝,可采用聚合物改性沥青作为密封剂,封缝有效期一般为 3~5 年。

(3)对于中等宽度的活动性裂缝,若采用改性的低模量橡胶沥青作为密封剂,封缝有效期一般可达到 5~8 年。

裂缝密封主要应用于非活动性的裂缝。裂缝密封可以不开槽,利用热压缩空气进行裂缝的清理和干燥,然后采用热沥青或乳化沥青进行封缝。裂缝密封的密封剂的选择以及封缝措施使用寿命参考如下:

(1)在中、低交通量的情况下,对于非活动性裂缝,选用普通的冷灌注式或热灌注式密封剂时,封缝有效期一般为 1~3 年。

(2)在中、低交通量的情况下,对于非活动性裂缝,选用橡胶沥青作为密封剂时,封缝有效期一般为 5~8 年。

三、封缝原材料的技术要求

封缝可选用多种不同类型的密封材料,常用的材料主要有以下几种类型:

(1)冷补材料,包括液态沥青(乳化沥青)和聚合物改性液态沥青。冷补材料宜选用慢裂或中裂阳离子乳化沥青,可利用其流动性好的特点,依靠较好的渗透力治愈较深的裂缝。

(2)热补材料,包括改性沥青,如橡胶沥青等。热补材料夏季能抵抗软化和车轮的黏着,冬季能抵抗低温应力。

橡胶密封剂由沥青和硫化小颗粒废橡胶轮胎沫混合而成。沥青应满足相关规范的要求,废橡胶轮胎沫最小含量需占混合物总质量的12%。小颗粒废橡胶轮胎沫应去除纤维、金属丝、细绳和其他杂质,碳酸钙添加量不超过总质量的4%。另外,硫化小颗粒废橡胶轮胎沫颗粒组成还需满足表4-5中的要求。

硫化小颗粒废橡胶轮胎沫颗粒组成要求　　　　　　　　　　　　表4-5

筛孔尺寸(mm)	2.36	1.18	0.6	0.3
通过率(%)	100	95~100	0~20	0~5

(3)其他化学处治材料,如低硅树脂等。以硅树脂密封剂材料为例,此种材料的性能应满足表4-6中的要求。

硅树脂密封剂材料技术要求　　　　　　　　　　　　表4-6

试验项目	极限值	试验方法
渗水试验(mm)	91	ASTMC-€39
挤出率(g/min)	75~250	ASTMC-603
凝固时间(min)	20~75	ASTMC-679
精确质量(kg/m³)	100.7~151.2	ASTMD-792

(4)预制成型的密封材料,如抗裂贴,压缝带等。

四、封缝施工技术

封缝的施工工序:

1. 施工前交通管制

施工前应严格制订并实施施工安全条例和交通管制办法。尤其应保证交叉路口、车流量大的路段以及其他一些特殊路段的安全条件。

施工人员必须注意路面施工时高速飞来的碎片、材料或是设备的一些潜在危险。施工人员必须具备安全帽、反光衣、长衣长裤、手套、防护眼镜以及听力保护装置。

2. 裂缝开槽

根据裂缝的具体情况,决定开槽的必要性和凹槽的尺寸;对于微缝和未成熟的裂缝,开槽填封不太合理也不经济,所以针对这种裂缝,省去"开槽"这一步骤。

使用宽深比大于或等于1的凹槽有助于提高填缝料性能。凹槽过宽会导致填缝料过多暴露,从而使不合格率增加,应保证凹槽宽度≤30mm。当裂缝太小,凹槽无法居中布置在裂缝上时,宽度和深度的建议值为:30mm×15mm、25mm×12mm、12mm×12mm。圆形或V形的凹槽易引起裂缝周围沥青混凝土的松散,因此应将凹槽切成正方形或矩形。

3. 裂缝清理

彻底清洁裂缝处的泥土、杂物,对裂缝进行干燥处理。

填装封缝料前需对裂缝进行清洁。大部分的材料破坏都是由于填缝料的黏结性不足而导致的破坏,而黏结性不足主要是由于裂缝未清洁彻底或裂缝潮湿引起的。裂缝的清洁应按照以下步骤进行:

(1)清除开槽时留下的灰尘、碎片等杂质

开槽时留下的碎石残片和松散的沥青混凝土碎片在封缝前要彻底清除。最好采用干燥无油的高压空气来完成这一步骤,干燥无油的高压空气能带走凹槽表面的潮湿水分。空压机装好油再装备一个除湿装置,需要产生至少700kPa的压力。在使用前,先使用空压机的软管喷头对准轮胎的侧面喷射,如果没有残留物则证明空气干燥无油。

(2)使用热空气枪加热、干燥凹槽表面

热空气枪不能替代清洁工作,它只是作一个补充。空气加热枪不是清洁工具,而且它的使用温度需在500℃以下。热空气枪的喷头需离裂缝或凹槽5~10cm。如果热空气枪温度太高会使凹槽过热,有可能造成填缝料黏附性变低。填缝施工在较冷(5~10℃)的地区开展时,热空气枪的使用非常有效。低温度施工时,特别要注意露水的影响。

(3)封缝料填装

选择合适的填缝材料,并按其使用方法和工艺要求进行施工。

高温或长时间加热都会导致封缝料老化,建议使用180℃以下短时间加热的方式。填缝料应尽可能使用厂商提供的最低温度加热(例如:施工温度建议175~195℃,则取175℃),避免重复加热和低温通宵加热。

封缝的结构形式可以是贴封式或是无贴封式,如图4-2所示。封条的作用是防止水分汇聚在封缝料冷却后留下的凹陷里。封条应突出凹槽边缘5~10mm。封条过大时,封缝料易被慢速行驶的车辆碾压过度从而发生破坏。封条厚度为2mm时最优,太厚的封条可能会在冬季施工时被铲雪车挖起。在寒冷的地区,封条厚度可以降到1.5mm。若施工时需要使用铲车,则应首选无贴封结构。

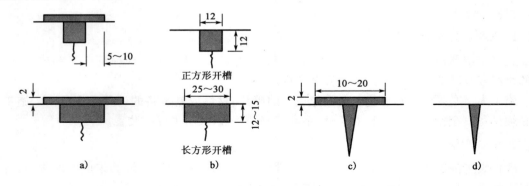

图4-2 贴封与无贴封结构尺寸示意图(尺寸单位:mm)
a)裂缝填封-贴封式;b)裂缝填封-无贴封式;c)裂缝密封-贴封式;d)裂缝密封-无贴封式

(4)封边修整

使填封材料最后成型,并使用吸收材料防止轮印和溜滑问题。

(5)养护

封缝完成后,将路面的碎渣清扫干净,在封缝料性能稳定后才可开放交通,开放交通的具体时间视现场情况与气温而定。

五、封缝施工质量检验

封缝施工交工验收要求参照表4-7执行。

裂缝封缝交工验收要求 表4-7

项　目		质量要求	检验频率	检验方法
表面质量	外观	表面平整、密实、均匀；封缝料表面光滑，无颗粒状胶粒、无轮迹、无划痕	处理路段连续	目测
	贴封条外观	封缝料贴封条边缘整齐、表面平整		
	开槽尺寸	开槽宽度≤30mm，宽深比≥1	处理路段随机抽样	游标卡尺
	封缝料宽度	贴封式≤50mm，无贴封式≤30mm。对于贴封式，封条应突出凹槽边缘5～10mm		
	封缝料高度	封缝料高于路面1.5～2.5mm		
路表渗水系数		封缝处不渗水	处理路段随机抽取	T 0971
国际平整度 IRI		要求裂缝处理前后，平整度降低率≤5%	处理路段连续	激光平整度仪或颠簸累积仪

第二节　雾封层与还原剂封层技术

一、概述

雾封层是将乳化沥青或改性乳化沥青以雾状喷洒在沥青路面上，封闭路面空隙，修复路面老化，改善路面外观的一种沥青路面养护技术。

还原剂封层是将还原剂喷洒或涂刷在路面上，并渗透进路面表层一定深度，起到封闭路面空隙，修复路面老化，改善路面外观的一种沥青路面养护技术。

雾封层和还原剂封层主要起到以下的预防性养护效果：

（1）封闭路面空隙和细微裂缝，"阻止"路表水的下渗，防止路面水损害的发生。

（2）改善路面外观。

（3）在路面表面形成保护层，延缓或者修复老化沥青，延长路面使用寿命。

二、雾封层与还原剂封层的适用性

雾封层与还原剂封层的适用条件主要考虑的是旧路表对封层材料的吸收效果。表面致密的路面无法充分吸收乳化沥青，将会在路表形成光滑表面，影响行车安全。因此雾封层只能用在乳化沥青渗透性好的沥青路面上，比如老化松散的热沥青混合料表面、碎石封层表面、开级配沥青混合料表面等。

雾封层技术主要用来处理沥青路面的渗水问题。雾封层一般在新路面通车后2～4年或者路面大修后1～2年时使用。在路面已发生轻微或中等程度的松散、有少量轻微非活动性裂缝、路表沥青氧化、沥青膜较薄，且原路面抗滑性能较好的情况下使用。并且雾封层也可作为临时性养护措施应用在轻交通或中等交通[大客车及中型以上的各种货车交通量≤1 500辆/（d·车道）]的道路上。

雾封层不能够修复车辙、基层失效、过多集料损失以及其他严重的路面损坏。

还原剂封层通常应用在沥青路面老化严重的路段上。在发生老化或损坏的旧路面上施工还原剂封层,将封闭路表开口空隙,填充微小裂纹,防止路表水的渗入;同时补充原路面的油分,使集料获得更厚的沥青膜,从而减小老化的速率。

雾封层应用后会降低路面抗滑性能,使用不恰当将会导致路面抗滑能力下降,造成路面光滑,影响行车质量,所以宜用在原路面抗滑性能优良的状况下,即 $SFC \geqslant 54$,$BPN \geqslant 55$,$TD \geqslant 0.8mm$。

考虑到雾封层和还原剂封层材料的渗透性及其作用,雾封层和还原剂封层施工的路面和气候使用性和局限性如表4-8所示。

雾封层和还原剂封层施工的适用性和局限性　　　　表4-8

适　用	作　用
已老化、损坏,表面粗糙、抗滑性能良好的路面	修复、再生、保护旧路面 抗滑参考值 $BPN \geqslant 55$、$TD \geqslant 0.8mm$
新铺碎石封层	固定碎石,保护封层
铣刨或者研磨的HMA表面	降尘、防止集料剥落
不　适　用	原　因
表面致密路面	乳化沥青无法吸收造成光滑表面
不满一年的新建路面	容易造成路面泛油
五年以下的改性沥青路面	老化不严重
OGFC路面	造成排水功能降低或丧失
低温(大气<10℃,路面<15℃)、雨天	影响破乳和渗透

三、雾封层和还原剂封层原材料的技术要求

1. 雾封层原材料的技术要求

雾封层所用材料通常为快裂型乳化沥青或者改性乳化沥青,其性能应满足《公路沥青路面施工技术规范》(JTG F40—2004)的相应要求。

普通乳化沥青类雾封层材料通常是乳化沥青和水的稀释液,其中乳化沥青可以是阳离子乳化沥青或者阴离子乳化沥青。

(1)阳离子乳化沥青

一般常用慢裂型阳离子乳化沥青的型号是CSS-1型和CSS-1h型。在某些情况下,可以采用CQS-1h(LMCQS-1h)型,这两种型号破乳更快。

CSS-1型乳化沥青是英文Cationic Slow Set Asphalt Emulsion(Contains Oil)的简称,即阳离子慢裂乳化沥青。它是用标准120-150 pen binder制备的高性能乳化沥青。CSS-1h型乳化沥青也是阳离子慢裂乳化沥青,但它是用标准AR2000 binder制备的高性能乳化沥青。CSS-1和CSS-1h乳化沥青技术参数见表4-9。

CSS-1 和 CSS-1h 型乳化沥青技术参数 表4-9

技术参数		指标值	
		CSS-1	CSS-1h
黏度(SFS,25℃)		20~100	
安定性5d(%)		≤5	
储存稳定性1d(%)		≤1	
电荷		阳性(+)	
筛上剩余(%)		≤0.1	
水泥拌和试验剩余(%)		≤2.0	
260℃蒸发残留物(%)		57	
蒸发残留物	针入度(25℃)(0.1mm)	100~250	40~90
	延度(25℃,5cm/min)(cm)	40	
	溶解度(三氯乙烯)(%)	97.5	

（2）阴离子乳化沥青

一般常用的阴离子乳化沥青型号是 SS-1 型和 SS-1h 型。

SS-1 型乳化沥青 SS-1 是英文 Anionic Slow Set Emulsion 的简称，即阴离子慢裂乳化沥青。它是用标准 120-150 pen binder 高分子改性制备的高性能阴离子乳化沥青。SS-1h 型乳化沥青 SS-1h 也是阴离子慢裂乳化沥青。它是用标准 AR 2000 binder 高分子改性制备的高性能阴离子乳化沥青。

2. 还原剂封层原材料的技术要求

还原剂封层所用的还原剂，通常是以沥青或者煤焦油为基础的特种材料，目前还没有相应的技术标准。例如美国某品牌沥青路面还原剂，分为煤焦油浓缩还原剂和沥青基浓缩还原剂两种类型。煤焦油浓缩还原剂由陶土和乳化煤焦油混合而成，沥青基浓缩还原剂由陶土和乳化沥青混合而成。这两种还原剂中都另外添加了特殊表面活性剂以形成超强的黏结能力和耐久性，可补充由于氧化及化学产品的侵蚀而损失掉的沥青，对沥青路面起到封面和防水的作用，保护和美化沥青路面，在施工时添加适当的集料可以形成防滑表层。

为满足还原剂封层的功能要求，还原剂封层材料应该具备以下基本性能。

（1）还原功能（或者称为"再生"功能）。沥青路面由于长期与空气接触，在环境因素如受热、氧气、阳光和水的作用下，沥青会发生一系列的挥发、养护、聚合，使沥青内部结构不断变化，性质也发生变化，导致沥青路用性能劣化，成为路面开裂、坑槽、剥落等路面病害的重要诱因。还原剂封层的一个重要作用就是"再生"，因此还原剂必须具有还原功能，可以将老化沥青的性能进行一定程度的恢复。

（2）渗透性能。沥青路面的老化主要是沥青材料的老化，而沥青材料的老化主要出现在沥青表层；随深度的增加，沥青老化程度迅速减缓。研究表明，在行车道路面上，由于行车的压密作用，一般仅在 0.5~1cm 深度内产生严重的老化现象；而 1cm 以下则老化要缓慢得多。因此，还原剂材料应具有一定的渗透功能，可以渗透到路表面以下一定深度。

(3)抗老化性能。还原剂材料直接洒布在路表面,直接承受紫外线、日照、氧气等的作用,需要具有良好的抗老化性能,否则会迅速老化而失去保护沥青路面的作用。

(4)抗滑性能。还原剂封层是路表功能层,还原剂材料直接与车轮接触。其抗滑性能直接关系到行车安全,因此必须具有良好的抗滑性能,不能造成路面抗滑指标的显著衰减。

(5)施工可操作性。还原剂材料必须具有良好的施工性能,黏度适中,不离析、不分层、易于喷洒。

四、雾封层和还原剂封层施工技术

雾封层和还原剂封层施工一般可按照以下工艺进行。

1. 材料选择

采用雾封层时,应选择合适类型的乳化沥青,确定适宜的洒布稀释比例,按照技术标准规范的要求对乳化沥青进行抽样检测,并确认乳化沥青稀释稳定性。乳化沥青必须在稀释后24h之内使用完。乳化液稀释液应采用离心机或者其他合适的泵进行搅拌以保证均匀性。施工时,应确认乳化沥青在适宜的温度范围内。乳化沥青稀释液一般加热到环境温度,最高不超过50℃。

采用还原剂封层时,应对原材料性能进行检验,确认满足设计要求,同时应评估还原剂对沥青的还原能力,确定适宜的洒布率。如果需要撒布细集料,细集料的规格应满足规范要求。

2. 洒布设备检查与标定

沥青洒布车应处于良好工作状态,喷洒管高度适宜,喷嘴与洒油喷洒管成15°~30°夹角,喷嘴无堵塞,洒布压力正常,确认洒布时同一点有2~3个喷油嘴喷洒沥青,并对洒布率进行标定。

3. 确定洒布率

乳化沥青或还原剂洒布率一般可以采用如下方法确定:将1L稀释乳化沥青或还原剂均匀的倾倒在1m²的路面上,如果乳化沥青或还原剂没有完全被表面吸收,那么应减少乳化沥青或还原剂的用量,在另外1m²的路面上继续试验;重复这个步骤,直到找到合适的洒布量。如果路表看上去能够吸收更多的乳化沥青或还原剂,那么应增加乳化沥青用量,重复试验直到找到合适的洒布量。

通常情况下,交通量小、空隙率大及贫油的路面,乳化沥青或还原剂用量要适当增加;交通量大的路面,应减少乳化沥青或还原剂用量;光滑、空隙率小、富油的路面上应避免进行雾封层和还原剂封层(有抗滑处理措施的除外)。

4. 原路面处理

施工前应对需要处理的病害完成处治,并对路面进行清洁,要求路面清洁、干燥。

5. 喷洒施工

采用喷洒设备匀速进行喷洒施工,确保洒布均匀、外观整齐划一。洒布的起点和终点位置应预铺油毛毡,保证边缘整齐。为避免材料污染车道线,可在施工前对车道线进行遮蔽;如果出现条纹状洒布或者材料泄露时,应立即停止施工进行检查。

喷洒施工应在符合路表温度和气温要求(一般气温应在15℃以上)的条件下进行;大风天气会给喷洒作业带来困难,有可能在有降水的情况下不得施工。

6. 开放交通

雾封层和还原剂封层在施工后应封闭交通进行养生,待干燥后方可开放交通。

五、雾封层和还原剂封层施工质量检验

雾封层和还原剂封层施工过程质量控制的关键是洒布率的控制。

雾封层施工完后,应进行抗滑试验、构造深度试验、渗水试验,保证封层起作用。如果检测结果不达标,禁止开放交通,应及时采取补救措施。

如需尽早开放交通,为防止黏轮,可在雾封层上撒布细砂罩面,用量在$1kg/m^2$左右。在施工完成后,进行抗滑试验和渗水试验。

施工检查项目、要求及方法如表4-10所示。

雾封层交工验收检验要求 表4-10

项目		质量要求	检测方法	检测频率
抗滑性能	摩擦系数(BPN)	高速公路、一级公路≥42	T 0964/JTG D50—2006	5个点/km
	构造深度(mm)	高速公路、一级公路≥0.55	T 0961/JTG E60—2008	5个点/km
渗水测试	渗透系数(ml/min)	不渗	T 0971	5个点/km

对于还原剂封层除应满足表4-10中所列的要求外,还应同时满足表4-11和表4-12的要求。

施工后30d——还原剂封层验收检验要求 表4-11

项目		质量要求	检测方法	检测频率
表观质量	外观	表面黝黑、均匀、湿润、美观	目测比较	全线连续
	裂缝	无发丝裂缝	目测	全线连续
抗滑性能	摩擦系数	基本不变:对比试验结果基本一致	T 0964	5个点/km
	构造深度	基本不变:对比试验结果基本一致	T 0961	5个点/km
渗水测试	渗透系数	不渗	T 0971	5个点/km
沥青性能改善	渗透深度	≥0.4mm	目测(用刀剖比较)	5个点/km
抗燃油测试	破坏程度	无破坏迹象	滴燃油,目测比较	1个点/km

亦可取芯测试沥青性能,比较三大指标(T 0604,T 0605,T 0606)的改善或沥青混合料肯塔堡飞散试验比咬黏结性的改善(T 0733-2000)

施工后1年——还原剂封层验收检验要求　　　　表 4-12

项　目		质量要求	检测方法	检测频率
表观质量	外观	表面仍黑、均匀、美观	目测比较	全线连续
	裂缝	无发丝裂缝	目测	全线连续
抗滑性能	摩擦系数	基本不变： 对比试验结果基本一致	T 0964	5 个点/km
	构造深度	基本不变： 对比试验结果基本一致	T 0961	5 个点/km
渗水测试	渗透系数	不渗	T 0971	5 个点/km
沥青性能改善	渗透深度	>6mm	目测（用刀剔比较）	5 个点/km
抗燃油测试	破坏程度	无破坏迹象	滴燃油，目测比较	1 个点/km

亦可取芯测试沥青性能，比较三大指标（T 0604，T 0605，T 0606）的改善或沥青混合料肯塔堡飞散试验比较黏结性的改善（T 0733—2000）。

第三节　稀浆封层和微表处

一、概述

稀浆封层是用适当级配的石屑或砂、填料（水泥、石灰、粉煤灰、石粉等）与乳化沥青、外掺剂和水，按一定比例拌和而成的流动状态的沥青混合料，将其均匀地摊铺在路面上形成的沥青封层。这种混合料的稠度较稀，铺筑厚度一般在 3～10mm 之间，主要起防水或改善恢复路面功能的作用。根据矿料级配的不同，稀浆封层可以分为：细封层（ES-1）、中封层（ES-2）和粗封层（ES-3）三种。

微表处是用适当级配的石屑或砂、填料（水泥、石灰、粉煤灰、石粉等）与聚合物改性乳化沥青、外掺剂和水，按一定比例拌和而成的流动状态的沥青混合料，将其均匀地摊铺在路面上形成的沥青封层（图4-3 和图4-4）。微表处可以有效地防止路表水的下渗，提高路面的抗磨

图 4-3　刚摊铺的微表处

图 4-4　微表处混合料合适的浆型

耗性能和抗滑性能并同时完成对车辙的修复。微表处开放交通时间的长短依工程所处环境的不同而变化,通常在气温为24℃,湿度为50%(或更小)的状况下可以在1h内开放交通。按照矿料级配的不同,微表处可以分为MS-2型和MS-3型两种。

微表处的养护时间由一般稀浆封层的4~5h缩短为1.5~2.5h,适应高速公路车流量大的特点;使用寿命一般为4~6年,可延长原路面使用寿命一般为3~5年。

微表处和稀浆封层的差别在于:是否使用了改性的乳化沥青;是否可以填补车辙;是否可以迅速开放交通。

二、稀浆封层和微表处的适用性

1. 稀浆封层的适用性

由于稀浆封层的铺筑厚度很薄,根本起不到补强层或整平层的作用,一般用于二级及二级以下公路的预防性养护,也适用于新建公路的下封层。

ES-1型细粒式封层沥青用量较大,因而混合料有较好的渗透性,有利于治愈裂缝,可用于基层的保护层或下封层以及气候温暖、交通量低的乡村地方道路面层。

ES-2型中粒式封层混合料有足够的细粒料,适用于路面平整度好,路面贫油及轻微网裂路面,也可作为下封层或桥面防水层。

ES-3型粗粒式封层表面粗糙,适用于大交通量路段。

在稀浆封层的沥青乳液中可掺入不同颜色的乳状液,铺筑彩色稀浆封层。

当路面的强度或承载能力不能满足交通荷载的基本要求时、沥青路面出现泛油或水泥混凝土路面出现断板等病害时、路面结构层出现反射性开裂时,不能采用稀浆封层技术。

2. 微表处的适用性

微表处仅能用于结构性能良好、不存在结构性病害的路面,主要用于高速公路及一级公路的预防性养护以及填补轻微车辙,也适用于新建公路的抗滑磨耗层。应用前,必须修复原路面裂缝、坑槽病害,在旧路面裂缝较多的情况下(裂缝率5%≤CR≤20%),宜考虑结合应力吸收层一起使用。微表处可修复路面车辙、松散、泛油病害,显著提高路面的抗滑能力。级配设计良好的微表处可完全不渗水,达到保护路面结构、封堵路面微小空隙、修复路面轻微裂缝的目的。

MS-2型微表处,公称最大粒径为4.75mm,适用于轻交通或中等交通[大客车及中型以上的各种货车交通量≤1 500辆/(d·车道)]的高速公路,以及一、二级公路的罩面。

MS-3型微表处,公称最大粒径为9.5mm,适用于高速公路、一级公路的罩面和车辙填充。

微表处技术主要用于道路表面层以及以下几方面:

(1)高速公路的抗滑表层和车辙处理。

(2)城市快速路和主干路的表面抗滑、低噪声、美观处理。

(3)公路重交通路面,重载及超载车多的路段,解决渠状车辙,公路弯道、匝道、被迫、交叉路口。

(4)在水泥混凝土路面上起到磨耗层作用,可治理表面磨光、露骨,提高平整度,降低渗水率。

(5)机场停机坪道面,可以耐磨,抗变形,显著减少集料的飞散量。

(6)立交桥和桥梁桥面,特别是钢桥面铺装在治理病害、改善表面状况的同时,不会过多的增加桥身自重。

三、稀浆封层和微表处材料的技术要求

1. 乳化沥青的技术要求

乳化沥青既包括普通乳化沥青,也包括改性乳化沥青。在高速公路或桥隧结构上应用稀浆封层,尽可能选用改性乳化沥青,若在低等级道路的砂石路面上加铺稀浆封层,可选用普通乳化沥青。

乳化沥青是石油沥青与水在乳化剂、稳定剂等的作用下经乳化加工制得的均匀沥青产品,也称沥青乳液。

改性乳化沥青是在制作乳化沥青的过程中同时加入聚合物胶乳,或将聚合物胶乳与乳化沥青成品混合,或对聚合物改性沥青进行乳化加工得到的乳化沥青产品。

微表处选用的改性乳化沥青必须满足"慢裂快凝"的要求,必须保证稀浆混合料有足够的可拌和时间,还要满足尽快成型、开放交通的要求。

在乳化沥青中,水是分散介质,沥青是分散相,为了使水和沥青混合均匀,必须加入乳化剂使溶液稳定存在。表面活性剂(乳化剂)的分子结构是由易溶于沥青的亲油基团和易溶于水的亲水基团所组成。这两个基团具有把油水两相联结起来而不使其分离的特殊功能。

沥青乳化的方法有多种,例如自然扩散法、超声波法、机械分散法等。其中机械分散法具有效率高、速度快、产量大、调节容易等优点,因此成为工业生产中的主要乳化方法。

使用机械分散法制作乳化沥青,就是通过机械作用将沥青在热熔状态下以细微颗粒分散到乳化剂水溶液中的过程。这一过程需要机械力的作用,以实现对沥青相的破碎和分散。沥青乳化机可达到这一目的,它是沥青乳化设备的"心脏"。

目前大量使用的沥青乳化机主要是胶体磨。胶体磨是通过定子和转子之间的高速相对转动所产生的剪切力而起到研磨、分散沥青的作用。按照整机结构的不同,胶体磨可以分为立式和卧式两类;按照磨体形状、液体流向等的不同,还可以分为齿形锥面胶体磨、平面同心槽式胶体磨、光滑锥面胶体磨等。胶体磨由定子与转子之间的间隙可调,可以生产出不同粒径的乳化沥青。乳化沥青及改性乳化沥青技术指标见表4-13。

乳化沥青及改性乳化沥青技术指标要求 表4-13

试验项目		单位	乳化沥青			改性乳化沥青
			阳离子	阴离子	非离子	阳离子
			BC-1	BA-1	BN-1	BCR
破乳速度		—	慢裂或中裂	慢裂或中裂	慢裂	慢裂
粒子电荷		—	阳离子(+)	阴离子(-)	非离子	阳离子(+)
筛上残留物(1.18mm筛) ≥		%	0.1	0.1	0.1	0.1
黏度	恩格拉黏度计 E_{25}	—	2~30	2~30	2~30	3~30
	道路标准黏度计 $C_{25,3}$	S	10~60	10~60	10~60	12~60

续上表

试验项目		单位	乳化沥青			改性乳化沥青
			阳离子	阴离子	非离子	阳离子
			BC-1	BA-1	BN-1	BCR
蒸发残留物	残留分含量 ≮	%	55	55	55	60
	溶解度 ≮	%	97.5	97.5	97.5	97.5
	针入度(25℃)	0.1mm	45~150	45~150	60~300	40~100
	软化点 ≮	℃	—	—	—	53
	延度(15℃/5℃) ≮	cm	40	40	40	20
与粗集料的黏附性,裹附面积 ≮			—	—	—	—
与粗、细粒式集料拌和试验		—	均匀	均匀	—	—
水泥拌和试验的筛上剩余 ≮		%	—	—	3	—
常温储存稳定性	1d ≯	%	1	1	1	1
	5d ≯		5	5	5	5

注:1. B为拌和型,C、A、N分别表示阳离子、阴离子、非离子乳化沥青;BCR为改性稀浆封层和微表处用。
2. 黏度可选用恩格拉黏度计或沥青标准黏度计之一测定。
3. 延度试验温度,乳化沥青选用15℃,改性乳化沥青选用5℃。
4. 表中的破乳速度、与集料的黏附性、拌和试验的要求与所使用的石料品种有关,质量检验时应采用工程上实际的石料进行试验,仅进行乳化沥青产品质量评定时可不要求此三项指标。
5. 储存稳定性根据施工实际情况选用试验时间,通常采用5d,乳液生产后能在当天使用时也可用1d的稳定性。
6. 当用于填补车辙时,BCR蒸发残留物的软化点宜提高至不低于55℃。

2. 集料的技术要求

稀浆封层和微表处应选择坚硬、粗糙、耐磨、洁净的集料。集料中的超粒径颗粒必须筛除。若集料的最大粒径过大,在施工过程中会很容易出现刮痕、凹坑和离析等现象。若集料洁净程度较差,乳化沥青的破乳会变快,也会很容易造成刮痕、凹坑和离析等现象。稀浆封层和微表处混合料用粗细集料质量要求见表4-14。

稀浆封层和微表处混合料用粗细集料质量要求　　表4-14

材料	项目	稀浆封层	微表处	试验方法	备注
粗集料	石料压碎值(%)	≤28	≤26	T 0316	
	洛杉矶磨耗值(%)	≤30	≤28	T 0317	
	磨光值(%)(BPN)	—	≥42	T 0321	
	坚固性(%)	≤12	≤12	T 0314	
	针片状含量(%)	≤18	≤15	T 0312	
细集料	坚固性(%)	—	≤12	T 0340	
	砂当量(%)	≥50	≥65	T 0334	合成矿料中<4.75mm部分

注:1. 细集料宜采用碱性石料生产的机制砂或洁净的石屑。
2. 稀浆封层用于四级以下公路时,粗细集料的质量要求可参照《公路沥青路面施工技术规范》(JTG F40—2004)适当放宽。

微表处填充车辙用集料应包含两档料:0~5mm、5~10mm。微表处罩面用集料应包含三档料:0~3mm、3~5mm和5~10mm。当条件受限时,也可以采用两档料:0~5mm、5~10mm。

稀浆封层和微表处的矿料级配组成应满足表4-15要求。

稀浆封层和微表处混合料用矿料级配要求 表4-15

筛孔尺寸(mm)	不同类型通过各筛孔的百分率(%)				
	微表处		稀浆封层		
	MS-2型	MS-3型	ES-1型	ES-2型	ES-3型
9.5	100	100		100	100
4.75	95~100	70~90	100	95~100	70~90
2.36	65~90	45~70	90~100	65~90	45~70
1.18	45~70	28~50	60~90	45~70	28~50
0.6	30~50	19~34	40~65	30~50	19~34
0.3	18~30	12~25	25~42	18~30	12~25
0.15	10~21	7~18	15~30	10~21	7~18
0.075	5~15	5~15	10~20	5~15	5~15
一层的适宜厚度(mm)	4~7	8~10	2.5~3	4~7	8~10

3. 填料的技术要求

稀浆封层中的填料,不仅填充混合料的空隙,还可以调节混合料稠度,提高封层强度与耐久性。因此,稀浆封层的填料最好选用普通硅酸盐水泥,也可用磨细粉煤灰代替。

矿粉的主要作用是改善矿料级配。水泥、消石灰等具有化学活性的填料的主要作用是调整稀浆混合料的可拌和时间、成浆状态和成型速度等。

微表处矿料中可以掺加矿粉、水泥、消石灰等填料。填料应干燥、疏松,无结团,并应符合《公路沥青路面施工技术规范》(JTG F40—2004)中的相关要求。

填料的掺加量必须通过混合料设计试验确定。

4. 混合料的技术要求

稀浆封层和微表处混合料配合比设计应充分考虑使用要求、原路面状况、交通量、气候条件等因素,选择适当的材料类型。

稀浆封层和微表处混合料的室内试验指标应满足表4-16中的要求。

稀浆封层和微表处混合料技术要求 表4-16

项 目	单 位	微表处	稀浆封层	试验方法
可拌和时间	s	>120		手工拌和
稠度	cm	—	2~3	T 0751
黏聚力试验 30min(初凝时间) 60min(开放交通时间)	 N·m N·m	 ≥1.2 ≥2.0	(仅适用于快开放交通的稀浆封层) ≥1.2 ≥2.0	T 0754
负荷轮碾压试验(LWT) 黏附砂量 轮迹宽度变化率[1]	 g/m² %	 <450 <5	(仅适用于重交通道路表层时) <450 —	T 0755

续上表

项　目	单　位	微表处	稀浆封层	试验方法
湿轮磨耗试验的磨耗值(WTAT) 浸水 1h 浸水 6d	g/m² g/m²	<540 <800	<800 —	T 0752

注：[1]负荷轮碾压试验(LWT)的宽度变化率适用于需要修补车辙的情况。

四、稀浆封层和微表处施工技术

稀浆封层和微表处施工工艺流程如图 4-5 所示。

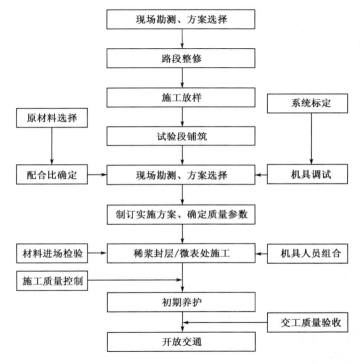

图 4-5　稀浆封层和微表处施工工艺流程

1. 施工前准备工作

（1）摊铺机的标定

摊铺机是稀浆封层和微表处机械化施工的最关键设备，摊铺机采用的是体积计量方式，而混合料配合比设计得出的是各组分材料的质量比例，因此需要对摊铺机进行标定，建立质量与体积间的关系。

（2）原路面的病害处治与清扫

原路面的整体水稳性和热稳性是否良好，是保证施工后路面稳定性的基本因素，为保证路面施工质量，必须对原路面病害进行彻底处理，施工前应确保原有路面表面平整、密实、清洁。

微表处施工前应使路面表面保持清洁。因此，必须配备足够的清扫设备，如：扫路机、高压水设备、高压气泵等。

施工时应采用适当方法将路面上的检查井、阀门箱、跌水式进水口及其他公用设施遮住，避免受到施工材料的污染。桥梁伸缩缝一般可不做处理。

(3) 放样画线

根据路幅全宽，调整摊铺箱宽度，使施工车程次数为整数。据此宽度从路缘开始放样，一般第一车均从左边开始，划出走向控制线。目前大多数施工企业一般不做放样画线，而是直接以车道线、路缘石等为参照，摊铺方向可以保证。

(4) 交通管制

施工过程的交通管制十分重要，一方面是为了保证施工人员和机具安全，另一方面也可以防止车辆驶入未成形的路面，影响路表美观。

(5) 气候条件

施工能否进行的气候条件：养护成型期内气温大于10℃，雨后路面积水未干或未清除之前不可施工；如果施工成型期内可能会下雨，也不宜施工。

2. 施工作业工序

(1) 根据施工路段的路幅宽度，调整摊铺槽宽度，应尽量减少纵向接缝数量，在可能的情况下宜使纵向接缝位于车道线附近。

(2) 将符合要求的各类材料装入摊铺车内。

(3) 将装好料的摊铺车开至施工起点，对准控制线，放下摊铺槽，调整摊铺槽使其周边与原路面贴紧，如图4-6所示。

(4) 按生产配合比和现场矿料含水率情况，依次或同时按配合比输出矿料、填料、水、添加剂和乳液，进行拌和。

(5) 拌好的混合料流入摊铺槽并分布于摊铺槽达到适量时，开动摊铺车匀速前进；在需要时同时打开摊铺车下边的喷水管，喷水湿润路面。

图4-6 微表处施工

(6) 摊铺速度以保持混合料摊铺量与搅拌量基本一致为佳。微表处施工时保持摊铺槽中混合料的体积为摊铺槽容积的1/3～1/2；稀浆封层施工时保持摊铺槽中混合料的容积为摊铺槽容积的1/2～2/3。

(7) 稀浆混合料摊铺后的局部缺陷，应及时使用橡胶耙等工具进行人工找平。找平的重点是：个别超粒径粗集料产生的纵向划痕，横、纵向接缝等。在进行桥面微表处施工时，桥梁毛勒缝处微表处摊铺后应立即由专人沿原缝位置进行清缝，缝的位置应与原缝位置相对应。

(8) 当摊铺车内任何一种材料快用完时，应立即关闭所有输送材料的控制开关，让搅拌器中的混合料搅拌完，并送入摊铺槽。摊铺完后，摊铺车停止前进，提起摊铺槽，将摊铺车移出摊铺点，用水清洗摊铺槽。施工中不得随意抛掷废弃物。

(9) 采用双层摊铺或者微表处车辙填充后再做微表处罩面时，首先摊铺的一层应至少在行车作用下成型24h，确认已经成型后方可再进行第二层摊铺，如图4-7所示。

（10）微表处车辙填充时，应调整摊铺厚度，使填充层横断面的中部隆起 2~3mm，形成冠状，以考虑行车压密作用。

（11）当改性乳化沥青蒸发残留物含量和矿料含水率发生变化时，必须调整摊铺车的设定，确认材料配合比符合设计配合比后才可继续施工。

（12）初期养护：

①慢裂型乳化沥青一般常需要 2~4h 才能破乳固化成型。稀浆混合料铺筑后，在初期养护期内，禁止一切车辆和行人通行。

图 4-7　破乳后微表处

②稀浆封层和微表处一般不需要压路机碾压，可由行车进行压实。但在某种特定条件下或在低交通量的路段要用小吨位压路机碾压，也可采用轮胎压路机碾压。

对填充车辙的微表处混合料，为提高其抗车辙能力，需进行碾压。碾压一般采用小吨位（<12t）的胶轮压路机，碾压遍数以 1~2 遍为宜。

③混合料能够满足开放交通的要求后应尽快开放交通。

五、稀浆封层和微表处施工质量检测

1. 稀浆封层施工质量检测

稀浆封层的质量检验，一般应经过一个夏季的行车后进行。检验项目、标准及方法规定如表 4-17 所示。

稀浆封层质量的检验标准　　　　　表 4-17

检测项目		规定值或允许偏差	检验方法
厚度		±2mm	每 1 000m² 为一段，每段路中及两侧各测一处
宽度		不小于设计规定，且不大于 10cm	每 100m 用尺抽查三处
横坡度		±0.5%	每 100m 用水准仪测量三处
平整度		不大于 5mm	每 100m 用 3m 尺检查一处，每处连续量 10 尺，每尺检一点
油石比		±0.5%	每 1 000m² 检测一处抽提试验
透水系数		不大于 5ml/min	每 100m 二处，用 60cm 变水头渗透仪测定
摩擦系数	高速公路、一级公路	52~55	用摆式仪测定摆值
	二级公路	47~50	
	三、四级公路	≥45	
构造深度	高速公路、一级公路	0.6~0.8mm	每 100m 测 5 处，用推砂法测定
	二级公路	0.4~0.6mm	
	三级公路	0.2~0.4mm	

稀浆封层的外观要求：

（1）表面应平整、密实，无松散、无轮迹。

(2)纵、横缝衔接应平顺,外观颜色均匀一致。
(3)与其他构造衔接应平顺,无污染。
(4)摊铺范围之外无流出的稀浆混合料。
(5)表面粗糙,无光滑现象。

2. 微表处施工质量检测

(1)微表处施工过程质量检验要求(表4-18)

微表处施工过程质量检验要求 表4-18

项 目	要 求	检测频率	检验方法
稠度	适中	1次/100m	经验法
油石比	设计油石比±0.3%	1次/日	三控检验法
矿料级配	符合设计要求	1次/日	摊铺过程中从集料输送带末端接出集料筛分
外观	表面平整、均匀,无离析,无划痕	全线连续	目测
WTAT 浸水1h 浸水6d	不大于540g/m² 不大于800g/m²	1次/周	

(2)微表处竣工验收标准

工程完工后1~2个月时,检验项目、频率、要求及方法见表4-19所示。

微表处竣工验收检验要求 表4-19

项 目		质量要求	检验频率	方 法
表观质量	外观	表面平整、密实、均匀、无松散、无花白料、无轮迹、无划痕	全线连续	目测
	横向接缝	对接平顺	每条	目测
	纵向接缝	宽度<80mm;不平整度<6mm	全线连续	目测或用直尺 3m直尺
	边线	任意30m长度范围内的水平波动不得超过±50mm	全线连续	目测或用直尺
抗滑性能	摆值F_b(BPN)	高速公路≥55	5个点/km	T 0964
	横向力系数	高速公路≥54	全线连续	T 0965
	构造深度TD (mm)	高速公路≥0.6	5个点/km	T 0961
	渗水系数	不渗	3个点/km	T 0971
	厚度	±10%	3个点/km	钻孔

第四节 碎 石 封 层

一、概述

碎石封层是一种在喷洒沥青类结合料后立即撒布一定粒径的粗集料,经碾压而形成的薄层封层。

按照施工层次的多少,碎石封层可以分为单层碎石封层、双层碎石封层和多层碎石封层等不同的类型。按照材料、施工工艺、应用场合等的不同,碎石封层还包括应力吸收膜封层(SAM)、应力吸收膜黏结层(SAMI)、土工布增强碎石封层、同步碎石封层、三明治封层等多种不同的类型。单层碎石封层是指喷洒一层沥青结合料、撒布一层集料后碾压形成的封层。集料的撒布可以是一次完成,即单层碎石单层结合料的碎石封层,也可以分两次完成,即先撒布一层粗集料,碾压后再撒布一层细的嵌缝料。双层碎石封层是指喷洒两层沥青结合料,撒布两层集料后碾压形成的封层。三明治碎石封层则是首先撒布一层碎石,用钢轮压路机压稳后喷洒第一层沥青结合料,然后撒布第二层碎石,用轮胎压路机碾压而成的碎石封层。两层碎石像面包片一样将沥青夹在中间,故称为三明治封层。

此外,根据材料和工艺的不同,碎石封层还衍生出许多类型。例如澳大利亚广泛采用的土工布增强碎石封层,首先在原路面上洒布一层黏层油,铺设土工布并碾压牢固,然后在上面铺筑碎石封层。美国、南非等地采用橡胶沥青碎石封层、纤维碎石封层等,以提高碎石封层的路用性能。法国等地则对施工设备进行改进,将碎石撒布与沥青洒布予以集成,形成同步碎石封层技术。同步撒布石料与结合料,可以在较高温度的结合料尚未冷却的条件下及时与碎石黏结,从而改善碎石的黏结强度。

同步碎石封层是指用专用设备即同步碎石封层车将单一粒径的石料及沥青胶结料几乎同时洒布在路面上,在胶轮压路机或自然行车碾压下,使胶结料与石料之间有最充分的表面接触,以达到它们之间最大限度的黏结性,从而形成保护原有路面的沥青碎石磨耗层。

同步碎石封层的工作原理是利用专门的施工设备——同步碎石封层机,将流体沥青与洁净干燥的均匀石料几乎同时喷洒在路面上,保证沥青与石料在最短时间内完成结合,并在外荷载作用下不断提高强度。同时,由于流体沥青的表面张力,使沥青沿石料表面向上爬升,爬升高度约为石料高度的 2/3,并在石料的表面形成一个半月面,使石料被沥青裹覆的面积约达 70%,有足够的结合强度。同步碎石黏结强度现场示意图如图 4-8 所示,现场施工如图 4-9 所示。

二、碎石封层的适用性

碎石封层有其独特的结构特点:沥青是连续相,碎石紧密排列,卡嵌进沥青膜中。同步碎石封层主要对公路表面进行养护,主要功能为封闭裂缝,可修复原路面的裂缝、松散、老化等病害,并提供抗滑性能优越的罩面层。但单层碎石封层不适宜修复原路面的车辙病害。可用于高速公路、普通公路、城市道路及乡村公路的养护,也可用于新建道路的基层磨耗层,取代热铺沥青。

由于碎石封层的这种结构特点,使得其具有特殊的技术优越性。

图 4-8　同步碎石黏结强度示意图

图 4-9　同步碎石施工图

（1）卓越的抗滑性能。碎石封层中,粗集料颗粒紧密排列,"镶嵌"表面,形成很大的宏观构造深度,雨水可以通过表面连通的构造空隙迅速排走,因此具有卓越的抗滑性能。

（2）良好的封水效果,可以有效防止路表水下渗,减少路面水损害。碎石封层中的沥青是连续相,它像一层"雨衣"罩在路面表面,形成密不透水的封水层。

（3）对原路面要求低,使用寿命长。由于沥青在碎石封层底面形成连续相,使得碎石封层随从原路面变形的能力强,且具有有效阻止原路面病害向上反射的作用。

正是由于碎石封层具有上述技术优势,在我国最适合以下场合。

（1）低等级、轻交通量道路的建设,可在简单处理过的基层（如石灰土、天然砂砾）上直接铺设双层碎石封层作为路面。这样的路面结构形式,一方面可以大幅度降低筑路成本,有效缓解公路建设资金紧缺问题；另一方面,可以迅速增加我国公路网的覆盖范围,有利于"乡乡通油路,村村通公路"目标的尽早实现,对于经济发展相对落后的农村地区和中西部地区有特殊重要意义。

（2）普通公路沥青路面的预防性养护。碎石封层可以修复路面轻度的裂缝和松散,可以延缓路面老化,缓解路面水损害,增强路面抗滑,是一种经济、有效的沥青路面预防性养护方法。

（3）新建公路沥青路面的表层磨耗层。碎石封层技术的设备简单,施工工艺简便,无须复杂的混合料设计,材料生产方面也没有任何困难。

碎石封层的缺点主要表现在以下方面：

（1）需要一定的养生时间。

（2）开放交通初期可能会出现碎石飞溅现象,对汽车玻璃造成安全隐患。

（3）在碎石封层上行车噪声较大。

（4）碎石封层表面粗糙,对行车舒适性没有改善作用。

三、碎石封层原材料的技术要求

1. 胶结料

根据类型、使用场合、施工季节、环保要求、施工习惯等的不同,碎石封层可以选择（改性）

乳化沥青、稀释沥青、改性沥青、再生乳化沥青等不同的沥青结合料,其中乳化沥青和稀释沥青应用最为普遍。考虑到环保要求,稀释沥青在不断被乳化沥青所取代。

碎石封层一般很少采用聚合物改性沥青、橡胶沥青,主要原因是聚合物改性沥青和橡胶沥青的黏度大,喷洒困难,与石料的可黏结时间短。

同步碎石封层技术的领先性能很高,但对适用沥青没有特别严格的要求,可以使用不同的沥青胶结料,如软化纯沥青、聚合物改性沥青、乳化沥青、聚合物改性乳化沥青、稀释沥青等。

同步碎石封层所用胶结料无论是沥青或者乳化沥青都必须有足够的黏结性,以保证一定的黏结强度;要有足够的爬升高度,以保证一定的裹覆面积;要具有较宽的适用性,以保证与石料的配伍性。

2. 石料

碎石封层用集料可以是轧制碎石或烧制的人造集料,要求干净、耐磨、形状好,满足相应的技术要求。

石料的选择标准主要体现在以下三方面:

(1)硬度,必须要有足够的硬度来抵挡交通磨损。在相对重载车较多、车流量较大的情况下,集料的硬度尤为重要。压碎值小于14%,对石料酸碱性无特殊要求。

(2)级配,碎石封层最理想的集料是单一粒径(集料几乎全部集中在两个相邻尺寸的筛上)的集料。在该技术成熟的国家(如法国、南非等),采用如下标准来限制集料的粒径:$d \geqslant 0.6D$(d 和 D 分别表示同种规格集料的最小和最大粒径尺寸),并以此给出了所用集料的粒径范围:4~6mm、6.3~10mm、10~14mm。比较常用的粒径范围为 4~6mm、6~10mm 两种。为了保证碎石与沥青的牢固黏结,碎石中应尽量不含粉料。碎石封层用集料的 0.075mm 通过率一般不应超过1%,并严格经过水洗风干。

当采用双层或多层碎石封层时,每一层的集料也以单一粒径为佳;但不同层次集料的粒径应有所不同,上层石屑封层的最大公称粒径一般不得大于下层石屑封层集料的1/2。

(3)形状,所用集料的形状要尽可能接近立方体,避免针片状结构,以保证集料在沥青中达到合适的嵌入深度。针片状石料严格控制在15%以内,几何尺寸要好,具有凹凸不平的表面。

四、同步碎石封层施工技术

碎石封层的施工十分简便,主要包括原路面准备、施工机械的标定、沥青和石料的洒布、碾压、清扫和开放交通等七个步骤。

1. 原路面的准备

同步碎石封层前要对原路面进行认真清扫,保证施工路段的干燥和干净。铲除原路面的塑性标志。对原路面的局部超过同步碎石处理范围之外的病害进行预处理(如修补坑槽、灌缝等)。

2. 施工机械的标定

正式施工前,应把同步碎石封层机的喷洒棒调到合适高度,喷油嘴与喷洒棒成 15°~30°夹度,确定适宜的行驶速度,以保证施工参数与室内试验效果相一致。

3. 原材料准备

使用改性沥青作黏结料时,为保证雾状喷洒而形成均匀、等厚度的沥青膜,必须保证沥青的温度在160~170℃范围内。乳化沥青的洒布温度一般在70~80℃范围内。同步碎石封层用碎石应进行水洗,或者用沥青进行预拌或者用沥青拌和楼进行除尘、干燥加热至130~140℃。

4. 沥青和石料的洒布

同步碎石封层机应以适宜的作业速度(一般为5~7km/h)匀速行驶,在此条件下碎石同沥青的撒布量必须匹配。

同步碎石封层施工后,对局部有遗漏和集料缺少等情况进行人工修补,修补的重点是起点、终点、纵向接缝。

5. 碾压

紧跟全幅碾压至少2遍(全幅碾压一遍指在全幅范围内同一个碾压带上向前和向后各碾压一次),每次碾压重叠碾压宽度的一半。施工中至少配有2台16~20t胶轮压路机,压路机不得洒水、随意制动或掉头。碾压时应遵循先两边后中间、先慢后快的原则,碾压速度不应超过2.5m/s。

6. 清扫

碾压完毕后,应用清扫机或人工方法将松散碎石清除出路面。

7. 开放交通

在开放交通前,要保证路面有充足的时间养生成型,防止新铺筑的碎石封层路面遭到破坏。

五、同步碎石封层施工质量检验

国内关于同步碎石封层的质量评价和验收的标准主要来源于热沥青罩面。国内外资料与实践表明,构造深度和基于视觉的评价将成为检验同步碎石封层质量的主要思路。同步碎石封层质量验收指标如表4-20所示。

同步碎石封层质量验收指标　　　　表4-20

检查项目	检查频率(每幅行车道)	质量要求或允许偏差	试验方法
外观	全线	密实、不松散	目测
厚度	1点/200m	±5mm	钻芯或其他有效方法
宽度	20断面/1km	不小于设计宽度	用尺量
沥青用量	2点/1km	±6%	抽提
石料用量	2点/1km	±6%	抽提
石料剥落	4点/1km	<10%	现场测值
渗水系数	1点/1km	≥5mL/min	渗水仪

第五节　薄层罩面与超薄罩面

一、概述

薄层罩面与超薄罩面是相对于传统罩面而言的,顾名思义就是厚度很薄的罩面,但是厚度为多少便称是薄层或是超薄罩面,目前尚无十分严格的界定。法国是国际上采用薄层沥青混凝土路面的代表性国家。在法国,薄沥青混凝土面层(BBM)的定义为:用纯沥青或改性沥青、集料及可能的添加剂(矿质的或有机的)制成的混合料,摊铺厚度在 30~40mm。在美国,一般认为薄层沥青混凝土的厚度应为 15~30mm。国内道路工程界通常把压实厚度在 2cm 以内的热拌沥青混合料罩面称为超薄罩面;将压实厚度为 2~3cm 的热拌沥青混合料罩面称为薄层罩面。

尽管薄层罩面与超薄罩面的界定标准不尽相同,但是厚度减薄必然对其性能提出更高要求。为满足薄层与超薄罩面施工及工后路用性能的要求,薄层罩面和超薄罩面技术一般应具备以下技术特点。

(1)易密实。薄层罩面与超薄罩面施工中,混合料由于厚度小、热量散失快,达到较高的密实度往往比较困难。为适应薄层或超薄罩面施工密实的需要,在施工设备方面,近年来出现了专门为压实薄层路面设计的高频低幅振动压路机,其振幅接近 0.2mm,频率达 70Hz;在材料方面,近年来出现了沥青温拌技术,该技术可以使沥青混合料在不降低路用性能的前提下降低施工温度 30℃ 以上,且可碾压温度范围较广,从而显著改善混合料的压实特性。

(2)牢固黏结。

①薄层罩面与超薄罩面层必须与原路面牢固黏结。为了增强罩面层与原路面的黏结,在施工工艺方面,薄层罩面与超薄罩面的施工往往需要喷洒黏层油。国外的 Novachip® 技术则更是将黏层油喷洒装置集成到沥青混合料摊铺车上,在几乎与黏层油喷洒的同时摊铺沥青混合料,十分有利于改善层间黏结。在施工设备方面,国外开发了双层摊铺机,实现两层沥青混合料同时摊铺、同时碾压,实现两层之间的热黏结。

②集料与结合料之间应该牢固黏结。为此,薄层罩面或超薄罩面经常使用聚合物改性沥青,有的还要添加其他添加剂,以提高混合料性能。

(3)表面抗滑性能良好。薄层罩面与超薄罩面是表面功能层,直接与车轮接触,要求有良好的抗滑性能。为此,集料选择要严格要求石料磨光值、压碎值、磨耗值、针片状含量等指标;级配设计则应采用间断级配,以提高罩面层的宏观构造深度。

薄层罩面与超薄罩面可以提供卓越的抗滑性能,同时可修复路面的轻微裂缝、松散、老化等病害,并可减少行驶噪声,增强路面的横向排水能力。

薄层罩面按照所采取的施工方法不同,可以分为冷薄层罩面、热薄层罩面和温薄层罩面三种。冷薄层罩面就是将乳化沥青或者改性乳化沥青和砂石材料在常温下拌和均匀、摊铺、压实的一种工艺。温薄层罩面是一种拌和温度介于热拌沥青混合料(150~180℃)和冷拌(常温,10~40℃)沥青混合料之间,性能达到或接近于热拌沥青混合料的一种工艺。热薄层罩面是在原有路面上加铺一层厚度不超过 2.5cm 的热拌沥青混合料。按热薄沥青混凝土面层的厚度,可将其分为三种,即薄沥青混凝土面层 25～30mm;很薄沥青混凝土面层 20～25mm;超薄沥青混凝土面层 15～20mm。

Novachip®技术是使用专用设备 Novapaver 将 15～25mm 厚的 Novabinder(断级配热拌改性沥青)混合料摊铺在一层 Novabond 膜(聚合物改性乳化沥青黏层)上。特种改性乳化沥青黏结层 Novabond 喷洒与改性热沥青混合料 Novabinder 摊铺同时进行,经压路机压实以后一次成型。Novachip 技术的核心在于:

(1)特种改性乳化沥青黏层油。该黏层油的特点为:高黏度、高固含量、快裂和改性。高黏度保证了黏层油的喷洒厚度;高固含量避免了过多的水分影响黏层油的黏结作用;快裂则是缩短乳化沥青保持乳液状的时间,同样有利于其尽快形成黏结力;改性则是为了提高破乳之后沥青与集料间的黏结作用。

图 4-10 Novachip 专用的摊铺车

(2)专用的摊铺设备(图 4-10)。该设备的基本特点是将改性乳化沥青黏层油喷洒装置集成到了沥青摊铺车上,实现改性乳化沥青黏层油与热拌沥青混合料的同步施工,从而具备了以下两个优势:

①避免了分离施工时的层间污染;

②新喷洒的改性乳化沥青黏层油,在随后紧跟摊铺的热拌沥青混合料的加热以及压路机的碾压下爬升,从而对断级配的集料起到牢固黏结作用。

(3)特殊的矿料级配。采用特殊的断级配,可保证理想的宏观构造深度。Novachip 矿料级配为典型的断级配,它由 70%～80% 的单一粒径碎石、20%～30% 的细集料及填料组成。其级配曲线与 SMA 类似,但结合料与填料含量要低一些。与连续级配结构相比,Novachip 超薄罩面具有粗糙的纹理(图 4-11),且混合料本身透水,具有优越的抗滑性能;但与开级配结构相比,它含有更多细集料,从而有更好的力学稳定性与抗剪能力。

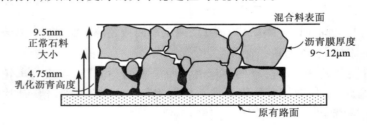

图 4-11 Novachip 超薄罩面构造示意图

二、薄层罩面与超薄罩面的适用性

罩面维修主要用于消除破损、完全或部分恢复原有路面的平整度、改善路面性能。

冷薄层罩面在常温下便可施工,不需要对材料加热,但冷拌沥青混合料相对于热拌沥青混合料品质较差,因此不能用于高等级公路面层罩面,只适合于低交通量的道路。

温薄层罩面主要应用于沥青路面表面功能的恢复,主要是抗滑性能的恢复;或提高沥青路面表面功能;路面车辙、裂缝病害的综合处治;原沥青路面表面的保护,延长道路的使用寿命。

热薄层罩面主要应用于路面有裂缝、出现变形破坏(车辙、拥包等)、表面破坏(松散剥落、坑洞、泛油、表面磨光等)及其他破坏(冻胀、翻浆)等情况。

薄层热拌沥青混凝土作为预防性养护措施,不能提高原路面结构承载能力,应用在原路面结构性能良好,没有结构性损坏的路段。施工前必须认真修复原路面裂缝、坑槽、修补损坏等破坏,对于厚度大于1.5cm的车辙应预先填充。并且,在混合料摊铺前需要喷洒黏层沥青,黏层沥青宜优先采用热沥青。

薄层热拌沥青混凝土相对于其他类型预防性养护措施总体上具有更好的耐久性、抗车辙、抗裂能力,并能显著提高原路面的平整度水平,修复原路面轻微病害,提供优良的服务性能。根据薄层热拌沥青混凝土级配类型的不同,其具体的应用条件也有所差别。

AC-13C 沥青混合料,具有造价低,施工技术易于掌握等优点,在对高温稳定性和抗滑性能没有更高要求的情况下,应首选作为薄层热拌沥青混凝土罩面级配类型。

OGFC-10 沥青混合料,具有更好的抗滑性能和路面横向排水性能,它能显著减少雨天路面水雾,降低行驶噪声,防止车辆打滑。OGFC-10 常应用在需显著提高路面抗滑能力或路面横向排水不畅的路段。另外,OGFC-10 的造价较高,尘土易污染堵塞空隙,因此,易适时地进行人工冲洗作业。

SMA-10 沥青混合料,具有更强的车辙抵抗能力和耐久性能,造价也相对较高,可应用于对抗车辙能力有更高要求的路段。

超薄罩面可适当提高路面的平整度水平,但当路面平整度水平相对较低时,如 IRI>2.3,超薄磨耗层对于平整度水平的提高可能帮助不大。

当路面裂缝密度较大时,如 20%≤CR≤50%,需在设置应力吸收层后再进行超薄磨耗层的施工。

三、超薄罩面材料的技术要求

NovaChip® 由粗集料构成骨架,细集料和沥青混合形成胶泥,填料可以是石灰、水泥等。Novabond 是特种改性乳化沥青防水黏结层,以密封旧路面防水和保证 Novachip® 混合料与旧路面的牢固黏结。

1. 改性乳化沥青黏层

Novabond 为 Novachip 系统专用改性乳化沥青黏层油,采用特殊的配合比进行设计,能够实现热沥青混合料层和下承层的有效黏结。壳牌公司针对其提出的技术要求见表4-21。

Novabond 改性乳化沥青 表4-21

试验项目		技术要求	试验方法	
赛波特黏度试验(50℃,s)		20~100	T 0623—1993	ASTMD244
储藏稳定性试验(24h,%)		≤1	T 0656—1993	ASTMD244
筛上剩余量试验(%)		≤0.05	T 0652—1993	ASTMD244
蒸馏固含量试验(%)		≥65	—	ASTMD244
蒸馏后石油馏分(%)		≤2	—	ASTMD244
破乳速度	35mL,0.02N,CaCl$_2$	≥40	—	ASTMD244
	35mL,0.8%,气溶胶 OT	≥40	—	ASTMD244

续上表

试验项目		技术要求	试验方法	
蒸发残留物性质	针入度(25℃,100g,5s),(0.1mm)	60~150	T 0604—2000	ASTMD5
	溶解度(三氯乙烯),(%)	≥97.5	T 0607—1993	ASTMD2042
	延度(10℃,5cm/min),(cm)	≥40	T 0605—1993	ASTMD113
	弹性恢复(10℃),(%)	≥60	—	AASHTO T301

2. Novabinder 改性沥青

Novabinder 性能必须满足 Novachip 系统整体设计要求,以实现系统的路用性能,同时,Novabinder 必须满足表 4-22 性能要求。

Novabinder 沥青技术要求 表 4-22

试验项目		技术要求	试验方法	
针入度(25℃,100g,5s)(0.1mm)		≥50	T 0604—2000	ASTMD5
软化点 TRAB(℃)		≥65	T 0606—2000	ASTMD36
密度(15℃,g/cm³)		实测	T 0603—1993	ASTMD70
延度(5℃,5cm/min),(cm)		≥20	T 0605—1993	ASTMD-113
离析,48h 软化点差(℃)		≤2	T 0661—2000	ASTMD5976
旋转黏度(135℃)(Pa·s)		≤3	T 0625—2000	ASTMD4402
弹性恢复(25℃)(%)		≥75	T 0662—2000	ASTMD6084-97
RTFOT 后残留物	质量变化(%)	≤1	T 0610—1993	ASTMD2872
	针入度比(25℃)(%)	≥60	T 0604—2000	ASTMD5
	延度(5℃,5cm/min)(cm)	≥15	T 0605—1993	ASTMD-113

3. 集料

Novachip® 的石料必须接近立方体形状,针片状石料要严格控制,石料的耐久性要好。当 Novachip® 应用于高速公路和一级公路时,粗集料的各项指标在符合相关规范标准的同时,还应符合表 4-23 中的标准,细集料应满足表 4-24 中的标准。

Novachip 粗集料技术要求 表 4-23

项 目	标 准	试验方法	备 注
石料压碎值(%)≤	26	T 0316	—
洛杉矶磨耗损失(%)≤	28	T 0317	
表观相对密度≥	2.60	T 0304	
吸水率(%)≤	2.0	T 0304	
石料磨光值(%)≥(BPN)	42	T 0321	
坚固性(%)≥	12	T 0314	
针片状含量(%)≤	15	T 0312	

Novachip 细集料技术要求　　　　　　　　　　　　　　　　　　　　　表 4-24

项　　目	标　　准	试验方法	备　　注
表观相对密度≮	2.50	T 0328	—
坚固性（>0.3mm 部分）(%)≯	12	T 0340	—
含泥量（<0.075mm 部分）(%)≯	3	T 0333	—
砂当量(%)≮	60	T 0334	—
亚甲蓝值(g/kg)≯	10	T 0346	—
棱角性(%)≮	40	T 0345	—

4. 矿料级配范围

Novachip 超薄罩面有 A、B、C 三种矿料级配类型，对应的公称最大粒径分别是 4.75mm、9.5mm、12.5mm，摊铺厚度为 1.5 倍的公称最大粒径。其级配范围见表 4-25。

Novachip 薄层罩面矿料级配范围　　　　　　　　　　　　　　　　　　表 4-25

混合料类型	下列筛孔(mm)的通过率(%)										沥青用量(%)
	19.0	12.5	9.5	4.75	2.36	1.18	0.6	0.3	0.15	0.075	
A 型	—	—	100	40~55	20~30	15~25	8~16	6~12	5~10	4~7	5.0~5.8
B 型	—	100	80~100	25~35	23~30	12~22	8~16	6~12	5~10	4~7	4.8~5.6
C 型	100	85~100	60~80	25~35	23~30	12~22	8~16	6~12	5~10	4~7	4.6~5.6

级配 A 比较密实，在一般路面上应用得比较少，在机场道路用得比较多；级配 B 应用比较广泛，相比级配 A 的构造深度要大、摩擦性能要好；级配 C 主要应用在大交通量的路面上，提供的构造深度更大、摩擦性能更好。

5. 混合料的技术要求

目前还没有室内试验方法可以模拟薄层或超薄罩面摊铺的情况，因此 Novachip 混合料的设计主要是经验法。在美国，混合料最佳用油量的确定是基于沥青膜厚度要求，同时在该沥青膜厚度的沥青用量下混合料满足析漏指标和抗剥落等指标要求。为了检验设计级配下沥青混合料的抗水损害的能力，有时还会按照改进的 AASHTO T283 试验方法对混合料进行水稳定性检验。

Novachip 混合料应满足表 4-26 所示的技术要求。

Novachip 混合料技术要求　　　　　　　　　　　　　　　　　　　　　表 4-26

项　　目	技 术 要 求	项　　目	技 术 要 求
空隙率(%)	13~18	矿料间隙率(%)	>23
沥青膜厚度(μm)	10~12	粉胶比	1.0~1.2
沥青剥落率(%)	<25	析漏率(%)	0.15

四、超薄罩面施工技术

NovaChip® 超薄罩面施工与普通沥青混凝土施工并无明显差异。施工设备中除摊铺设备为专用设备外，沥青混合料的生产、拌和、碾压设备也与传统沥青混凝土施工设备相同。

Novabond 黏层沥青在 60~80℃ 的温度下喷洒,喷洒量需精确计量。Novabond 的理想喷洒量,A 型混合料为 $0.6 \sim 0.8 L/m^2$,B 型混合料为 $0.7 \sim 1.0 L/m^2$,C 型混合料为 $0.8 \sim 1.2 L/m^2$,针对具体项目,由专业实验室设计喷洒量。

五、超薄罩面施工质量检验

超薄罩面完工后,宜按照表 4-27 的要求进行交工验收。

超薄罩面交工验收要求   表 4-27

检查项目		检查频度(每一幅车行道)	质量要求或允许偏差	试验方法
厚度	代表值	5 点/km	设计值的 -5%	T 0912
	极值	5 点/km	设计值的 -10%	T 0912
平整度	标准差	全线连续	1mm	T 0932
	IRI	全线连续	1.6m/km	T 0933
宽度	有侧石	20 断面/km	±20mm	T 0911
	无侧石	20 断面/km	不小于设计宽度	T 0911
纵断面高程		20 断面/km	±10mm	T 0911
横坡度		20 断面/km	±0.3%	T 0911
中线偏位		20 断面/km	±20mm	T 0911
压实度	代表值	5 点/km	试验段密度的 99%,最大理论密度的 93%~97%	T 0924
	最小值	5 点/km	试验段密度的 98%,最大理论密度的 92%	T 0924
构造深度		5 点/km	≥0.8	T 0961
摩擦系数摆值		5 点/km	≥55	T 0964

第五章
沥青路面再生

第一节 概 述

在过去的十几年间,我国公路建设发展迅速。国内早期修建的部分高等级公路已相继进入大修阶段,使得每年翻修的沥青路面产生了超过上百万吨的沥青废料。为了有效回收利用,以达到环保低碳经济的要求,实现集约型社会可持续发展的目的,废旧沥青材料的再生利用技术也就随之相应开展。沥青路面再生分类见图5-1。

一、沥青路面再生利用技术发展概况

沥青路面的再生利用最早可追溯到1915年的美国,当时的研究成果或经验极少。1973年石油危机爆发,道路工程再生技术才重新引起各国的重视和关注。与此同时,一方面由于大型冷铣设备的发展与使用,广泛地采用铣刨方式处理车辙严重、开裂面积大,以及桥面、隧道等不可能在原基础上进行加铺路面的路段;另一方面基于环保理念,为了综合利用废旧资源,沥青路面再生利用技术开始得到深入的研究,并取得了丰硕的成果。

美国对沥青路面的再生利用技术研究开展得较早,1975年回收并再生沥青路面废料为5万t,1978年超过500万t,到20世纪80年代末美国再生沥青混合料的用量占全部沥青混合料生产的50%,而且在再生剂开发、再生混合料设计、施工设备等方面的研究日趋深入。联邦德国、法国、荷兰、芬兰等欧洲国家于20世纪70年代中期开展了再生技术研究,联邦德国是最

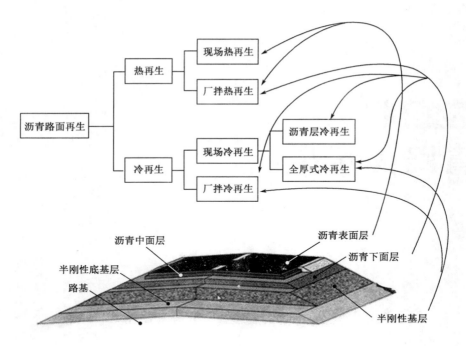

图 5-1　沥青路面再生分类

早将再生料应用于高速公路路面养护的国家,研究成果居欧洲之首,1978 年实现了全部废弃材料的回收利用。日本道路协会在 1984 年出版了路面再生利用技术指南,截至目前路面废料再生利用率为 70%。

从欧美等发达国家沥青路面再生利用技术研究发展状况来看,再生实用性是研究的重点,他们在再生沥青混合料路用性能等方面积累了丰富的数据,各种挖掘、铣刨、破碎、拌和等机械设备配套齐全,已经形成了一整套再生混合料利用的技术体系。

我国在 20 世纪 50~70 年代曾利用废旧沥青混合料来修路,但均作为废物利用。1983 年建设部下达"废旧沥青混合料再生利用"研究项目,在 3 年的时间内铺筑了 3 万 m² 以上的试验路。其后,沥青再生技术方面研究基本处于停滞状态。近几年,我国早期铺筑的高等级公路开始大规模养护与改建,沥青路面再生利用技术再一次成为道路工程的热点问题。2000 年沈大高速公路营口段开展了旧沥青路面材料再生试验研究。2002 年以来京津塘、沪宁、石安、京珠湖北段、呼包高速公路大中修工程中采用沥青路面现场热再生技术进行表面作业。2003 年,广佛高速公路改造工程首次应用温拌热再生技术。

二、沥青路面热再生的技术优势

沥青路面再生利用技术有多种技术形式,厂拌热再生技术属于结构性再生,就地热再生工艺属于道路表层修复。再生沥青混合料能够达到常规沥青混合料各项路用性能指标,并且抗车辙性能高,满足高等级公路沥青路面各个层次使用性能的要求。

由于沥青路面废料能够全部利用,路面再生利用技术有利于保护环境,减少废旧材料占地和新材料的开采量,并能够节约新沥青用量,尤其在砂石材料短缺地区,再生利用技术还可节省大量的运输费用,大幅降低了工程造价。国内相关研究数据显示,再生沥青混合料节省

41%~51%的材料费,工程造价降低2%~5%,与国外的经验数据大体一致。目前,沥青路面是国内公路路面的主要结构形式,据统计,全国高速公路每年维修产生220万t沥青路面废料,如能将路面废料再生利用,可节省3.5亿元材料费,预计到2015年这一数字将达15亿元,由此可见,沥青混合料的再生利用技术具有显著的经济效益和环境效益。

三、沥青路面再生设备的发展概况

沥青路面热再生技术的发展离不开各类铣刨设备与再生设备性能的提高。利用铣刨机热铣或冷铣刨路面并整平是路面结构破碎方法之一,它可分层将沥青混合料剥离。在铣刨机发展进程中,热铣刨因旧料重新黏结、工作效率低等缺点,使得冷铣法逐渐代替热铣成为主流机型。冷铣设备的性能主要体现在削切宽度、深度、以及与削切深度有关的工作速度和生产率等主要几个指标。目前,国内冷铣设备以削切宽度2m的铣刨机为主,动力大,装配有大直径旋转刀具和自动坡度控制系统,工作过程运行平稳,铣刨后的路面纵断面和横坡都能够达到规定的要求。

沥青路面就地热再生成套设备利用了热铣刨的方式,具有强制搅拌与摊铺整形的功能。该设备可直接对旧沥青路面加热并铣刨,将热铣刨料进行现场热再生和整形。这项技术能够保持原有路面的级配,并视旧沥青混合料老化程度和原设计级配来调整最佳油石比和级配,能够大幅节省材料成本。

厂拌热再生设备总体可分为改装间歇式拌和混凝土设备和滚筒式拌和混凝土设备两大类,改装间歇式拌和混凝土设备以增设第二烘干筒的方案为主,由于旧混合料加热后的黏性大,计量精度控制不准确,且旧沥青混合料加热和搅拌时间不充足,因此,在生产能力、旧料添加、混合料均匀度以及环保等方面多数不能够达到理想状态。滚筒式拌和设备先后经过了10多种设备构思和试验研究,最终双滚筒再生系统以整体结构简单、旧料添加比例高显示了其突出的技术特点。由于间歇式沥青混凝土搅拌设备的"二次筛分"对级配的控制只限于粗集料,只要在原材料的生产、供应环节严格把关,连续式沥青混凝土搅拌设备和间歇式搅拌设备拌制沥青混合料没有本质上的差异。其次,连续式双滚筒再生搅拌设备新旧料的掺配比例可达50%~70%,因此以双滚筒再生设备取代间歇式沥青搅拌楼必将成为趋势。美国ASTEC公司推出了连续式配料和连续强制搅拌双重优点的"双滚筒"再生搅拌设备,搅拌时间长达60~90s,冷态计量沥青回收料,计量精确度高,混合料搅拌均匀。国内已有单位引进了"双滚筒"连续式沥青混凝土再生搅拌设备。

沥青路面热再生技术及设备适用于沥青路面养护时的不同需求,因而,为满足不同再生方式的需求,可以灵活地选择各类设备。

四、再生剂的概况

旧沥青再生是沥青老化的逆过程,通过加入一定比例的再生剂或新沥青来提高老化沥青流变指数和降低其黏度。沥青热再生过程有一个沥青旧料与新集料预混与扩散的过程,使得新旧沥青相混、渗透、扩散,令旧沥青得到再生。因此,再生剂要求具有良好的流变性质,同时为保证再生剂和老化沥青之间具有足够的渗透能力,其黏度较低。

国外从20世纪70年代开始沥青再生剂的研制工作,产品大多为树脂类化合物与石油工业合成油分的混合物。目前再生剂品种繁多,成分主要以轻质油分为主,性能指标主要以芳香分含量、25℃流变指数、25℃黏度和抗老化等参数反映。广佛高速公路改造工程采用低一级标号的道路石油沥青替代再生剂使用，也取得了良好的效果。

第二节　现场热再生

一、现场热再生的适用性

现场热再生工艺相对传统的维修工艺有许多优点，如可节约资源、保护生态环境、减少维修带来的交通干扰、降低运输成本等，但现场热再生工艺并不能适用处理所有类型的路面病害，应用再生工艺不仅取决于路面的病害类型，也取决于损坏的程度和范围，现场热再生工艺具体适用条件如表5-1所示。

现场热再生工艺适用条件　　　　　　　　　　表5-1

项目		使用条件	应用时的注意点
旧沥青混凝土路面的平均厚度(cm)		>5	要确保翻松时不得将非沥青混合料翻松
车辙深度	沥青混合料向两侧的挤压变形(cm)	<5	采用加铺法时，沥青混合料向两侧挤压所形成的车辙深度上限一般为3cm；采用复拌法时，沥青混合料向两侧挤压变形成车辙深度超过3cm时应事先切削掉超过3cm的凸起部分
	磨耗(cm)	<3	当面层的沥青混合料质量满足使用要求时，可采用加铺法；当事先进行部分切削或整平时，车辙上限可达7cm
龟裂率(%)		<40	如果仅仅是表层龟裂，不受此限制；当局部破损到达联结层以下时，应事先修补
旧路面沥青的针入度(0.1mm)		>20	采用重铺法时，针入度下限为30cm

此外，由于沥青混凝土路面现场热再生需要使用大型的专用机械，施工时的机械组长达50~100m，所以施工现场需满足以下条件：

（1）要具有发挥现场热再生特长的足够的工程规模。

（2）要确保现场的施工条件，一组施工机械通过时间约60~90min，还要加上养生时间，需要中断施工地点一个车道的交通。

二、现场热再生的施工工艺

根据路面的破损情况和对修复后路面质量等级的不同要求，现场热再生工艺主要有以下四种。

1. 整形法

整形是重新整形道路断面的过程，用现场热再生设备将旧路面加热到一定的温度，把路面耙松，然后整平、预压实，最后用压路机碾压，完成路面的修复工作，其工艺流程如图5-2所示。整形再生的主要目的是消除表面的不规则变形和裂缝，也可以用来恢复路面表面至合理的线形、等级和横坡度,以保证合适的排水,表面摩阻力也可以得到一定改善。表面再生还可以成功消除反射裂缝。如果在加铺前立即使用加热机加热路面,那么可以有效地改善旧路面层的黏结性能。

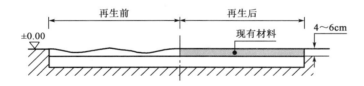

图 5-2 整形法

表面再生是现场热再生技术最简单的工艺,其组成如下:
(1)干燥和加热现有道路上面层。
(2)翻松已加热、软化的沥青道路。
(3)按照设计要求和生产配合比加入再生剂。
(4)拌和松散的再生混合料。
(5)用自由悬浮式刮铺机撒布和摊铺再生混合料。
(6)用常规 HMA 压路机和程序碾压再生混合料。

旧沥青路面的干燥和加热、软化可使用一台或多台加热设备,多台预热机相互接近以使热渗透最大化。预热设备现在大多采用间接辐射和红外加热,其优点是减少挥发性排出物和对沥青的损害。大多加热机以丙烷或类似的压缩气体作燃料。影响热量传递给沥青道路的三个变量为:①热源的最高温度;②路面温度及环境状况;③路面暴露于热源的时间。

为使加热道路对现有沥青无明显损害,则需要较低热源或较长加热时间。这可通过减缓热源在道路上的前进速度或增加热源数量来实现,但这样又会因降低生产率而增加成本;同时,也可以通过使用额外的预热机使生产率最佳化。预热设备应提高处理区域温度的均匀性,而不会使现有道路的任何局部过热或烧焦。翻松材料的温度经拌和后应平均最低在110℃,最高在150℃。

预热机后直接紧跟的是加热、翻松设备。该设备进行最终加热并翻松已软化的沥青路面。一些设备上的耙齿是气动或液压传动以使下面层的破碎最小化,且能够越过障碍如检查井盖、混凝土结构等。表面再生的翻松深度一般为 20~40mm,最常见的是 25mm。翻松厚度在一定程度上可通过改变弹簧张力、调节耙齿上的气动/液压力或改变设备的前进速度来控制。

如果需要再生剂,通常是通过与设备前进速度联系的计算机控制系统来加入到松散的沥青路面。当设备起停时,阀门会有效地控制再生剂。再生剂用量根据老化沥青状况、再生剂类型和配合比设计的要求确定,一般 0~2L/m²。

再生剂装运在随车携带的储存罐中且通常加热到接近供应商推荐的最高使用温度,这样可提高再生剂在松散材料中的分散度。如果再生剂是乳化沥青,它将吸收翻松材料的热能以加热和蒸发乳化水。因此,翻松材料的温度需要稍许提高以弥补水分蒸发的热能损失。

再生剂加入到翻松的材料中后,将拌和成均匀的再生混合料。再生剂有时会在翻松沥青路面前加入,在这种情况下,耙齿不仅翻松而且拌和沥青路面。

表面再生通常是用于消除路面不平整、裂缝和恢复路面纵坡和横断面。因此,常用自由悬浮式刮铺设备整平和撒布再生混合料。刮铺机通常采用人工控制以确保设备前部有充足的材料可用。

再生混合料整平后用常规 HMA 压路机复压。轮胎式压路机通常用于初压,而双筒振动压路机用于终压。一些承包人使用静力钢轮压路机碾压。由于再生混合料下部的既有沥青道路是热的,因此与再生混合料之间可以进行热结合,且压路机有足够的时间获得所需的压实度。压实的道路降温之后,便可开放交通。

2. 重铺法

重铺是在整形后的路面上再铺设一层新的沥青混合料,然后用压路机同时压实整形层和新铺层的工艺方法(图 5-3)。此方法可以恢复路面的抗滑阻力、修整车辙、改善道路横坡和沥青路面强度。重铺工艺可以用来矫正 25~50mm 的缺陷,例如较小的车辙、收缩裂缝和剥落等。当整形不足以将路面恢复至理想的状态或者常规的热拌沥青加铺不符实际或无必要时,便可采用重铺法,而且该方法与常规的热拌沥青混凝土加铺工艺相比,成本要小得多。

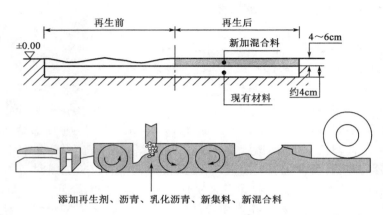

图 5-3 重铺工艺

重铺法适用于:

(1)单独使用表面再生和复拌工艺不能恢复道路纵断面或表面要求,如摩擦系数。

(2)当常规 HMA 加铺作业不可行时。

(3)需要极薄 HMA 或专用混合料作磨耗层时。

(4)需要一定厚度的道路补强,即 50mm 或更少。

重铺法分为单阶段法和多阶段法。单阶段法中,现有沥青道路进行再生,且 HIR 车组最后的设备在刮铺但未碾压的再生混合料上摊铺新 HMA 混合料的整体加铺层,以便两层一次性碾压。

在多阶段法中,HIR 车组最后的设备用于刮铺和摊铺再生混合料。单独铺路机紧随其后,并在未碾压的再生混合料上摊铺常规 HMA 或专用混合料。再生混合料和新加铺层材料作为一厚层碾压。

现有沥青道路的处理厚度取决于所使用的方法,一般为 25~50mm,处理厚度也与所需摊铺的整体 HMA 加铺层或专用混合料厚度有关。整体加铺层和下面的再生混合料综合总厚度大于 75~100mm 将增加摊铺、碾压和整平的困难,通常使用 25~50mm 再生层厚度和 25~50mm 整体加铺层厚度。

无论是单阶段法还是多阶段法,重铺车组目前已在世界范围的工程中广泛使用,其主要组成为:①现有道路的 HIR;②同时或随后摊铺新 HMA 或专用混合料;③使用常规 HMA 压路机和程序同时碾压再生混合料和新材料。

重铺的生产率与前述表面再生和复拌工艺相同。现有沥青道路再生的设备、程序和问题已在表面再生和复拌部分进行了讨论,并适用于重铺法。新 HMA 或专用混合料由标准双轴货车供给 HIR 车组最后一个设备或常规铺路机。如果 HIR 车组是采用单阶段法摊铺整体加铺层,新材料通过设备从装料斗运来,并在第二次或最终整平前撒布在已经整平的再生混合料上。

在多阶段法中,新 HMA 直接供给常规 HAM 铺路机装料斗,并用标准 HMA 施工程序摊铺。用常规 HMA 压路机完成压实,通常由轮胎式压路机初步碾压和双筒振动钢轮机最终碾压组成。

3. 复拌法

复拌工艺是用现场热再生设备将旧路面加热到一定温度后翻松,通过材料输送装置将翻松后的材料送入搅拌器,同时把特别配制的新沥青混合料、新沥青或再生剂按适当的比例也加入搅拌器,由搅拌器将新旧材料拌和均匀,然后摊铺、整平、预压实,最后用压路机碾压成型,如图 5-4 所示。此方法可改善现有沥青路面材料的特性,修复老化和不稳定的磨耗层,改善道路横坡,增强道路强度,也可以将磨耗层改造为黏结层,然后再覆盖新的磨耗层。当重铺工艺不足以恢复路面至理想的性能时,可以使用这种工艺。该工艺能有效地消除路表面 50mm 内出现的车辙、裂缝和老化变硬。

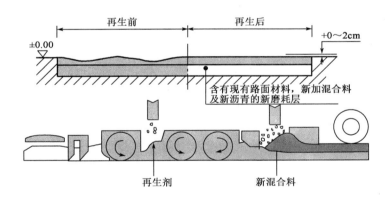

图 5-4 复拌重铺工艺

复拌法适用于以下情况:

(1)现有沥青道路性能需进行重大改善以纠正特定的道路破损,选择合适外掺料与再生剂改变级配、摩擦系数、沥青用量、沥青流变性、混合料稳定度和混合料空隙性能。

(2)再生混合料用作更高交通量道路的磨耗层。

(3)需适当量的道路补强,厚度为 20mm。

复拌法分为单阶段法与多阶段法。单阶段法中,现有沥青道路持续加热、软化,然后在全处理厚度内进行一次性翻松。单阶段法的处理厚度通常是 25～50mm,最常用的是 40mm。

多阶段法中,现有沥青道路按次序加热、软化并进行多层翻松,通常是 2～4 层。将第一层翻松的材料堆成料堆以便加热、软化下一层。多阶段法的处理厚度通常是40~75mm,最常用的是50mm。

现场热再生复拌车组目前已在世界范围的工程中广泛使用,无论是单阶段法还是多阶段法,其主要组成为:①现有路面的干燥和加热;②翻松加热、软化的沥青道路;③按配合比设计要求和生产配合比加入再生剂与外掺料或HMA;④彻底混合成均匀再生混合料;⑤使用常规HMA压路机和程序压实再生混合料。

复拌法生产率的变化很大,取决于与表面再生相同的变量,以及添加的外掺料的用量和复拌处理厚度。生产率一般为1.5~11.0m/min。

现有沥青道路的干燥和加热、软化操作,使用与表面再生相同模式的一台或多台预热设备进行。

单阶段法中,松散的材料直接进入由搅拌器或拌和筒构成的拌和室,该工艺的一种变化情况是松散材料在进入拌和室前需进一步在加热搅拌设备中加热和干燥。

多阶段法中,松散料堆在下一加热设备下部经过或通过传送机传递到下一设备的加热室。传送机的速度是可控制的,以便与HIR车组前进速度匹配。按这个程序继续,直到达到所需复拌处理厚度并将所有松散材料送入拌和室。当送入拌和室时,松散混合料的平均温度应为120~150℃范围内。

对于所有的复拌设备,再生剂、外掺料或新HMA应按实测数量在拌和之前加入。再生剂的添加应尽早以延长其在老化沥青中的分散时间。

外掺料或新HMA经由标准双轴货车送到拌和室前的某个设备前端的装料斗加入到HIR车组。为了提供可靠准确的控制,外掺料与再生剂通过与HIR车组前进速度关联的计算机控制系统来加入到松散材料中。当设备起停时,阀和继电器为再生剂与外掺料提供绝对控制。外掺料与其用量取决于老化沥青的状况、再生剂的类型和配合比设计的要求。再生剂掺加量范围为$0~2L/m^2$,外掺料的最大用量为再生混合料质量的30%或55kg。

与表面再生一样,再生混合料用系在拌和设备上的自由悬浮式刮铺机或单独的HMA铺路机摊铺。可用常规HMA压路机压实,通常由轮胎压路机初步碾压和双筒振动钢轮压路机终压。

4. 复拌加铺法

复拌加铺工艺是复拌和重铺工艺的综合,该工艺是加入再生剂改善旧路面沥青和沥青混合料的性能,同时加入新的沥青混合料,使新旧沥青混合料在再生沥青混凝土路面上同时形成一层全新的沥青混凝土面层。该工艺包括标准的复拌方法,添加或不添加新沥青,以及再生层上磨耗层的摊铺,该工艺通过在再生层上摊铺高质量的薄磨耗层,能够得到优良的路用性能,同时也能节省大量材料。

5. 施工时应注意的问题

(1)交通管制

①交通管制、夜间值班与前场安全工作必须有专门的交管人员负责。

②每天施工时必须提前在拟定作业路段按规范要求设置各类标志标牌和锥形标。

③交管人员必须在保护区内不间断巡查,发现标志损坏、移位等及时修复。

④加强交通管制,严格禁止社会车辆进入施工保护区,并认真做好交警、路政、施工三方

协调工作,各负其责。

⑤作业结束待路面冷却后,交管人员应逆车流方向拆除设置的标志标牌等。

⑥施工车辆和设备要有醒目的标志,所有施工人员必须穿反光标示服,并在保护区内作业。施工作业应持有路政部门颁发的施工许可证。

⑦作业机械夜间应顺序停放在紧急停靠岸上,在停放区必须加密设置标志,且需设有标志灯车、照明设备、有专人负责值守。

⑧对交管区内出现的违规行为,交管人员必须及时提醒并制止。

⑨在施工作业区出现堵车现象时,交管人员根据情况及时疏导车辆通行。

(2)起点终点预处理

因再生铣刨鼓为品字形设置,为保证接缝顺直为直线,需对再生施工段落起点及终点进行预处理,控制宽度等于再生宽度,控制深度等于面层厚度,长度为2m,采用人工切缝、凿除处理。

(3)加热机预热

①加热宽度应比再生宽度两侧各多5cm。

②起点处加热应确保温度达到施工要求,加热机应采用往复多次及低功率、长时间加热的方式进行。

③终点处加热同起点处,加热机采用往复多次及低功率、长时间加热的方式进行,以确保加热温度。

④两台加热机间隔根据施工时的气温、风力等控制在10~20m之间,加热机与主机的间隔为10~15m。

⑤两台加热机应保持与主机之间的联络,根据主机的行进速度控制速度及间隔。

⑥加热过程中应及时根据主机反馈的信息调整加热功率。

(4)再生铣刨

宽度及深度按设计及方案要求添加沥青混合料或再生剂。要保证铣刨无夹层,纵向接缝顺直。铣刨找平采用拖杠两侧纵坡仪控制。

(5)拌和

添加新料数量要准确,控制拌和速度,确保新旧混合料拌和均匀。

(6)摊铺

①松铺系数取1.18~1.20,以原路面为基准面。

②摊铺找平采用两侧纵坡仪控制。行进速度3~4m/min。

③摊铺过程中应加强接缝处的控制,确保新老路面平顺连接。

④接缝时要铲除遗留在路面的集料,并用竹扫帚将接缝处大料撬除,用细料填充。

(7)接缝处理

高速公路维修程既要保证维修路段的内在质量,也应高度重视新老路面结合的平顺,确保车辆行经此处时无颠簸、跳车感。因此纵、横缝必须做到平整、密实、黏结良好、无高差、无离析。

(8)碾压

一般采用一台双钢轮压路机和一台胶轮压路机进行碾压。面层碾压时,双钢轮压路机初压2遍(第1遍稳压,第2遍高频低振前进不振后退振),复压5遍,终压2遍。

①压路机应按规定路线行走,不然接缝处出现啃边。
②碾压应以慢而均匀的速度进行,初压2.5km/h左右,复压4km/h左右,终压4~5km/h左右,重叠为轮宽的1/2。
③初压应紧跟摊铺进行,但不得出现推移、发裂等现象。
④应先碾压横缝再压纵缝,逐次向中心推移。
⑤接缝出现局部蜂窝、离析处及时用细料填补复压。
⑥胶轮碾压时,应用沾有柴油、洗涤剂和水混合液的拖把涂抹轮胎,防止黏轮。
⑦碾压过程中,必须有专人照看,防止出现黏轮现象,特别是上面层碾压时。

(9)开放交通

每一作业段工序全部结束且沥青混凝土路面温度冷却至50℃以下时,才可拆除标志,开放交通。标志拆除前,必须将作区内的所有废料清除干净,不得将废料和垃圾丢弃到边坡、边沟和中间分隔带。拆除标志时,应逆车流方向进行并注意人身安全。

三、现场热再生的施工质量检测

1. 施工质量检查

铺筑高质量的再生沥青路面,除合理选择材料、进行正确的配合比设计外,还要在实施时精心施工,才能保证工程质量,为此,在施工过程中抓好施工管理、重视质量检查是十分重要的。对于大型沥青路面工程,应专门设立质量检查机构,班子中成员各负其责。施工现场应建立小型实验室,能够进行常规和与工程有关的试验项目。检查结果应做技术档案归档,并作为竣工验收的依据之一。

铺筑再生沥青路面时,再施工过程中主要应做好以下各个环节的质量检查。

(1)原材料质量检查

原材料包括旧沥青路面材料、新沥青、再生剂等。施工前,应检查运至拌和场地的上述各种材料,检查其是否与配合设计试验所取样品相符。对于小型沥青路面工程,一般在施工前进行一次全面抽样检查即可。大型工程则应规定抽样检查频率,如每日、每周、每旬、每月进行一次有关检查。

旧路面材料应做抽提检验,检查旧料含油率,旧沥青的针入度、延度、软化点;旧矿质集料应做筛析检验。如发现与原配合设计时所用指标数值相差悬殊,应向主管部门报告,以便及时调整配合比。

新集料要检查级配组成、针状与片状颗粒含量、压碎值以及矿料与沥青黏附性等。新沥青材料检查其常规指标。若使用再生剂,应检查其黏度、芳香成分含量、闪点等。

(2)再生混合料质量检查

人工或小型机具拌制再生混合料,应检验各种材料的配合比例是否正确。间歇式分拌拌和应检验称量是否符合规定数量。

拌制好再生混合料,先检验其外观。若色泽油黑发亮,则有可能沥青用量过大;反之,若色泽干枯,见有花白颗粒,则有可能用油量不足,或拌和时间过短,或拌和温度偏低。

检验再生混合料的温度。混合料色泽均匀,略有青烟,则表明混合料温度适宜;若色泽焦黄,直冒黄烟,则混合料温度过高,已烤焦变质,不能使用。再生沥青混合料应呈疏松状而不结团,同时又有相当的黏滞性和良好的施工和易性。

根据工程性质确定再生混合料抽样的频率。抽样再生混合料试样,应在生产作业开始正常后 1~2h 取样。抽样后,送交试验室进行抽提试验,检验其含油率、矿料级配、马歇尔稳定度,并将试验结果与原设计配合比试验相对比。由于沥青混合料含油率的大小对沥青路面的品质有很大影响,对于大型沥青路面工程,必须每天抽样检查混合料的含油率。

(3)路面竣工质量检查

路面竣工验收质量检查项目有:路面宽度、厚度、路面密实度、平整度、拱度、路面渗水系数、摩擦系数、路面材料组成等。检查路面铺筑厚度,必须从路上钻取芯样,或趁上午路面温度较低时,挖取 25cm×25cm 路面试块,然后在实验室再分割成 10cm×10cm 大小的试块,量取路面厚度,与此同时,可将试块用于路面密实度检查。将路面试块表面浮动颗粒用刷子刷除,称取质量,蜡封后求其体积,即可计算路面密实度和压实度。在有条件的情况下,路面密实度可采用密度仪检测。

2. 再生沥青混合料生产质量控制

对再生沥青混合料生产质量的控制主要包括几个方面:集料级配、沥青含量和取样进行体积性质和力学性质测试。

(1)集料级配控制

再生沥青混合料由于旧沥青混合料中的级配复杂,需要对出厂的再生沥青混合料进行级配检验,确保添加了合适数量的新集料,满足再生沥青混合料的有关级配要求。一般情况下,级配应该满足《公路沥青路面设计规范》(JTG D50—2006)中有关路面级配类型的要求。由于 0.075mm 筛的通过率对再生沥青混合料的性能有很大影响,因此需要对这一级的集料含量进行严格控制。

一般对出厂的再生沥青混合料进行取样分析,这样可以保证最终的路用再生沥青混合料的级配。但同时也需要在生产再生沥青混合料的过程中,对冷料仓和热料仓中的混合料取样进行分析,并及时进行级配调整,以保证最终的再生沥青混合料的级配满足要求。

(2)沥青含量控制

沥青含量对再生沥青混合料的性能有重要影响,沥青含量过少会使得混合料的耐久性缺乏;而过高的沥青含量又会降低沥青混合料的稳定性。因此,需要对再生沥青混合料生产过程中的沥青含量进行检测,以保证在合理的范围之内。

导致沥青含量出现偏差的原因一般包括集料计量错误、沥青计量错误、混合料的离析以及试验的偏差等。一般采用抽提的方法对沥青含量进行检验,并根据偏差情况进行分析,找出导致偏差的原因并改善。

(3)取样测试

需要对出厂的沥青混合料进行取样,成型相应的试件,以对马歇尔稳定度和流值以及空隙率等指标进行检验,确保生产的再生沥青混合料可以满足路面使用要求。如果发现不符合设计质量要求,应及时找出原因,修正配合比设计,直到满足要求方可出厂。

现场热再生施工有加热机加热、原路面铣刨、再生剂以及外掺料添加等环节,比普通沥青路面施工质量控制更严格。根据《公路沥青路面再生技术规范》(JTG F41—2008)要求,沥青路面对现场热再生施工过程中的工程质量控制应满足表 5-2 和表 5-3 的要求。但现场再生技术受地域气候条件影响较大,不同地区应根据实际情况采取不同的施工控制措施。

现场热再生混合料施工过程中的工程质量控制标准　　　　表5-2

检查项目	检查频度	质量要求或允许偏差	试验方法
再生剂用量	随时	适时调整,总量控制	每天计算
压实度代表值	每天1~2次	最大理论密度的94%	T 0924,JTG F40—2004
再生混合料摊铺温度	随时	>120℃	温度计测量

现场热再生现场质量检查项目与频度　　　　表5-3

检查项目	检查频度	质量要求或允许偏差	试验方法
宽度(mm)	20断面/km	大于设计宽度	T 0911
再生厚度(mm)	5点/km	-5	T 0912
加铺厚度(mm)	5点/km	±3	T 0912
平整度IRI(mm)	全线连接	<3	T 0933
外观	随时	表面平整密实,无明显轮迹、裂痕、推挤、油包、离析等缺陷	目测
压实度代表值	5点/km	最大理论密度的94%	T 0924

本文对现场热再生施工过程中的工程质量控制按照规范进行试验,并重点对现场热再生施工过程中温度、外掺料掺量、路面处理厚度、路面压实度以及再生后路面抗滑性能几项主要指标进行控制,提出了相关工艺参数的控制值。

3. 再生温度控制

施工过程中的再生温度控制,主要包括再生现场外界环境温度、再生料拌和温度、旧路面加热温度及碾压温度四个方面。

(1)环境温度

环境温度随天气、季节和时段的不同而不同。现场再生过程中,环境温度通过影响旧路面加热温度及再生料摊铺温度,从而直接影响成型后的路面质量。

现场检测数据表明,环境温度(即空气温度)与加热后表面达到的温度没有必然的关系,旧路面加热后的温度主要受旧路面湿度、外界风力及油石比等的影响较大。

再生主机行进速度测试结果显示:在无风、微风或晴天时,其工作速度可以达到2.5m/min左右;在阴天或大风天气下,其工作速度只能保持在2m/min以下。由此可见,再生施工应尽量选在温度较高,天气较好时进行,这样才能充分提高加热机加热效率,从而保证再生路面质量。

从图5-5可以看出,环境温度与再生料摊铺后的温度呈现出线性关系趋势,这就说明环境温度对摊铺后至碾压前再生料的温度有比较大的影响;相较于复拌再生工艺,在加铺再生工艺下,实测温度即摊铺后新料表面温度要高于再生料表面温度。如果测试点的摊铺温度越高,成型后的空隙率越小,因此,趁高温进行碾压有利于获得良好的再生路面性能。一般来讲,如果环境温度达到20℃以上,摊铺后温度就能达到120℃左右,并且由于复拌再生层的变异性大于新料罩面层,因此,当采用复拌再生工艺施工时应尽量选择在气温大于20℃的情况下进行,加铺再生工艺施工的环境温度则应大于15℃。

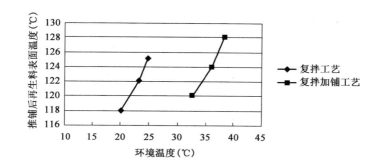

图 5-5 环境温度与摊铺后再生料表面温度关系

(2) 旧路面加热温度

控制加热温度的主要目的是,尽量减少耙松器翻松旧料时对原有碎石的破坏,尽可能的利于再生剂和旧沥青的融合,尽量保证再生沥青混合料良好的和易性,确保易于摊铺和压实。尽管加热机加热旧路面允许达到的温度必须满足上述要求,但在实际操作中却不便于控制,一般来讲,控制加热温度主要依靠观察加热过程中旧沥青路面的直观状态以及耙松刀头工作是否顺畅等。

(3) 再生料碾压温度

碾压温度是影响再生料压实效果重要因素之一,具体包括初压温度和终压温度。其中,初压温度是经主机熨平板预压实后到压路机碾压时再生料的温度,其与再生料摊铺温度紧密相关,一般情况下二者相差 5℃左右,在天晴少风的天气则基本保持一致。比较而言,低温(如 125℃)下摊铺的沥青混合料比高温(如 150℃)下摊铺的混合料不容易压实。若沥青混合料的初压温度太高,混合料将会变得不稳定从而很难压实;若太低,也无法达到规定的压实度,因此,必须为再生料确定适宜的初压温度。沥青混合料从摊铺温度降至最小允许压实温度所需的时间(以分钟表示)即为有效压实时间。研究表明沥青混合料最小压实温度为 80℃,如果低于此温度,即使增加压实功也不能提高密实度,并且还会导致混合料中集料的破碎反而造成密实度的降低。因此,再生施工前,事先必须测定试验段再生沥青混合料的有效压实时间,确定适宜的再生料初压温度。

4. 再生厚度控制

再生路面的平整度和再生剂用量都会受到再生厚度的影响,而且再生厚度还可能造成再生沥青混合料性能不均匀,从而影响到再生路面质量。因此,再生施工时,主机在铣刨、耙松旧路面时的深度必须保持均匀一致。

5. 再生路面压实质量控制

影响再生料压实质量的主要有两方面因素,即外部因素和内部因素。外部因素包括环境因素、压实设备碾压组合及压实步骤;内部因素包括再生料性能、摊铺的厚度以及集料最大公称粒径与层厚的关系。在进行现场热再生施工时,环境因素及再生料本身状况(再生料配合比等)属不可控因素,现场应及时调整再生料摊铺厚度、压实设备碾压组合及压实步骤。

(1) 再生料摊铺厚度

当热再生机组工作稳定后,为保证复拌主机与压实机械间一定的有效碾压区间,压路机前进速度必须与再生主机保持一致。再生料摊铺的层厚应至少是集料中最大公称粒径3倍，同时必须保证摊铺的厚度不能过厚。再生料摊铺厚度的均匀性会影响到压实效果，摊铺厚度一致的路面易获得较好的压实度。因严重车辙和基层部位下陷造成原表层混合料变少，在原路面有较深的车辙或有不平整下承层路表的地方进行再生料摊铺时，会出现再生路表下凹的现象，一般通过铣刨病害面层或基层后，回补足量混合料来处理。

(2) 再生料的碾压方式

不同的再生沥青混合料有不同的碾压方式，包括进行压实机具组合的选择，碾压速度的设定，碾压遍数的多少等方面，碾压方式的选择首先要通过铺筑试验段后检验来确定。因为进行现场热再生施工时，一次只能对一个车道进行再生，压路机选择2~4台为宜，初压一般选择振动压路机，复压一般选择胶轮压路机，光面时用钢轮压路机。

6. 再生路面平整度控制

平整度是再生后路面质量比较薄弱的一个环节。在进行再生施工时，一方面可根据施工现场的实际情况选择找平方式，如拉钢丝、走滑靴、路面上放置铝合金找平梁或使用超声波找平系统等方式；另一方面可对压实环节加以控制。

第三节　厂拌热再生

厂拌热再生就是将旧沥青路面经过翻挖后运回拌和厂，再集中破碎，根据路面不同层次的质量要求，进行配合比设计，确定旧沥青混合料的添加比例，再生剂、新沥青材料、新集料等在拌和机中按一定比例重新拌和成新的混合料，从而获得优良的再生沥青混凝土，铺筑成再生沥青路面。

一、厂拌热再生的适用性

(1) 设备投资小。在原有沥青拌和站的基础上增加一套厂拌热再生附楼的投资额约300万元。

(2) 混合料质量较好的控制。生产前可以对原路面再生料的沥青含量、沥青老化程度、级配、含水率等参数进行检验，从而选择合适的再生剂或者设计合适的再生工艺，保证再生沥青混合料的质量。

(3) 重新铺筑的路面高程不会变化。

(4) 再生后的混合料可以运回原路面摊铺，也可以运到其他工程摊铺。可较充分地利用所有再生料。

(5) 再生料在加热过程中产生的蓝烟，可借助与之配套的原生机燃烧器、干燥滚筒、除尘器进行二次燃烧处理，从而减少废气污染。

二、厂拌热再生限制性

成品料运输费增加，所有再生料必须运到固定的场地进行。成品料又必须运回路面再次摊铺，所以较就地热再生增加了运输成本。

三、厂拌热再生的施工工艺

沥青路面厂拌热再生的施工方法与普通路面的施工过程有很多相同之处,故在介绍时将重点讲述再生路面施工中不同于普通路面的方面,并提出推荐的施工方法。目前,厂拌热再生施工基本实现了机械化,其施工工艺流程如图5-6所示。

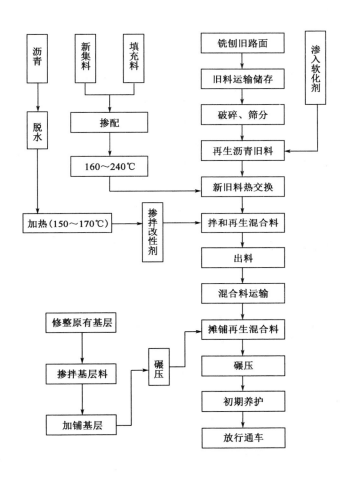

图5-6 厂拌热再生施工工艺过程

1. 旧路的翻挖、破碎和筛分

旧路面沥青面层和基层有一定的结合力,翻挖或铣刨时有时会带起少量的基层材料,如果基层是灰土类材料,应尽量清除,否则会影响再生料的性能。而基层为碎石类(如二灰碎石、水泥稳定碎石),即使基层材料混于再生料中,对再生料的影响也较小。特别注意铣刨过程中,避免破坏基层,并在气温合适的季节进行。

旧料在使用前必须破碎,其粒径不能过大,一般破碎后的旧料粒径宜小于25mm,最大不超过35mm。否则再生剂较难掺入旧料内部,且旧油不易释放,影响整体混合料的性能。破碎方法有人工破碎、机械破碎、加热分解等。

2. 再生剂的添加

再生剂的添加方式对整个再生混合料的使用品质有很大的影响,按工序来分主要有两种方法:①在混合料拌和前将再生剂喷洒在旧料上,拌和均匀,静置数小时至1~2d,使再生剂充分渗透到旧料中,将旧料软化。静置时间的长短,应根据旧料老化的程度、施工温度和试验喷洒结果而定。②先将旧料加热至100℃左右,然后在拌缸内边喷洒再生剂边拌和旧料,接着将加热的新料和旧料拌和,加入新沥青材料并拌和均匀。这种方法简化了工序,生产效率得到了提高。

3. 施工配料

按再生混合料的组成设计,将旧料、新集料、新沥青及再生剂(如有需要)进行配料,每次掺加新沥青的数量为总沥青量与旧料掺配量中旧沥青和再生剂含量之差。高等级再生沥青路面工程,对再生路面的质量要求较高。再生混合料设计应注意选用品质良好的集料和沥青材料;若旧料老化严重,则应注意选用合适的再生剂;注意通过各项试验确定材料配合比。

4. 再生混合料的拌和

再生混合料的拌和按机械设备的不同主要可分为连续式和间歇式两种。拌和时必须准确掌握加热、掺配工艺和剂量,切实控制拌和温度,新集料先进入高温区,加热温度范围为160~240℃,而旧料宜进入余热区通过热交换和余热升温融化,待新旧集料混合且热传递平衡后再加入新沥青拌和至颜色均匀后出料,出料温度应在140~160℃。

不同的掺配比例,废料不同的含水率,新料的加热温度、新旧料在搅拌缸中的热传递拌和时间都不相同。表5-4为掺配不同比例废料,在废旧料不同含水率的情况下,新料的加热温度和拌和时间(假设废旧料为常温200℃,拌和出料温度为100℃)。

掺配不同比例废旧料时新料的加热温度和热传递拌和时间　　　表5-4

项　　目	掺配10%的旧料		掺配20%的旧料		掺配30%的旧料	
	含水率2%	含水率3%	含水率2%	含水率3%	含水率2%	含水率3%
新集料的加热温度(℃)	174	177	199	205	230	241
新旧料热传递拌和时间(s)	5		10		20	

5. 摊铺、碾压和初期养护

(1)准备工作

再生混合料摊铺前的准备工作,包括修整原有路基、清理基层上的泥土及污秽杂物,修整基层表面,浇洒透层油或黏层油,必要时还应考虑设置下封层。对于基层拱度不当,要进行调拱。在摊铺前1~2d,应对基层表面状况进行一次检查,无论未补强而仅设置整平层、加铺了补强层还是其上面又设置了下封层,如发现局部出现坑洞、脱皮等损坏现象,应加以修补。

对于粒料基层,如不设置下封层,应在摊铺前扫除浮动石子和尘土,并浇洒透层油,以保证基层与沥青面层能良好的黏结。若基层设置有下封层,或再生沥青面层直接加铺在旧沥青面层上,则应在表面浇洒黏层油。在陡坡、急弯路段尤其要注意浇洒黏层油,以免沥青面层产生滑移。

（2）混合料摊铺、碾压和初期养护

再生沥青路面的摊铺、碾压和初期养护等工艺、质量要求与一般路面施工基本相同。

四、厂拌热再生的施工质量检测

再生沥青路面施工质量控制和验收参照《公路沥青路面施工技术规范》（JTG F40—2004）和《公路工程质量检验评定标准》（JTG F80/1—2004）。

第四节 现场冷再生

沥青路面的现场冷再生（Cold In-Place Recycling），是充分利用现有旧铺层材料（面层甚至基层），必要时加入部分新集料，并按比例加入一定量的添加剂（水泥、石灰、粉煤灰、泡沫沥青、乳化沥青等）和水，在自然环境温度下现场连续地完成材料的铣刨、破碎、拌和、摊铺及压实成型，重新形成具有所需承载能力结构层的一种工艺方法。现场冷再生主要有三种类型，其中，第一种又被称为路面面层冷再生技术，后两种被称为深层复拌冷再生技术。

（1）浅层现场冷再生——针对旧路面层，冷再生厚度在 80～150mm 之间，形成沥青面层（底面层）。

（2）无铺面公路的升级——针对旧路基层，以泡沫沥青或乳化沥青为添加剂时，冷再生层厚度为 100～150mm；以水泥、石灰或粉煤灰为添加剂，冷再生层厚度多为 200mm。

（3）深层现场冷再生——针对旧路基层和面层，冷再生层厚度在 150mm 以上，形成基层或底基层。

一、现场冷再生的适用性

现场冷再生技术总的来说可分为路面面层和深层复拌两大类，对于路面面层现场冷再生技术，其适用条件是：路面结构强度符合承载要求和道路排水设施完好。如果道路结构层变形或受到破坏，冷再生前就应该先对路面结构层进行补强处理。路面面层现场冷再生维修适用的路面厚度约为 6～13mm。适用于以下三种情况：

（1）由于路面老化、高温损害、疲劳和反射裂纹所造成的路面裂纹。

（2）由于混合料的不稳定性、挤压和粗糙的材料使路面形成车辙所造成的路面变形。

（3）由于断裂、沥青泛油以及层面之间的黏结力降低所造成的路面完整性破损。

深层复拌现场冷再生技术的适用条件是道路稳定层的再生改造工程。与面层现场冷再生相比，现场复拌冷再生技术的主要特点是能够适应道路深层的再生改造要求，对路面基层进行再生处理时，拌和深度范围一般为 10～20cm，处理土基稳定层时，拌和深度可达 40cm。根据经验，只要混合料中 5mm 以上的粒料占 30% 以上，该旧路就有利用其作为再生基层的可能。因为有足够的粗集料就能够形成再生基层的骨架结构，使再生基层具备一定的承载能力。

二、现场冷再生的施工工艺

由于冷再生工艺属于新工艺，现场冷再生机组有多种类型，目前还没有相关的施工规范对其进行管理与控制，但其基本流程总的来说包括了四项主要工序：一是准备旧路面的再生材料,包括破碎和翻松旧路;二是加入添加剂和水并加以拌和;三是成型和压实;最后是在再生的路面上加铺磨耗层。

1. 施工前的准备工作

(1) 首先是对旧路状况进行调查,包括三项内容:进行弯沉检测,了解现有承载力情况,计算旧路 E 值;进行交通量及轴载调查,计算设计年限内的"累积标准当量轴载次数",以提出厚度及强度要求;进行钻芯取样,确定旧路沥青面层厚度、基层材料性质及厚度等参数,供冷再生结构层设计使用。

(2) 调查后还应注意的方面包括:施工前应准备符合要求的新填集料、水泥、石灰、水等材料,并应提供相应的材料质量检验报告单,并经过检验合格后方可使用;施工前应清除路面上的泥土和杂物,以免影响再生料的配合比和性能;采取必要的预防性维护保养手段,以确保机械设备的完好率;添加剂的加入量要精确,以保证再生层的性能;施工中严格按再生料施工配合比进行施工,随时检测水泥(石灰)用量,以保证再生基层(底基层)的材料、力学指标满足要求。

(3) 检查再生机组,保证其处于良好工作状态。对再生施工中所需要的所有机械设备进行全面的检查,包括:压路机、平地机、罐车等;检查各罐车内所装水是否能够满足再生路段施工的需要;检查推杆的牢固性;检查所有与再生机连接的管路,排除系统中的空气并确保阀门均处于全开位置。

2. 施工工艺过程

施工前的准备工作完成后,进行正式施工,现以水泥作为添加剂的现场冷再生施工工艺流程为例进行说明。

(1) 清洁路面,保持需要铣刨范围内路面的整洁。

(2) 铣刨,对于铣刨后粒径大于 40mm 的旧路材料需捡出或人工破碎。

(3) 加水,边铣刨边加水,调整旧料含水使达到最佳含水率,初平并将旧路混合料闷 12h 以上。

(4) 添加剂摊铺,按最大干重度、压实厚度和外掺剂的剂量要求,计算每平方米冷再生混合料需要的外掺剂数量。

(5) 拌和,利用再生机边拌和边洒水,为拌和均匀,可适当增加拌和及洒水遍数。

(6) 初平,拌和完成后再生机迅速按路拱横坡初平。

(7) 碾压,用 30t 以上的振动碾挂重振先排压一遍,重叠 1/2 轮宽。

(8) 找平,用再生机的平地机功能按设计高程及横坡进行初平、中平、细平,直至高程、横坡满足设计要求。

(9) 碾压成型,对于水泥类稳定材料从加水到压实完毕不能超过水泥的终凝时间,不允许间歇或次日再补压。

(10) 养生,养生质量与冷再生结构层强度的形成有密切关系,养生不符合要求会导致路面强度较低。

三、现场冷再生的施工质量检测

现场冷再生施工过程中,为确保冷再生及施工基层和底基层质量达到标准,必须进行以下质量控制。

1. 旧路病害预处理控制

需要进行冷再生处治的沥青混合料路面,都会存在不同程度、不同种类的病害,如果直接应用冷再生机处治,势必会影响到再生后的整体质量;由于旧路的不同段落结构层存在不同的情况,如干湿状态、破损程度、弯沉大小等,这就要求在设计和施工时,根据各路段的不同特点,进行详细的调查和方案调整。对于坑槽,如果只是面层部分破损,基层相对完好,可将此部位清理后重新添符合二灰级配的0~20mm的连续级配碎石;如果坑槽较深,已经影响到基层且经常积水,就要求将此部位彻底挖除,重新回填二灰碎石或水稳碎石到旧路高程,然后进行冷再生。

2. 级配的控制

施工过程中,应根据原路面不同情况的路段划分,及时检测冷再生料的级配,检查是否与设计配合比一致。如果实测级配与设计级配有偏差,应分析原因,及时调整转子转速及再生机行走速度。

3. 高程的控制

冷再生机施工基层或底基层最难控制的指标是高程,它不同于摊铺机摊铺基层可一次成型,高程容易掌握,而冷再生施工是冷再生后用平地机刮平,因此控制高程比较困难,冷再生稳压后必须由技术人员及时放出高程线,平路机操作人员要在专人指挥下按照放出的高程线进行刮平,要求刮高、填低,确实保证达到设计高程,使平整度和路拱都符合要求。刮平时还应设一人工小组负责在平地机刮平整形后,将粗集料铲除,换以新的拌和均匀的混合料,在刮平过程中严禁薄层贴补现象,薄层贴补容易脱落和被推移,因此不能在光滑的表面低洼处填补新料。

4. 碾压控制

碾压的遍数、碾压时的含水率及碾压的速度等均影响碾压的质量。因此碾压时严格控制碾压遍数和碾压的速度,按要求碾压。碾压时应控制混合料的含水率,这是为了弥补碾压过程中水分的损失。含水率过大既影响混合料可能达到的密度和强度,又会明显增大混合料的干缩性,使结构层容易产生干缩裂缝;而含水率过小,也会影响混合料可能达到的密度和强度。碾压结束后,立即开始养生,养生期一般为7d。

第五节 厂拌冷再生

厂拌冷再生是将回收沥青路面材料运至拌和厂,经破碎、筛分后,以一定的比例与新集料、活性填料、水分进行常温拌和,常温铺筑形成路面结构层的沥青路面再生技术。主要用于高等级公路的基层或底基层,见图5-7。对于不能热再生回收的旧料(如改性沥青混合料、老化严重难于再生的混合料),可以有效解决旧料废弃和环境污染问题,在国外被普遍采用,实践证明具有相当重要的应用价值。

一、厂拌冷再生的适用性

适用于高速公路和一、二级公路沥青路面的下面层及基层、底基层,三、四级公路沥青路面的中、下面层。当用于三、四级公路的中、下面层时,需要采用稀浆封层、碎石封层、微表处等作为表面磨耗层。主要特点如下:

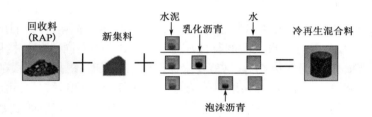

图 5-7　厂拌冷再生

(1) 修复面层和基层的病害。
(2) 对反射裂缝和行驶质量低等病害的修复效果良好。
(3) 可改善路面几何线形和修复任何类型的裂缝。
(4) 需要相对温暖、干燥的施工条件,气候条件要求高。
(5) 再生后路面水稳定性差,易受水分的侵蚀和剥落。
(6) 路面通常需要两周的养生时间。
(7) 维修路面等级一般比较低。
(8) 混合料运输的费用较高。

二、厂拌冷再生的施工工艺

1. 工艺流程(图 5-8)

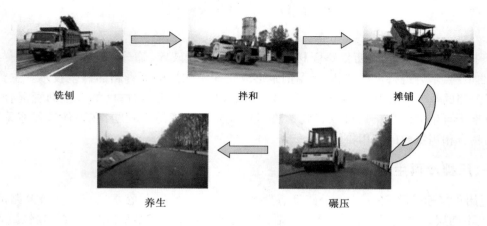

图 5-8　厂拌冷再生施工工艺流程

2. 工艺设计

沥青路面厂拌冷再生工艺设计是指根据原路面的具体状况制定合理的施工方案。一般包括确定冷再生的深度、稳定剂的种类和用量等。

3. 施工工艺

(1) 原路面调查

冷再生工艺设计的主要依据是原路面的现状,所以在冷再生工艺设计之前,必须尽可能全面地了解原路面的现状。通常需要掌握或了解以下几个方面的情况:

①原路面的书面资料;

②原路面的交通量情况;

③原路面的表面状况;

④原路面的基础状况。

(2) 确定施工方案

沥青路面冷再生施工方案的确定方法目前还没有一个通用和严格的规范。通常是综合考虑以上调查结果,并结合具体工程的实际情况来确定。

(3) 冷再生的深度

冷再生按深度大致可以分为深层冷再生和浅层冷再生。深层冷再生的深度一般为15~30cm,可以加强原路面的基层,保持长期的寿命。浅层冷再生的深度一般为8~15cm,可以消除路面裂纹,改善路面的行驶性能。

(4) 选择稳定剂

常用的稳定剂包括水泥、乳化沥青和泡沫沥青。这三种稳定剂一般均可以提高路面强度。在选择时主要考虑以下几个方面的因素:首先是原路面的需要,其次则是施工方便性,第三是施工的成本。另外,稳定剂的用量必须通过对路面材料的样品进行配合比设计试验来确定。使用水泥作为稳定剂时,一般用量为4%~5%,不宜超过6%。

4. 施工工序

(1) 旧路的翻挖、破碎和筛分

旧路面沥青面层与基层有一定的结合力,翻挖或铣刨时会带起基层的少量材料,如果基层是灰土类材料,应尽量清除,否则会影响再生料的性能;而基层为碎石类(如二灰碎石、水泥稳定碎石),即使基层材料混于再生料中,对再生料的影响也较小。特别应注意的是,在铣刨过程中要避免破坏基层,并应在气温合适的季节进行施工。旧料使用前必须破碎,其粒径不能过大,一般破碎后的旧料粒径不宜大于25mm,最大不超过35mm,否则再生剂较难掺入旧料内部,且旧油不易释放,会影响整个混合料的性能。破碎方法有人工破碎、机械破碎、加热分解等。

(2) 再生剂的添加

再生剂的添加方式对整个再生混合料的使用品质有很大的影响,按工序来分主要有两种方法:

①在混合料拌和前将再生剂喷洒在旧料上,拌和均匀,静置数小时至1~2d,使再生剂充分渗透到旧料中,将旧料软化,静置时间的长短,应根据旧料老化的程度、施工温度和试验喷洒结果而定;

②先将旧料加热至100℃左右,然后在拌缸内边喷洒再生剂边拌和旧料,接着将加热的新料与旧料拌和,加入新沥青材料并拌和均匀。这种方法工序简单,生产效率高。

(3)施工配料

按再生混合料的组成设计,将旧料、新集料、沥青及再生剂(如有需要)进行配料,每次掺加新沥青的数量为总沥青量与旧料掺配量中旧沥青和再生剂含量之差。高等级再生沥青路面工程,对再生路面的质量要求较高,再生混合料设计应注意选用品质良好的集料和沥青材料;若旧料老化严重,则应注意选用合适的再生剂,并注意通过各项试验确定材料配合比。

(4)再生混合料的拌和与运输

沥青混合料采用连续式拌和机拌和。应确保拌和机上装有计量装置,能保证RAP旧料、石屑、沥青和水泥的精确计量;应确保加入拌和机的RAP旧料、石屑及沥青和水泥通过电子控制系统能自动调整比例;在拌和缸中边喷沥青边拌和,以保证泡沫沥青混合料连续拌和的均匀性;铣刨料中的超粒径颗粒由料斗上的过滤网清除。自卸车应前、后、中分三部分装料;应采用干净、有金属底板的自卸汽车运输,车辆底部及两侧均应清扫干净;运料车辆均有篷布覆盖并扣牢,防止再生沥青混合料在运输过程中水分散失;运料车辆不得撞击摊铺机。

(5)摊铺、碾压和初期养护

再生混合料摊铺前的准备工作,包括修整原有路基、清理基层上的泥土及污秽杂物,修整基层表面,浇洒透层油或黏层油,必要时还应考虑设置下封层。如果基层拱度不当,要进行调拱。在摊铺前1~2d,应对基层表面状况进行一次检查,无论未补强而仅设置整平层、加铺了补强层还是其上面又设置了下封层,如果发现局部出现坑洞、脱皮等损坏现象,都应加以修补。对于粒料基层,如不设置下封层,应在摊铺前扫除浮动石子和尘土,并浇洒透层油,以保证基层与沥青面层能良好地黏结。若基层设置有下封层,或再生沥青面层直接加铺在旧沥青面层上,则应在表面浇洒黏层油。在陡坡、急弯路段尤其要注意浇洒黏层油,以免沥青面层产生滑移。

三、厂拌冷再生的施工质量检测

1. 水泥剂量控制

施工用的水泥剂量考虑施工离散性的影响,较设计值增加0.5%,在拌和过程中随时观察混合料拌和后的颜色,不得出现花白料。注意防止水泥堵塞不流动。按规定频度抽检水泥剂量。每工作班,根据所需水泥、集料量计算总的水泥用量是否满足要求。

2. 含水率的控制

含水率是水泥稳定级配砂砾中一项重要控制指标,必须严格把握。在炎热夏季施工,考虑到拌和、运输、摊铺过程中水分的蒸发,可以在拌和时加大用水量,增加的用水量由拌和出料时含水率和摊铺碾压含水率进行对比,损失多少补多少。

根据施工经验,在夏季上午9点以前和下午5点以后,用水量比最佳用水量增加0.5%~1%左右,在上午9点到下午5点之间,用水量比最佳用水量增加0.8%~1.5%。在雨季施工期间,由于雨水的影响,砂石料中含有一定水分,因此,每日拌和前应对砂石料进行含水量测定,用水量应按最佳含水率减去砂石含水率进行控制,在其他季节施工可不考虑增加或少量增加,增加量控制在0.5%以内。

3. 拌和时注意事项

配料准确,尤其是水泥剂量更要精确。自加水拌和到碾压完毕的延迟时间控制在初凝时间内,即一定要在此时间段内完成施工和压实度测量。

4. 摊铺时注意事项

在摊铺机前设行驶标线,确保摊铺机行走稳定。摊铺3～6m时,检查摊铺面高程及横向坡度,不符合设计要求的及时调整,直到合格,再继续摊铺。正常施工中每前进10m,随车检测人员检测一次高程和坡度。摊铺机行进时,螺旋搅拌机两端的混合料要保持饱满充足,边角缺料时应及时采用人工找补。尽量避免停机待料现象。每台摊铺机前派2人专门清除卸料时散落在摊铺机履带前的混合料,以免影响平整度。对摊铺面局部产生的离析,安排专人负责处理,将粗集料铲除,换填新混合料。摊铺机行进速度要均匀,中途不得变速,其速度要与拌和机拌和能力相适应,最大限度地保持匀速前进,摊铺不停顿、间断。

5. 碾压时注意事项

派2名测量员在现场,不断检测摊铺和碾压后的高程(左、中、右)及时纠正施工中的偏差。采用人工挖除大料窝点及含水率超限点,并换填合格材料。用拌和好的混合料对表面偏粗的部位进行精心找补。对由于摊铺机停顿和碾压推移产生的拥包、拥坎,用铁铲铲除并人工进行沥青路面结构层补料,压路机碾压密实。用3m直尺逐段丈量平整度,发现异常马上处理。快速检测压实度,压实不足的要尽快补压。碾压过程中,水泥稳定砂砾的表面始终保持潮湿。部分表面水分蒸发过快,及时用喷雾器进行均匀少量补水。压路机在已完成的或正在碾压的路段上严禁"调头"和急刹车,保证底基层表面不被破坏。边角、台背、接缝处往往是薄弱环节,多压1～2遍。

6. 施工组织注意事项

由于基层的时效性强,各项施工组织、准备一定要充分,各工序衔接要紧密,施工要连续(一天只留一道工作缝,中午不间断),最大限度地减少施工损失,并提高质量。

7. 施工记录

记好施工日记,详细记载当天有关施工质量、机具、材料及安全等情况,及时、认真、准确地做好施工原始记录。

8. 加强再生底基层的质量与验收

再生底基层检测指标及频率见表5-5。

再生底基层检测指标及频率　　　　表5-5

项次	检查项目		规定值或允许偏差	检查方法和频率
1	压实度(%)	代表值	96	每200m每车道2处
		极值	92	
2	平整度(mm)		12	3m直尺:每200m测2处×10尺
3	纵断高程(mm)		+5,-15	水准仪:每200m测4个断面
4	宽度(mm)		符合设计要求	尺量:每200m测4处
5	厚度(mm)	代表值	-10	每200m每车道1点(钻心取样法)
		极值	-25	
6	横坡(%)		±0.3	水准仪:每200m测4个断面
7	强度(MPa)		符合设计要求	按《质评标准》(JTG F80/1—2004)附录G检查

再生沥青路面的摊铺、碾压和初期养护等工艺、质量要求与一般路面施工基本相同。再生沥青路面施工质量控制和验收参照《公路沥青路面施工技术规范》(JTG F40—2004)和《公路工程质量检验评定标准》(JTG F80/1—2004)。

第六章 水泥路面养护

第一节 水泥路面病害类型

无论水泥路面还是沥青路面,在通车使用一段时间之后,都会陆续出现各种损坏、变形等其他缺陷,这些我们统称为路面病害。水泥混凝土路面损坏可分为:断裂类、竖向位移类、接缝类和表层类四种类型。

一、水泥混凝土面层断裂类病害

(1)裂缝:板块上只有一条裂缝,裂缝类型有横向裂缝(垂直或斜向路面中心线)、纵向裂缝(平行或近平行路面中心线)、不规则的斜裂缝等。按裂缝缝隙边缘破裂程度和缝隙宽度,可分为下列3种轻重程度。

①轻:裂缝窄、裂缝处未剥落,缝宽小于3mm,一般为未贯通裂缝,损坏按长度计算,检测结果用影响宽度(1.0m)换算成面积。

②中:边缘有破裂,裂缝宽度在3~10mm之间,损坏按长度计算,检测结果用影响宽度(1.0m)换算成面积。

③重:缝宽、边缘有破裂并伴有错台出现,缝宽大于10mm,损坏按长度计算,检测结果用影响宽度(1.0m)换算成面积。

(2)板角断裂:裂缝与纵横接缝相交,且交点距板角小于或等于板边长度一半的损坏。按裂缝宽度,可分为下列3种轻重程度。

①轻:裂缝宽度小于3mm,损坏按断裂板角的面积计算。

②中:裂缝宽度在3~10mm之间,损坏按断裂板角的面积计算。

③重:裂缝宽度大于10mm,断角有松动,损坏按断裂板角的面积计算。

(3)边角剥落:沿接缝方向板边的碎裂和脱落,裂缝面与板面成一定角度,可分为下列3种轻重程度。

①轻:浅层剥落,损坏按长度计算,检测结果用影响宽度(1.0m)换算成面积。

②中:中深层剥落,接缝附近水泥混凝土有开裂,损坏按长度计算,检测结果用影响宽度(1.0m)换算成面积。

③重:深层剥落,接缝附近水泥混凝土多处开裂,深度超过接缝槽底部,损坏按长度计算,检测结果用影响宽度(1.0m)换算成面积。

(4)破碎板:混凝土面板被裂缝划分成多块破碎板块,按破碎块数可以分为轻、重两个等级。

①轻:板块被裂缝分为3块以上,破碎板未发生松动和沉陷,损坏按板块面积计算。

②重:板块被裂缝分为3块以上,破碎板有松动、沉陷和唧泥等现象,损坏按板块面积计算。

二、水泥混凝土面层竖向位移类病害

(1)沉陷:由于路基的竖向变形而导致路面下沉的现象。

(2)胀起:混凝土路面板在局部路段范围内的向上隆起现象。

沉陷和胀起病害,按其对行车的影响可分为下列3种轻重程度等级。

①轻:车辆以限速驶过时仅引起无不舒适感的轻微跳动。

②中:车辆驶过时有产生不舒适感的较大跳动。

③重:车辆驶过时产生过大的跳动,引起严重不舒适或不安全。

三、水泥混凝土面层接缝类病害

(1)接缝料损坏:由于接缝的填缝料老化、剥落等原因,接缝内已无填料,接缝被砂、石、土等填塞。按填缝料出现老化、挤出、缺损的情况,可分为轻、重两个等级。

①轻:填料老化,不密水,但尚未剥落脱空,未被砂、石、泥土等填塞,损坏按长度计算,检测结果用影响宽度(1.0m)换算成面积。

②重:三分之一以上接缝出现空缝或被砂、石、土填塞,损坏按长度计算,检测结果用影响宽度(1.0m)换算成面积。

(2)唧泥:板块在车辆驶过后,接缝处有基层泥浆涌出,逐渐使基层细集料失去支撑能力,在荷载的重复作用下,最终将产生板断裂的现象,可分为轻、重两个等级。

①轻:车辆驶过时,有水从板缝或边缘外唧出,或者在板接(裂)缝或边缘的邻近表面残留有少量唧出材料的沉淀物。损坏按长度计算,检测结果要用影响宽度(1.0m)换算成面积。

②重:在板接(裂)缝或边缘的表面残留有大量唧出材料的沉淀物,车辆驶过时,板有明显的颤动和脱空感。损坏按长度计算,检测结果要用影响宽度(1.0m)换算成面积。

(3)错台:在混凝土构件接缝或裂缝处,两板体产生相对位移的现象(接缝两边出现的高

差大于 5mm 的损坏)。按相邻板边缘的高差大小可分为轻、重两个等级。

①轻:高差小于 10mm,损坏按长度计算,检测结果用影响宽度(1.0m)换算成面积。

②重:高差在 10mm 以上,损坏按长度计算,检测结果用影响宽度(1.0m)换算成面积。

(4)拱起:水泥混凝土路面在气温升高时,因胀缝不能充分发挥作用,横缝两侧的板体发生明显抬高,高度大于 10mm 的现象。按其对行车的影响可分为下列 3 种轻重程度等级。

①轻:车辆以限速驶过时仅引起无不舒适感的轻微跳动。损坏按拱起所涉及的板块面积计算。

②中:车辆驶过时有产生不舒适感的较大跳动。损坏按拱起所涉及的板块面积计算。

③重:车辆驶过时产生过大的跳动,引起严重不舒适或不安全。损坏按拱起所涉及的板块面积计算。

四、水泥混凝土面层表层类病害

(1)坑洞:路面板粗集料脱落形成局部坑槽。板面出现有效直径大于 30mm、深度大于 10mm 的局部坑洞。损坏按坑洞或坑洞群所涉及的面积计算。坑洞病害不分轻重程度等级。

(2)露骨:在行车作用下,路面被严重磨损而形成集料裸露的现象。表现为板块表面细集料散失、粗集料暴露或表层疏松剥落。按露骨的深度分为轻、重两个等级。

①轻:露骨深度小于等于 3mm,损坏按面积计算。

②重:露骨深度大于 3mm,损坏按面积计算。

(3)修补:裂缝、板角断裂、边角剥落、坑洞和层状剥落的修补面积或修补影响面积。按修补处再次出现的损坏情况,分为 3 种轻重程度等级。

①轻:轻微破损,或边缘处有轻微碎裂(裂缝修补按长度计算,影响宽度为 0.2m)。

②中:轻微裂缝或车辙、推移,边缘处有中等碎裂和 10mm 以下错台(裂缝修补按长度计算,影响宽度为 0.2m)。

③重:出现严重裂缝、车辙、推移或错台,需重新进行修补(裂缝修补按长度计算,影响宽度为 0.2m)。

第二节　水泥路面使用性能调查、评价及养护技术决策

一、水泥路面使用性能调查、评价

路面使用性能评价是路面管理、养护等方面的一个重要影响因素。通过收集万年路面使用性能检测数据,并结合现时路面状况调查资料,对当前路面服务能力做出判断并评价,为后续的养护时机、养护措施的选取提供数据支持。

我国《公路技术状况评定标准》(JTG H20—2007)以 1 000m 路段长度为基本评定单位。水泥路面使用性能评价包含路面损坏、平整度和抗滑性能三项技术内容。路面使用性能指数 PQI 按下式计算。

$$PQI = \omega_{PCI} PCI + \omega_{RQI} RQI + \omega_{SRI} SRI \tag{6-1}$$

式中:ω_{PCI}——PCI 在 PQI 中的权重,按表 6-1 取值;

ω_{RQI}——RQI 在 PQI 中的权重,按表 6-1 取值;
ω_{SRI}——SRI 在 PQI 中的权重,按表 6-1 取值。

水泥路面 PQI 分析指标权重　　　　　表 6-1

权　重	高速、一级公路	二、三、四级公路
ω_{PCI}	0.50	0.60
ω_{RQI}	0.40	0.40
ω_{SRI}	0.10	—

1. 路面损坏(PCI)

路面损坏状况检测,宜采用自动化的快速检测方法,条件不具备时,可人工检测。路面损坏检测数据应以 100m(人工检测)或 10m(快速检测)为单位长期保持。路面损坏用路面损坏状况指数(PCI)评价,PCI 按式(6-2)、式(6-3)计算。

$$PCI = 100 - a_0 DR^{a_1} \tag{6-2}$$

$$DR = 100 \times \frac{\sum_{i=1}^{i_0} \omega_i A_i}{A} \tag{6-3}$$

式中:DR——路面破损率(Pavement Distress Ratio),为各种损坏的折合损坏面积之和与路面调查面积之百分比(%);

A_i——第 i 类路面损坏的面积(m^2);

A——调查的路面面积(调查长度与有效路面宽度之积,m^2);

ω_i——第 i 类路面损坏的权重,按表 6-2 取值;

a_0——水泥混凝土路面采用 10.66;

a_1——水泥混凝土路面采用 0.461;

i——考虑损坏程度(轻、中、重)的第 i 项路面损坏类型;

i_0——包含损坏程度(轻、中、重)的损坏类型总数,水泥混凝土路面取 20。

水泥路面损坏类型和权重　　　　　表 6-2

类型(i)	损坏名称	损坏程度	权重(ω_i)	计 量 单 位
1	破碎板	轻	0.8	面积 m^2
2		重	1.0	
3	裂缝	轻	0.6	长度 m (影响宽度:1.0m)
4		中	0.8	
5		重	1.0	
6	板角断裂	轻	0.6	面积 m^2
7		中	0.8	
8		重	1.0	
9	错台	轻	0.6	长度 m (影响宽度:1.0m)
10		重	1.0	

续上表

类型(i)	损坏名称	损坏程度	权重(ω_i)	计量单位
11	唧泥		1.0	长度 m（影响宽度:1.0m）
12	边角剥落	轻	0.6	长度 m（影响宽度:1.0m）
13		中	0.8	
14		重	1.0	
15	接缝料损坏	轻	0.4	长度 m（影响宽度:1.0m）
16		重	0.6	
17	坑洞		1.0	面积 m²
18	拱起		1.0	面积 m²
19	露骨		0.3	面积 m²
20	修补		0.1	面积 m²

2. 路面行驶质量(RQI)

路面平整度宜采用快速检测设备,可结合路面损坏和车辙一并检测。路面平整度检测数据应以100m(人工检测)或20m(快速检测)为单位长期保持。路面平整度用路面行驶质量指数(RQI)评价,按式(6-4)计算。

$$RQI = \frac{100}{1 + a_0 e^{a_1 IRI}} \quad (6\text{-}4)$$

式中:IRI——国际平整度指数(International Roughness Index, m/km);

a_0——高速、一级公路取0.026,其他等级公路取0.0185;

a_1——高速、一级公路取0.65,其他等级公路取0.58。

3. 路面抗滑性能(SRI)

路面抗滑性能宜采用基于横向力系数的路面抗滑性能检测设备或其他具有可靠数据标定关系的自动化检测设备。路面抗滑性能检测数据(横向力系数)应以20m为单位长期保存。路面抗滑性能用路面抗滑性能指数(SRI)评价,按式(6-5)计算。

$$SRI = \frac{100 - SRI_{min}}{1 + a_0 e^{a_1 SFC}} + SRI_{min} \quad (6\text{-}5)$$

式中:SFC——横向力系数(Side-way Force Coefficient);

SRI_{min}——标定参数,采用35.0;

a_0——模型参数,采用28.6;

a_1——模型参数,采用-0.105。

二、水泥混凝土路面的养护对策

水泥混凝土路面养护质量的评定等级分为优、良、中、次、差5个等级,按《公路技术状况评定标准》(JTG H20—2007)评定,并应按以下情况分别采取各种养护对策:

(1)高速公路及一级公路的路面损坏状况指数评价为优和良,二级及二级以下公路的路面损坏状况指数评价为中及中以上时,可采取日常养护和局部或个别板块修补措施。

(2)高速公路及一级公路的路面损坏状况指数评价为中及中以下,二级及二级以下公路的路面损坏状况指数评价为次及次以下时,采取全路段修复或改善措施。

(3)高速公路及一级公路的路面行驶质量指数、抗滑性能指数评价为中及中以下,二级及二级以下公路的路面行驶质量指数、抗滑性能指数评价为次及次以下时,应分别采取措施,改善路面平整度,提高路表面的抗滑能力。

(4)路面结构承载能力不满足现有交通的要求时,应采取铺筑沥青混凝土或水泥混凝土加铺层措施,提高其承载能力。

第三节　水泥路面日常养护

一、清扫保洁

水泥混凝土路面的清扫是为了维护路面的使用功能、保持路容路貌整洁、保护沿线环境、保护车辆安全。汽车在行驶过程中可能将泥土、灰尘、石子或其他硬质物体带上公路,污染水泥混凝土路面,甚至造成飞石伤人;路面上散落的石子或其他硬质物在行车的作用下会破坏路表结构,嵌入路面接缝时会使混凝土路面板块伸缩缝丧失功能。因此要经常保持水泥混凝土路面整洁,清除路面上的泥土、污物、石子及其他硬质物。清扫的主要范围包括:行车道、人行道、中央分隔带、隧道、桥梁伸缩缝、交通标志等附属设施。

1. 人工保洁、机械保洁或人工结合机械保洁

(1)高速公路、一级公路和交通繁忙的其他等级公路的水泥混凝土路面清扫应采用机械作业,机械清扫不到的死角辅以人工清扫干净。采用机械清扫时应根据作业路段、作业面积、作业要求拟定行驶路线,保证机械使用效率。

①机械清扫时应考虑的内容

a. 机械作业能力。根据清扫机械功率、行驶速度、道路状况、垃圾量等因素确定清扫距离,一般 20~40km。

b. 清扫频率视交通量大小、污染速度及环保要求确定。

②人工辅助清扫内容

a. 在机械清扫之前先清除、回收大块垃圾。

b. 清扫因障碍物或机械不能清扫到的行车道部分。

c. 有人行道时扫除人行道的垃圾。

d. 附属设施的清扫。

(2)交通量小的二级(含二级以下)公路水泥混凝土路面可采用人工清扫,根据情况逐渐过渡为机械清扫。

①采用人工清扫时应着安全志服,清扫时应面向来车,并避让行车以保证作业安全。

②人工清扫宜根据不同路段路面污染状况确定相应的清扫次数,每次清扫范围按定额标准执行。

③对交通量大、污染快的城市近郊区、不同路面连接处、平交道口及保洁有特殊要求的路

段应适当增加清洁人员和清扫次数。

(3)机械、人工清扫均宜避开交通量高峰时段(交通量大时可利用清晨或夜晚进行),清扫时不得污染环境和危及行车安全,清扫后的垃圾应运至指定地点进行处理。

2.油类物质或化学药品污染时应及时清洗

(1)油类清洗。当油类洒落面积较大时,要迅速撒砂以防车辆出现滑溜事故,并在交通量少时用水冲洗干净。

(2)化学物品清洗。化学物品洒落路面后,必须采用相应的中和剂进行化学处理,经处理后再用水清洗干净。

(3)路面清洗的注意事项。一般性污染应在交通量少的时候进行清洗,对突发事故造成的油类洒落,一定要及时处理,不得污染环境。对于清洗作业速度、喷水压力、用水量要预先试验确定。冬季清洗时,如气温在 0℃以下,则路面有结冰的危险,应力求避免。

二、接缝保养及填缝料更换

水泥混凝土路面接缝养护的好坏直接影响水泥混凝土路面的使用周期和使用功能。接缝的失养往往导致水泥混凝土板块产生唧泥、脱空、胀裂、接缝剥落、错台等病害。水泥混凝土路面的接缝分为纵缝、横缝两大类。纵缝是与路线中线平行的缝,一般分为纵向缩缝和纵向施工缝。横缝一般分为横向缩缝、胀缝和横向施工缝。

1.对接缝养护的要求

(1)防止硬质杂物落入接缝缝隙内,妨碍混凝土板块伸长从而造成接缝损坏。

①清扫路面杂物。

②剔除缝内硬物。

(2)防止雨水侵入缝隙内软化路基,导致混凝土板块损坏。

①保持路面排水通畅。

②保持接缝填料完好。

(3)保持填缝料饱满、密实、黏结牢固,从而保证接缝完好,表面平顺、不渗水。

①当气温上升、水泥混凝土板伸长、接缝料挤出缝外并高出高速公路、一级公路路面 3mm,其他等级公路 5mm 时,应将高出部分用小铁铲或其他工具铲出,以保证路面平整。

②当气温下降、水泥混凝土面板块收缩、接缝扩大有空隙时,应选择当地气温较低时灌注同样的填缝料,以防止泥、砂挤进接缝,雨水渗入接缝。

2.填缝料的周期性和日常性更换及施工工艺

(1)填缝料日常性更换是指对填缝料局部脱落、缺失损坏的填补更换,是一项经常性的养护工作。

(2)缝料更换的周期主要取决于填缝料自身的寿命与施工质量,以及路面条件,从我国目前填缝料研制和使用的状况来看,填缝料的使用周期一般不超过三年。

(3)更换填缝料的施工工艺

①材料及机具准备。根据更换填缝料的缝长度准备好填缝料,在现场配制时,按照配方准备各组分材料以便现场配制;检查清缝机、灌缝机工作是否正常,人工作业的工具是否齐备。采用人工或清缝机将原填缝料及掉入缝槽内的砂石杂物清除,人工清缝时应注意用铁钩钩出

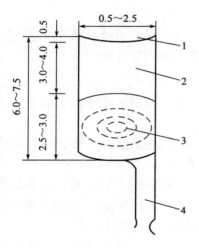

图6-1 填缝料灌注示意图(尺寸单位:cm)
1-膨胀空间;2-填入接缝材料;3-支撑条;4-导裂缝

缝内原填缝料和砂石等杂物,用钢丝轮将残存的旧料打掉,同时打毛缝壁。

②利用空压机或压力水将缝内灰尘吹洗干净,保证缝槽干燥(采用压力水冲洗时应进行烘干或晒干)、清洁。

③在缝两侧撒滑石粉、砂或涂刷泥浆等,确保灌缝时不污染路面。

④灌缝可采用灌缝机或灌缝枪。采用灌缝机时,灌缝机的出料嘴中心与导向轮必须在一条直线上。填缝料灌注深度宜为3~4cm。当缝深过大时缝的下部可采用2.5~3.0cm高的多孔柔性垫底材料或泡沫塑料支撑条(图6-1)。填缝料的灌注高度夏天宜与板面齐平,冬天宜稍微低于板面,多余的或流淌到面板上的填缝料应予以清除。

⑤待灌缝料冷却后,将缝两侧洒落的灌缝料及滑石粉、砂或泥浆等材料清除干净。

3. 填缝料应具备的主要技术性能

(1)与水泥混凝土面板缝壁具有较好的黏结力。当混凝土板伸缩时,填缝料能与混凝土板壁黏结牢固,防止从混凝土缝壁上脱落。

(2)较高的伸缩率。回弹力好并能适应混凝土面板收缩而不至于断裂。

(3)耐热且嵌入性好。夏季高温时,填缝料不溢出、流淌,并不溶于水、不渗水。

(4)具有较好的低温塑性。在冬季低温时,填缝料不发生脆裂,并具有一定的延伸性。

(5)耐久性好。在恶劣的气候条件下,填缝料应能耐磨、不过早产生老化,在较长时间保持良好的使用性能。

4. 填缝料按施工方法可分为加热施工式填缝料和常温施工式填缝料

加热施工式填缝料的品种主要有聚氯乙烯胶泥、沥青橡胶类和沥青玛蹄脂等,其技术要求应符合表6-3的规定。

加热施工式填缝料的技术要求　　表6-3

试验项目	低弹性型	高弹性型
针入度(0.1mm)	<50	<90
弹性(复原率)(%)	>30	>60
流动度(mm)	<5	<2
伸缩量(mm)	>5	>15

(1)聚氯乙烯胶泥

聚氯乙烯胶泥是以煤焦油为基料,加入聚氯乙烯树脂、增塑剂、填充料和稳定剂等配制而成,各原料成分的作用如下:

①煤焦油,可与其他成分相溶,与水泥混凝土的黏结力强,是制备填料的良好基料。

②聚氯乙烯树脂,加热时塑化,冷却后使填缝料固化成型。

③邻苯二甲酸二丁酯及乙二酸,改善填缝料的低温塑性。

④二盐基亚硫酸,防止填缝料加热时分解变质。

⑤滑石粉或粉煤灰,改善填缝料耐热性并降低成本。

聚氯乙烯胶泥是工厂配制好的单组分材料,固体状、外观呈黑色。

施工工艺要求:施工时加热至灌入温度(130~140℃),为防止焦化变质,应采取间接加热法,即预热工作在双层锅中进行,两层锅之间用石蜡或高温机油等作传导温度介质,达到灌入温度后滤出杂物,采用灌缝机进行灌缝,冷却后即可成型。

(2)橡胶沥青

橡胶沥青填缝料是由石油沥青掺加废橡胶粉等配制而成。施工前将废橡胶粉预先溶于有机溶剂中或先与少量沥青溶解,然后加入热沥青搅拌。此法配制工艺繁杂、搅拌溶解不均匀、质量不稳定。

以下介绍丁苯橡胶沥青。丁苯橡胶具有耐磨、耐油、耐老化及弹性较好等优点,改性后沥青的延度可达150cm以上。丁苯乳胶中橡胶的粒子约为$0.05\mu m$,有利于在沥青中溶解,使改性后的沥青形成稳定的胶体状态。丁苯橡胶沥青是由工厂采用预混式方法生产的单组分材料,外观呈黑色的固体。当加热温度过低时,黏度较大,造成施工困难;加热温度过高,黏度虽下降,但易引起沥青老化,一般以170~180℃为宜。

常温施工式填缝料的品种主要有聚氨酯焦油类、氯丁橡胶类、乳化沥青橡胶类等,其技术要求应符合表6-4的规定。

常温施工式填缝料的技术要求 表6-4

试 验 项 目	技 术 要 求	试 验 项 目	技 术 要 求
灌入稠度(s)	<20	流动度(mm)	0
失黏时间(h)	6~24	拉伸量(mm)	>15
弹性(复原率)(%)	>75		

①氨脂焦油类

氨脂焦油类填缝料为双组分材料。甲组分是聚氨基甲酸酯,乙组分主要由煤焦油及填充料等组成。两个组分均是具有较好流动状态的黏稠液体,易于搅拌均匀混合,固化后形成橡胶状弹性体,具有耐磨、耐油、耐腐蚀及耐热等优点。

②聚氨酯类

聚氨酯类材料主要由多异氰酸脂和多羟基化合物组成,不含煤焦油成分。填缝料更换工作一般应由养路工人在春秋季节实施,较理想的填缝时间是当地气温居中的时间段内或遵照生产厂家的建议。平时发现缺损应即时补填。

三、排水设施的养护

水泥混凝土路面、路肩、中央分隔带、边沟、边坡、截水沟、排水沟等组成地面排水系统。

1. 排水设施养护的重要性

水泥混凝土路面若排水不畅,水分渗入路面基层及路基后,将软化路面基层及路基,使混凝土板块底部形成唧泥,产生脱空,从而导致混凝土板块破坏。此外,水泥混凝土路面积水形成水膜影响行车安全,故必须对其进行妥善的日常养护,保证排水系统的排水功能。

2. 排水系统养护的要求

（1）对路面排水设施应进行经常性的巡查和重点检查，发现损坏及时修复，发现堵塞立即疏通，发现路段积水及时排出。

（2）应坚持雨前、雨中、雨后上路检查制度。雨天重点检查有超高路段的中央分隔带纵向排水沟、横向排水管、雨水井、集水井等的排水状况。

（3）保持路面横坡及路面平整度。当快车道是水泥混凝土路面，慢车道或非机动车道是沥青路面时，应保持沥青路面横坡大于水泥混凝土路面横坡。

（4）保持路肩横坡大于路面横坡，并且保持横坡顺适，土路肩应定期铲路肩，及时修复路肩缺口。

（5）清除路肩杂物、污物，疏通路肩排水设施和中央分隔带排水设施，同时定期清除雨水井、集水井的沉淀物。

（6）保持排水构造物的完好，发现损坏应及时安排修复，修复宜采用与原构造物相同的材料。

（7）对路面板裂缝应进行封闭，对路面接缝、路肩接缝以及路缘石与路面接缝出现接缝变宽、渗水时应进行填缝处理。

（8）地下水常以毛细水、结合水、气态水和游离水的形式存在于土和粒料路面材料内，存在于路面基层、垫层和土基内的游离水会使材料的强度降低，产生唧泥和造成路面冻胀破坏。

（9）为排除路面下的游离水，常沿水泥混凝土路面外侧边缘稳定基层上布设边部排水设施（一般采用多孔塑料管外包渗滤层），把可能产生唧泥或喷射出的板与基层间的截留水排出。

（10）由于排水系统的不均匀沉降及沉积物可能在管内聚积，应使用大量清水冲洗聚水管，或采用管道清理工具疏通，要注意清除出水口的植物、淤积物、堵塞物。

第四节　水泥路面预防性养护

一、板下封堵

水泥混凝土路面板下封堵是一种预防性养护措施，它是将路面板下和基层、垫层中的细小空隙进行灌浆，由于空隙被填充，会降低未来发生唧泥或断板的可能性，但不能提高结构设计能力，也不能消除因温度变化和交通荷载而造成的错台。因此，板下封堵应在弯沉增大，尚未发现严重唧泥或裂缝时进行，如果弯沉很小，也不宜灌浆，以免因灌浆所造成的扰动，可能会使弯沉增大。

1. 板块脱空判定

板下封堵的首要问题是确定水泥混凝土面板是否脱空，以及脱空位置和范围。在美国、英国是通过弯沉测量来确定板块是否脱空，我国也运用弯沉测定来确定水泥混凝土板的脱空位置。

（1）弯沉仪测定法

①加载车。采用相当于黄河 JN150 的重型标准汽车，后轴重 10t。

②仪表。5.4m 长杆贝克曼梁,百分表(至少三套)。

③测点。路面每幅每条横向接缝或裂缝测 4 个点位,测点在接、裂缝两侧的 4 个角点上。

④车轮位置。角点处,车轮着地矩形的边缘离中缝及横向接(裂)缝的距离不大于 10cm。

⑤变位感应支点位置。贝克曼梁的变位感应支点应尽量接近角部或边缝,不一定要紧靠近车轮,不必将感应支点落在两轮胎之间的间隙处。

⑥相隔两道缝。贝克曼梁的中间支点及百分表支座支点应与变位感应点保持相隔两道接(裂)缝,至少相隔一道缝,不能落在同一完整板块上,如图 6-2 所示。

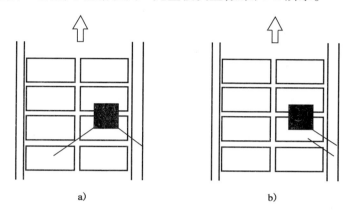

图 6-2 弯沉测点布置图
a)单点弯沉测量;b)相邻板块弯沉差测量

⑦读数。汽车应以 5km/h 的速度驶离测点至少 5m 以上,并且相隔至少一道缝,当百分表读数稳定时,才能读数。

⑧记录。应在病害调查表裂缝图上标记测点位置。

回弹弯沉值计算(0.01mm):

$$L_T = (L_1 - L_2) \times 2 \tag{6-6}$$

(2)承载板测定法

承载板测定法,在国内外运用较少,它是将弯沉测定装置的承载板放置板角,在加载和未加载的各边的接缝或裂缝附近放传感器测量荷载传递、读数、记录、计算,确定面板脱空的位置。

2. 灌浆机具配备

水泥混凝土路面板下封堵的灌浆设备主要由压浆泵、灰浆搅拌机、胀卡头、水箱和 30kW 发电机组等组成。

(1)压浆泵的选择

①泵的压力。压浆泵的压力应根据灌浆材料不同,管路的长短等因素来确定。水泥粉煤灰作为灌浆材料,压浆泵的初始起动压力宜为 1.5MPa,即 15kg/cm²。

②输送管的管径。由于输送距离较短,一般输送半径不大于 30m,故宜选用压浆管管径 64mm,排浆管管径 51mm。

③输送量。每台压浆机组额定工程量为单幅 100m 即 20 块面板,每班工作有效压浆时间按 4h 计,则压浆机每小时材料输送量应大于 $1.5m^2$,宜采用 $3m^2/h$ 输送量的压浆泵。

(2)灰浆搅拌机的选择

灰浆搅拌机有两个功能,一是灰浆搅拌,二是灰浆储存,且灰浆储存内设有搅拌轴以防止灰浆沉淀离析。该设备主要参数:工作效率 $6m^3/h$;搅拌轴转速 $70n/min$。

(3)胀卡头

胀卡头是压浆工作的重要部件,它是压浆管与水泥混凝土板衔接的媒介。胀卡头的尺寸宜选用最大外径 107mm,内孔直径为 38mm。为使压浆顺利进行,胀卡头的最小旋紧力矩不得小于 $120kg \cdot m$。

3. 灌浆材料

水泥混凝土路面板下封堵的灌浆材料一般由水泥、粉煤灰、砂、外渗剂和水组成。灌浆材料质量的优劣直接影响灌浆的效果,因此,灌浆材料均应通过试验确定。

(1)灌浆材料应具有的特点

①早期强度高。要求材料具有一定抗压强度和弯拉强度,同时应尽可能早的形成强度,以便及早通车。

②流动性好。灌浆加固是在一定压力下将浆体压入到板下的空隙,常用的灌浆压力在 1.0~1.5MPa 之间,若浆体本身黏度大,流动性不好,在灌浆过程中不能充分灌入空隙,影响加固质量。

③无离析、无泌水。为保证足够的流动性,灌浆材料往往采用了水量较大的配合比,因此浆体很容易出现离析、泌水和收缩,不仅降低了灌浆加固层与水泥混凝土板的黏结,而且大量的泌出水还会渗入到基层材料中,降低基层材料的稳定性,反而会加剧脱空现象。

④无收缩。灌浆加固层的收缩将造成与板体和基层之间的黏结减弱,影响灌浆加固效果。

(2)灌浆材料的配制

①原材料的选择。为了提高浆体的早期强度,应选用 425 号或 525 号硅酸盐水泥。粉煤灰宜选用干排二级粉煤灰。砂的加入不仅可以提高浆体强度,减少其收缩,同时可降低水泥用量;但大粒径的砂砾易产生明显的不均匀沉降,引起离析泌水。因此应选用特细砂,细度模数为 1.21,最大粒径小于 0.6mm,含泥量小于 1%。此外,应采用饮用水。

②灌浆材料的配制。根据公路等级、脱空情况、施工机械、工程要求及原材料性能的不同,可以相应调整配合比。

4. 板下脱空处治

水泥混凝土路面板下脱空处治,在确定脱空板的位置、范围的基础上,作好灌浆机具和灌浆材料及其配制以后,方可进行板下脱空处治。

(1)灌浆前的准备工作

①检查压浆泵、发电机组各连接部件是否紧固,供电线路、电器是否正常,润滑部位液面是否足够。

②彻底排清砂浆搅拌机的积水及残留物。

③机组水箱、钻孔机水箱是否加满了水。

④压浆管路及胀卡头是否完整有效。

⑤根据各块板的弯沉值和损坏的具体情况,确定需灌浆加固的水泥混凝土板及范围,如图 6-3 所示。

⑥在混凝土板上确定孔位,并做好标记。

(2)钻孔作业

①将钻孔机放置在确定的钻孔位置,开动钻机开关,观察钻头转向无误,并有水流出,方能开始钻孔。

②孔的直径应略大于灌浆的喷嘴直径,孔的深度应穿过混凝土板,钻入稳定的基层1~3cm。

③用海绵块将钻孔中的积水吸出,并用空压机吹气的方法排除板下杂质污物,形成空腔,以利浆体的分布和黏结。

④将胀卡头牢固地安装在钻孔上。

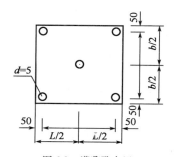

图6-3 灌浆孔布置
d-灌浆孔直径;L-板长;b-板宽

(3)制浆作业

①根据所需灌注的体积、浆体配合比及施工速度,称取各种材料。

②开动砂浆搅拌机,在水中加入减水剂和早强剂,并将水泥、粉煤灰、砂、膨胀剂倒入灌浆机的搅拌筒中,先干拌均匀,然后在加入已溶有减水剂、早强剂的水,并搅拌5~10min,形成均匀浆体。

③配制好的浆体应在30min内用完,并且施工过程中应继续搅拌,中途不得停机。

(4)灌浆作业

①灌浆时应先灌注面板边缘的孔,再灌注面板中间的孔。

②将灌浆机的喷嘴插入孔中,并封紧以防浆体由孔中流出。

③启动灌浆机,将压力泵的压力均匀增加到1.0~1.5MPa(因机械不同需要的压力各异)时,进行灌浆。

④待浆体由其他孔中或板块四周挤出时,表明板下空隙已被灌满,应减小压力,并将喷嘴提起,立即用木塞塞孔,防止浆体溢出,至浆体初凝,再拔出木塞,用高强度等级砂浆封孔、抹平。

⑤关闭压力泵,将灌浆机移到下一个孔继续灌浆,待一块板灌浆完毕后,再移至其他板块灌浆。

⑥灌浆区板下的浆体经2~3d的硬化,达到通车强度后,即可开放交通。

二、表面功能恢复

(1)对水泥混凝土路面局部路段出现的路面磨光,可采取机械刻槽的方法恢复水泥混凝土路面的表面平整度和摩擦系数。采用自行式刻槽机进行刻槽,使用圆盘形的金刚石刀片、碳化钨冲头等,在路面上切成窄槽。这种方法可以预防雨天路面打滑现象。防滑槽的方向主要有两种:纵向刻槽可以预防横向滑动与横向风力所造成的事故;横向刻槽对缩短刹车距离效果较好,适用于陡坡路段,交叉路口附近等。防滑槽可根据刀片的宽度来选定适宜的形状。一般常用的刻槽深度为3~6mm,槽宽为3~6mm,缝距为19~50mm。刻槽时应由高向低逐步推进。

(2)对局部板块出现的露骨,可采用快速修补混凝土进行薄层水泥混凝土罩面。实施时首先需要凿除水泥混凝土面板表面,凿除深度1~5cm,用高压水冲洗板块毛面,用压缩空气清除板块表面水分,应在混凝土毛面上涂一层界面黏结剂,其应具有较好的黏结性能和一定的黏结强度。然后在现浇水泥混凝土板边立模,配制快速修补混凝土,使其满足坍落度、凝结时间、泌水率和强度的要求,采用强制式搅拌机拌和60~90s,采用人工摊铺,平板振捣器振捣密实,振动找平,人工抹面、压纹。修补混凝土摊铺后2h,对其进行保湿养生24h。

(3)水泥混凝土路面整条路段出现较大面积磨损、露骨时应采取铺设沥青磨耗层的方法恢复其表面功能。沥青磨耗层铺筑前应对混凝土面板进行修整和处理,应使水泥混凝土路面干燥清洁,不得有尘土、杂物或油污。对于水泥混凝土路面表面应喷洒$0.4~6.0 kg/m^2$的黏层沥青,宜采用快裂型乳化沥青。黏层沥青宜用沥青洒布车进行喷洒,在路缘石,雨水进水口,检查井等局部位置与沥青面层接触处,宜用刷子进行人工涂刷。喷洒黏层沥青应均匀洒布和涂刷,喷洒过量应予刮除。当气温低于10℃或路面潮湿时,不得喷洒黏层沥青。喷洒黏层沥青后,除沥青混合料运输车辆外,严禁其他车辆、行人通过,黏层沥青洒布后,应立即铺筑沥青层,乳化沥青应待破乳后方可铺筑沥青层。沥青磨耗层采用沥青砂,厚度一般为1.0~1.5cm,其矿料级配及沥青用量可参考表6-5。

沥青混合料级配及沥青用量范围(方孔筛) 表6-5

通过下列筛孔(mm)的质量百分率(%)								沥青用量 (kg/m^2)
9.5	4.75	2.36	1.18	0.6	0.3	0.15	0.075	
100	95~100	55~75	35~55	20~40	12~28	7~18	5~10	6.0~8.0

(4)当磨耗层采用稀浆封层时,宜采用的矿料级配及沥青用量范围见表6-6。

乳化沥青稀浆封层矿料级配及沥青用量范围 表6-6

筛孔 通过量	筛孔(mm)	级配类型 ES-3
通过筛孔的质量百分率(%)	9.5	100
	4.75	70~90
	2.36	45~70
	1.18	28~50
	0.6	19~34
	0.3	12~25
	0.15	7~18
	0.075	5~15
沥青用量(油石比)(%)		6.5~12
平均厚度(mm)		4~6
混合料用量(kg/m^2)		>8

稀浆封层的施工温度不得低于10℃,路面应清洁。稀浆封层矿料级配及沥青用量应符合相关规范要求。稀浆封层机施工时应保持匀速前进,稀浆封层厚度要均匀。稀浆封层机摊铺时应保持槽内有近半槽稀浆,摊铺过程中出现局部稀浆过厚,需用橡皮板刮平,稀浆过少应用铁锹取浆补齐,流出的乳液需用刮板刮平,摊铺终点接头处应平直整齐。稀浆封层铺筑后成型前应封闭交通。待乳化沥青破乳、水分蒸发、干燥、路面成型后方可开放交通。开放交通初期应有专人指挥,控制车速不得超过20km/h,并不得制动或掉头。

(5)采用改性沥青稀浆封层时,其施工程序与普通稀浆封层基本相同,但必须使用改性稀浆封层机,改性稀浆封层机具有储料、送料、拌和、摊铺计量控制等功能。采用慢裂快凝型乳化沥青,一般1h后可开放交通。矿料应符合《公路沥青路面施工技术规范》(JTG F40—2004)的有关规定,集料的颗粒粒径组成应符合改性沥青稀浆封层集料级配要求,压碎值不大于28%,洛杉矶磨耗值小于30%,吸水率小于2%,与沥青的黏附性大于4级,针片状含量小于10%,砂当量大于60%,集料形状应近似立方体。填料要松散、干燥、无结块,不含泥土杂质,0.074mm筛孔通过率应满足要求。水应采用可饮用水。在25℃的标准气温时,混合料拌和时间不少于120s。当气温为30℃时,拌和时间不少于180s,拌和好的混合料应均匀、无花白料,在手中用力攥紧,能攥出水来并黏成球体,落地后不散。由于现场气候与原料尤其是矿料可能存在的变异,以及室内外条件的差异,所以在施工阶段应对室内选定的配合比数据结合施工现场情况进行适当调整,确定现场最佳的配合比,同时应注意气候变化对配合比的影响。对铺完的稀浆封层应进行适当的初期养护,封闭交通禁止行车碾压,待混合料初凝(黏聚力大于12kg·cm)时或摊铺后0.5h,可用10t轮胎压路机碾压(严禁用钢轮压路机),把封层中析出的水分挤出,提高封层的密实度和强度,缩短初期养护的时间,加快开放交通。

第五节　水泥路面典型病害养护维修

一、裂缝与断板维修

水泥混凝土路面裂缝与断板的形式多种多样,其产生的原因也是多种多样的。例如,施工养生不当引起的早期表层开裂,基层脱空引起的面板全厚度断裂,在荷载和温度应力共同作用下的疲劳开裂,活性集料反应引起的网裂,板过长的翘曲或过量收缩而产生的横向裂缝等。裂缝与断板的出现如果不及时维修处治,病害将继续扩大,面板将丧失传荷作用,导致路面的严重损坏,影响行车安全。

1. 缝的类型及产生的原因

混凝土面板的裂缝,可分为表面裂缝和贯穿裂缝。

(1)表面裂缝

混凝土面板的表面裂缝主要是混凝土浇筑后未及时覆盖表面,在炎热或大风天气,表面游离水分蒸发过快,混凝土体积急剧收缩以及碳化收缩引起的。

混凝土混合料是一种多相不均匀材料。由于构成混合料的各种固体颗粒大小和密度的不同,混凝土表面过度振荡,使水泥和细集料过多上浮至表面,粗集料下沉,水分向上游动,从而形成表层泌水。

泌水使混凝土路面表面含水量增加,当混合料表面水的蒸发速度比泌水速度快时,水的蒸发面就会深入到混合料表面之内,水面形成凹面,其凹面较凸面所受压力大,同时固体颗粒间产生毛细管张力,致使颗粒凝聚,当混凝土表面尚未充分硬化,不能抵抗这一张力时,混凝土表面则发生裂缝。这种塑性裂缝的发生时间,大致与泌水消失时间相对应,在混凝土浇筑后数小时,混凝土表面将普遍出现细微的发丝龟裂。

混凝土的碳化收缩也会引起其表面龟裂。当混凝土配合比不合理,水泥用量较少、水灰比较大,空气中的CO_2易渗透到混凝土内,与其中的碱性物质起化学反应后生成碳酸盐和水,而碳化作用引起的收缩仅限于混凝土路面表层,故产生混凝土的表面裂缝。

混凝土的碳化收缩速度较失水干缩速度慢得多,因而由碳化带来的表面裂缝对混凝土强度的危害并不大,有时碳化甚至能增加混凝土的强度。但是无论是哪种表面龟裂都给水泥混凝土路面表层的耐磨性带来不利影响,严重的表面裂缝,会使路面出现起皮和露骨现象,如不及时维修处理将会影响路面使用功能。

(2)贯穿裂缝

水泥混凝土路面贯穿裂缝包括贯穿面板全厚度的横向裂缝、纵向裂缝、交叉裂缝、板角断裂等。

①干缩裂缝

在水泥混凝土中,水分在混凝土硬化过程中散失时,水泥浆体就会收缩,称为干缩。但是自由收缩不会导致裂缝产生,只有收缩受到限制而产生收缩应力时,才会引起干燥收缩裂缝。

水泥浆干缩的内部限制主要是混凝土中集料对水泥浆的限制。在普通水泥混凝土中,水泥浆的收缩率被限制到90%,所以,混凝土内部经常存在着引起干缩裂缝的应力分布。

水泥混凝土干缩的外部限制主要是路面板块间或路面整体的限制,处于限制状态下的混凝土结构,只有当混凝土本身的抗拉应变以及徐变应变二者与混凝土硬化干燥过程中的自由收缩值不相适应时,混凝土才会发生裂缝。

从配合比来看,虽然混凝土的坍落度、水泥用量、集料粒径、细集料含量等对混凝土的干缩有影响,但最重要的影响因素还是混凝土的单位用水量,单位用水量愈小,自由收缩应变值愈小。但在实际施工中,过小的单位用水量,往往不能满足路面施工要求,因而在实际施工中,通常以缩小侧限系数为目的,对于路面长度则借助于设置接缝的方法来缓和约束;对于基层和侧边,则借助于隔离层和平整度来缓和约束。

②冷缩裂缝

水泥混凝土和其他材料一样具有热胀冷缩的性质。混凝土板块的热胀冷缩都是在相邻部位或整体性限制条件下发生的,故热胀属于变形压缩,而冷缩属于拉伸变形,很容易引起开裂。

水泥的水化过程是放热过程,在混凝土硬化过程中,释放大量热能,致使温度上升。在通常温度范围内,混凝土温度上升 $1℃$,每米膨胀 $0.01mm$,因此,温度变形对大面积混凝土板块极为不利。

据有关试验证明,水泥水化过程中的放热速度是变化的,初始较缓慢,25min 后增温,大约在水泥终凝后 12h 的水化热温度可达 $80 \sim 90℃$,使混凝土内部产生显著的体积膨胀,而板面温度随着夜晚气温降低,湿水养护而冷却收缩,致使混凝土路面内部膨胀,外部收缩,产生较大拉应力,当外部混凝土所受拉应力超过混凝土极限抗拉强度时,板块就会产生裂缝或横向裂缝。此外,从最高温度降温,由于受到已有基层或已有硬化混凝土的约束力,在温度下降时不能自由收缩,便会产生裂缝,这种裂缝大多是贯穿路面的。

③切缝不及时

水泥混凝土路面施工时,采用切缝将路面分成块,以防止路面的干缩和冷缩裂缝,但由于施工中切缝的时间难以控制准确,故造成混凝土路面出现横向裂缝,从混凝土收缩角度考虑,在混凝土中水泥水化初始阶段进行切缝最佳,但事实上因抗压强度过低,根本无法切缝。

对于已切缝的混凝土板,除第一天的应力有可能大于该龄期的抗折强度外,其余温度应力均小于相应龄期强度,因此切缝不及时便会导致水泥混凝土路面产生横向裂缝。

（3）纵向裂缝

顺路方向出现的裂缝称为纵向裂缝，水泥混凝土路面的传荷顺序为面层、基层、垫层、路基。尽管面板传到路基顶面的荷载应力值很小，通常不会超过 0.05MPa，但路基作为支承层却很重要。

由于路基填料土质不均匀、湿度不均、膨胀性土、冻胀、碾压不密实等原因，导致路基支承不均匀，在混凝土浇筑之前，基底弹性模量在不符合规范要求情况下而盲目施工，在路基稍有沉陷时，在板块自重和行车压力作用下而产生纵向断裂。开始缝很细，但随着水分渗入基层，使其表层软化，而产生唧泥、脱落，使裂缝加宽。

在扩宽路基时，由于路基处理不当，新路基出现沉降，混凝土板下沿纵向出现脱空，在行车荷载作用下，使混凝土板发生纵向断裂。

（4）交叉裂缝

两条或两条以上相互交错的裂缝称为交叉裂缝。产生交叉裂缝的主要原因：一是水泥混凝土强度不足，在车轮荷载应力和温度应力作用下产生交叉裂缝；二是路基和基层的强度与水稳性差，一旦受到水的渗入，将会发生不均匀沉陷，在行车荷载作用下混凝土板产生交叉裂缝；三是由于水泥的水化反应和碱集料反应。水泥混凝土在搅拌、运输、振捣、凝结、硬化的过程中，始终存在着水泥的水化反应。水泥水化反应在混凝土发生升温和降温过程中产生体积的膨胀变形，在内部集料及外部边界的约束下使混凝土的自由膨胀变形受阻，而产生拉压应力，使水泥产生不安定因素，这对混凝土的质量影响很大。在水泥的生产过程中，有时会出现一些过烧的 CaO 和 MgO，它们的水化速度较慢，通常在水泥硬化后再水化，引起水泥浆体膨胀、开裂甚至溃散，如果使用了安定性差的水泥，浇筑的混凝土路面就会产生大面积龟裂或交叉裂缝。

2. 断板产生的原因

由纵向、横向、斜向交叉裂缝发展而产生的贯穿板厚并折断成两块以上的水泥混凝土路面板称为断板。

混凝土面板浇筑完成后，未完全硬化和开放交通就出现的断板为早期断板或施工断板；混凝土面板在开放交通后出现的断板称为使用期断板或后期断板。

（1）早期断板的原因

①原材料不合格

水泥安定性差，且强度不足。水泥中的游离氧化钙（f-CaO）在凝结过程中水化反应很慢，水泥在硬化后还在继续水化作用，当游离氧化钙超过一定限量时，就会破坏已经硬化的水泥石或使抗拉强度下降，水泥强度不足也会影响混凝土的初期强度，使断板的可能性大幅增加。当水泥的水化热高、收缩大时也会导致开裂。

水泥混凝土中水泥石与集料的界面黏结不良，往往易产生初期开裂，集料的含泥量和有机质含量超过规范标准，必然会造成界面缺损，容易产生开裂。

②基层高程失控、基层不平整

由于基层高程失控，导致路面厚度不一致，而面板厚薄交界处即成为薄弱断面，在混凝土收缩时难以承受拉应力而开裂。基层的不平整会大幅增加其与混凝土界面的摩阻力，因此，在较薄路面易产生开裂。如果用松散材料处理基层不平整，上层混凝土拌和物的水分会下渗被基层吸收，使下部混凝土变得疏松，强度下降，也易产生开裂。基层干燥会吸收混凝土拌和物的水分,使底部混凝土失水,强度降低而导致开裂。

③混凝土配合比不合理

混凝土中引起收缩的主要是水泥石部分,因此,单位水泥用量过大,必然会导致较大的收缩,易产生开裂。水泥完全水化的最低水灰比约为0.26~0.29,施工中为了满足其和易性的需要,一般采用了较高水灰比,但是水灰比偏大,会增大水泥水化初期集料表面的水膜厚度,影响混凝土强度。施工中用水量不佳,或使用长期阳光暴晒过的干集料也会影响混凝土的配合比的准确性,从而影响其初期强度。

④施工工艺不当

混凝土拌和时,搅拌不足或过分,振捣不密实均会使混凝土强度不足或不均匀,易导致早期断板;振捣时间过长,会造成拌和物分层,集料沉底,细料上浮形成的强度不均匀,表面收缩裂缝增加;拌和时,如果水泥和集料温度过高,再加上水泥的水化热,其拌和物的温度更高,而在冷却、硬化过程中会使温差收缩加大,导致开裂。切缝时间掌握不当或切缝深度不足,造成混凝土内应力集中,在面板的薄弱处形成不规则的贯穿裂缝。采用真空吸水工艺时,如果因两吸垫之间未重叠而导致漏吸,则漏吸处水灰比较两侧大,混凝土强度较低,收缩也大,形成薄弱环节而开裂。传力杆安装如果上下翘曲,则在混凝土伸缩和传力过程中混凝土就会被破坏,形成开裂等。

(2)使用期断板原因

根据美国的研究资料,路面的使用寿命与路面厚度成5次方关系,如果设计时交通量调查不准,路基、底基层、基层的模量和材料参数选用不当等原因,而使路面厚度偏薄,在使用过程中会造成过早的出现断板。水泥混凝土路面常年直接暴露在大气之中,其温度、湿度周期性和昼夜气温的变化,都会使混凝土面板在交替伸缩和翘曲中处于拉应力和压应力的反复作用状态,这种拉、压应力称之为温度应力。混凝土板块平面尺寸如果设计过长,温度应力就越大,当温度应力超出允许范围,面板即产生断裂。

超重车的增加是水泥混凝土路面断板的重要原因,由于交通运输业的迅速发展,大吨位车辆猛增,单轴轴载比原设计的计算轴载增加几倍,由于轴载等效换算系数$f=(P_i/P_0)^{16}$,即超重轴载与标准轴载换算成16次方关系,所以,超重车的增加是混凝土路面使用期断板的重要原因。

路基和基层压实度不足或不均匀,造成强度较低或不均匀,在使用过程中,水的渗入、水温条件的变化和行车荷载作用,路基和基层产生不均匀沉陷,使面板脱空,当受到弯拉应力大于混凝土板强度时,即面板发生断裂。

路基和基层排水不良,长期受水的侵蚀,使路基失稳或强度下降,导致路面产生不规则断裂。地面水渗入路基、基层和底基层,冬季因冻胀使路面产生纵向断裂。

3. 裂缝与断板的维修

裂缝与断板的维修,应根据其损坏程度,采取不同的维修方法和使用不同的维修材料。

(1)维修材料

维修材料可分为密封材料和补强材料。当水泥混凝土路面出现裂缝或贯穿裂缝而板面强度仍能满足使用要求时,应选用密封维修材料;当路面由于裂缝和断裂造成强度不足时,应选用补强材料。

①密封材料宜选用聚氨酯、聚硫环氧树脂(聚硫橡胶+环氧树脂)、日产 BI-GBOUT 等高分子工程材料,其材料技术性能应符合表6-7规定。

密封材料技术要求　　　　　　　　　表6-7

性　能	技术要求	性　能	技术要求
灌入稠度(s)	<20	黏结强度(MPa)	≥4
拉伸强度(MPa)	≥4	断裂伸长率(%)	≥50

②高模量补强材料宜选用经过改性的环氧树脂类材料或经乳化反应过的环氧树脂乳液，其主要技术要求应符合表6-8规定。

补强材料技术要求　　　　　　　　　表6-8

性　能	技术要求	性　能	技术要求
灌入稠度(s)	<20	黏结强度(MPa)	≥3
拉伸强度(MPa)	≥5	断裂伸长率(%)	2~5

(2) 裂缝维修

①扩缝灌浆法

该法适用于裂缝宽度小于3mm的未贯通裂缝。其修补工艺：

a. 扩缝。顺着裂缝用冲击电钻将缝口扩宽成1.5~2cm沟槽，槽深根据裂缝深度确定，最大深度不得超过2/3板厚。

b. 清缝填料。清除混凝土碎屑，用压缩空气吹净灰尘，并填入粒径0.3~0.6cm的清洁石屑。

c. 配料灌缝。采用聚硫橡胶∶环氧树脂=16∶(2~16)，配成聚硫环氧树脂灌缝料，拌和均匀并倒入灌浆器中，灌入扩缝内。

d. 加热增强。宜用红外线灯或装有60~100W灯泡的长条形灯罩，在已灌缝上加温，温度控制在50~60℃，加热1~2h即可通车。

②直接灌浆法

该法适用于裂缝宽度在3~10mm之间且边缘有破碎。其修补工艺：

a. 清缝。将缝内泥土、杂物清除干净，并确保缝内无水、干燥。

b. 涂刷底胶。在缝两边约30cm的路面上及缝内涂刷一层聚氨酯底胶层，厚度为0.3mm±0.1mm，底胶用量为0.15kg/m²。

③配料灌缝

由环氧树脂(胶结剂)、二甲苯(稀释剂)、邻苯二甲酸二丁酯(增稠剂)、乙二胺(固化剂)、水泥或滑石粉(填料)组成。采用配合比为胶结剂∶稀释剂∶增稠剂∶固化剂∶填料 = 100∶40∶10∶8∶(200~400)，填料视缝隙宽度掺加，按比例配制好，并搅拌均匀后直接灌入缝内，养护2~4h即可开放交通。

④条带罩面补缝

该法适用于缝宽大于10mm。其罩面补缝工艺：

a. 切缝。顺裂缝两侧各约15cm，且平行于缩缝切7cm深的两条横缝，如图6-4所示。

b. 凿除混凝土。在两条横缝内侧用风镐或液压镐凿除混凝土，深度以7cm为宜。

c. 打钯钉孔。沿裂缝两侧15cm，每隔50cm钻一对钯钉孔，其直径各大于钯钉直径2~4mm，并在二钯钉孔之间打一个与钯钉孔直径一致的钯钉槽。

d. 安装钯钉。用压缩空气吹除孔内混凝土碎屑，将孔内填灌快凝砂浆，把除过锈的钯钉(宜采用ϕ16mm螺纹钢筋)弯钩，钩长7cm，插入钯钉孔内。

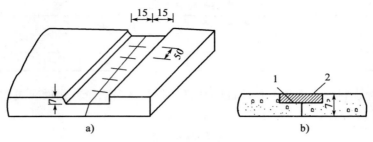

图 6-4 条带补缝(尺寸单位:cm)
1-耙钉;2-新浇混凝土

e. 凿毛缝壁。将切割的缝内壁凿毛,并清除松动的混凝土碎块及表面松动裸石。

f. 刷黏结砂浆。在修补混凝土毛面上刷一层黏结砂浆。

g. 浇筑混凝土。应浇筑快凝混凝土,并及时振捣密实,磨光和喷洒养护剂,其喷洒面应延伸到相邻老混凝土面板 20cm 以上。

⑤全深度补块

适用于宽度大于 15mm 的严重裂缝。全深度补块分集料嵌锁法、刨挖法、设置传力杆法。

a. 集料嵌锁法使用于无筋混凝土路面交错的接缝且接缝的间隔小于 300~400cm。其修补工艺详述如下:

(a)画线、切割。将修补的混凝土路面沿面板平行于横向裂缝画线,并沿画线用切割机进行全深度切割,在全深度补块的外侧锯 4cm 宽,5cm 深的缝,如图 6-5 所示。

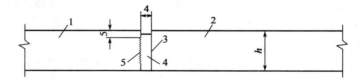

图 6-5 集料嵌锁法(尺寸单位:cm)
1-保留板;2-全深度补块;3-全深度锯缝;4-凿除混凝土;5-缩缝交错接面

(b)破碎、凿毛。用风镐破碎并清除旧混凝土,将全深锯口和半锯口之间的 4cm 宽条混凝土垂直面凿成毛面。

(c)基层处理。基层强度如果符合规范要求,应整平基层,若低于规范要求应予补强,并严格整平;若基层全部损坏或松软,应按原设计基层材料重新作基层。

(d)混凝土配合比。新的混凝土配合比应与原混凝土材料一致。若采用 JK 系列混凝土快速修补材料,水灰比以 0.30~0.40 为宜,坍落度宜控制在 2cm 内。混凝土 24h 的弯拉强度应不低于 3.0MPa。

(e)混凝土拌和、摊铺。严格按配合比用搅拌机将混凝土搅拌均匀,将拌好的混合料摊铺在补块区内,并振捣密实。浇筑的混凝土面层应与相邻路面的横断层高程一致,其表面纹理应与原路面相同。

(f)养生。补块的养生宜采用养护剂养生,其用量根据养护剂材料性能确定。

(g)接缝处理。做接缝时,将板中间的各缩缝锯切 1/4 板厚处,并将接缝材料填入缩缝内。

(h)浇筑混凝土达到通车强度后,即可开放交通。

b. 刨挖法(倒 T 形法)。适用于接缝间传荷很差部位。

在相邻板横边的下方暗挖 15cm×15cm 的一块面积用于荷载传递,如图 6-6 所示。

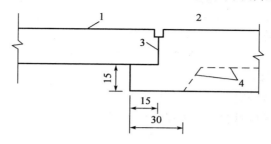

图 6-6　刨挖法(尺寸单位:cm)
1-保留板;2-补块;3-全深度锯缝;4-垫层开挖线

c.设置传力杆法。适用于在寒冷气候和承受重型交通荷载的混凝土路面。处理基层后,应修复、安设传力杆和拉杆,如图 6-7 所示。

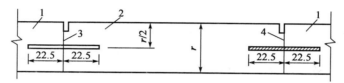

图 6-7　设置传力杆法(尺寸单位:cm)
1-保留板;2-全深度锯缝;3-缩缝;4-施工缝

(a)原混凝土面板没有传力杆和拉杆折断时,应与原尺寸相同的钢筋焊接或重新安设。安装时应在板厚 1/2 处钻出比传力杆直径大 2～4mm 的孔,孔中心间距 30cm,其误差不应超过 3mm。

(b)横向施工缝传力杆直径为 25 的光圆钢筋,长度为 45cm,嵌入相邻保留板内深 22.5cm。

(c)拉杆孔直径宜比拉杆直径大 2～4mm,并应沿相邻板间的纵向缝,在板厚 1/2 处钻孔,中心间距 80cm。拉杆采用 ϕ16mm 螺纹钢筋,长 80cm,其中 40cm 嵌入相邻车道的混凝土面板内。

(d)传力杆和拉杆宜用环氧砂浆牢牢地固定在规定位置,摊铺混凝土前,光圆传力杆的伸出端应涂少许润滑油。

(e)新补块与沥青混凝土路肩相接时,应和现有路肩齐平。

(f)传力杆若安装倾斜或松动失效,应予以更换。

二、接缝、板边与板角修补

水泥混凝土路面接缝包括纵向施工缝、纵向缩缝、横向施工缝、横向缩缝等。接缝是水泥混凝土路面的薄弱环节,经常出现接缝填料损坏、纵向接缝张开、接缝板边和板角碎裂等病害。由于这些病害的产生,路面水从接缝渗入,使面基层强度降低,在行车荷载作用下,导致唧泥、脱空、断板、沉陷等病害的产生,影响水泥路面的使用质量,因此对接缝必须加强养护和修补,使水泥路面经常处于良好状态,延长水泥路面的使用寿命。

1.接缝的修补

(1)接缝填缝料损坏修补

①清缝。用清缝机清除接缝内杂物,并将接缝内灰尘吹净。

②接缝作胀缝修补时,先将建筑沥青涂刷缝壁,再将接缝板压入缝内。对接缝板接头及接缝与传力杆之间的间隙,必须用填缝料灌实抹平,上部用嵌缝条的应及时嵌入嵌缝条。

③用加热式填缝料修补时,必须将填料加热至灌入温度,滤去杂物,倒入填缝机内即可填缝。在填缝的同时,宜用铁钩来回搅动,以增加与缝壁的黏结和填缝的饱满,在气温较低季节施工时,应先用喷灯将接缝预热。

④用常温式填缝料修补时,除无须加热外,其施工方法与加热式填缝料相同。

⑤填缝料的技术要求应符合表6-9和表6-10的规定。

加热施工式填缝料的技术要求　　　　　　　　　表6-9

试验项目	低弹性型	高弹性型
针入度(0.1mm)	<50	<90
弹性(复原率)(%)	>30	>60
流动度(mm)	<5	<2
拉伸量(mm)	>5	>15

常温施工式填缝料的技术要求　　　　　　　　　表6-10

试验项目	技术要求	试验项目	技术要求
灌入稠度(s)	<20	流动度(mm)	0
失黏时间(h)	6~24	拉伸量(mm)	>15
弹性(复原率)(%)	>75		

(2)纵向接缝张开维修

①当相邻车道面板横向位移、纵向接缝张开宽度在10mm以下时,宜采取聚氯乙烯胶泥焦油类填缝料和橡胶沥青等加热施工填缝料,其方法按本章第二节有关条款实施。

②当相邻车道面板横向位移,纵向接缝张开口宽度在10~15mm时,宜采取聚酯类常温施工式填缝料进行维修。

a.维修前应清除缝内杂物和灰尘。

b.按材料配合比配制填料。

c.宜采用挤压枪注入填缝料。

d.填缝料固化后,方可开放交通。

③当纵向接缝张口宽度在15~30mm时,采用沥青砂进行维修。

④当纵缝宽度达到30mm以上时,可在纵缝两侧横向锯槽并凿开,槽间距60cm,宽5cm,深度为7cm,要设置φ12螺纹钢筋钯钉在老混凝土路面内的弯钩长度为7cm,纵缝内部的凿开部位用同强度等级水泥混凝土填补,在纵缝一侧涂刷沥青。

(3)接缝板边出现碎裂时,接缝的修补

①在破碎部位边缘,用切割机切割成规则图形,其周围切割面应垂直板面,底面宜为平面,如图6-8所示。

②清除混凝土碎块,吹净灰尘杂物,并保持干燥状态。

③用高模量补强材料进行填充,其材料技术性能应符合《公路水泥混凝土路面养护技术规范》(JTJ 073.1—2001)的规定。

④修补混凝土达到通车强度后,方可开放交通。

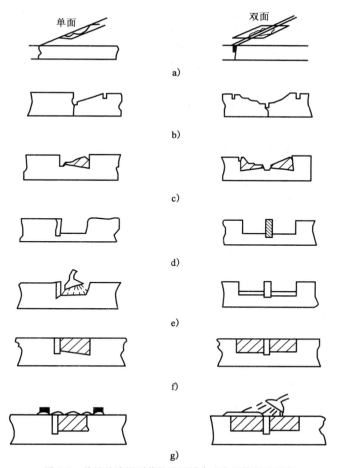

图 6-8 接缝处浅层剥落的浅层结合式角隅修复的程序

a)标出修复区;b)标出周围轮廓并锯出定位槽;c)从修复区取出所有损坏的混凝土并清洁;d)在定位槽中稳定地固定槽模板以防止跨过接触接缝的材料接触;e)用水使修复区完全湿润或根据需要打底;f)加入修复材料并完全压实;g)立即养生

2. 板边、板角修补

（1）板边修补

①当水泥混凝土板边轻度剥落时,应将混凝土剥落的碎块清理干净,可用灌缝材料填充密实,修补平整。

②当水泥混凝土板边严重剥落时,在剥落混凝土外侧,平行于板边画线,用切缝机切割混凝土,切割深度略大于混凝土剥落深度,用风镐凿除损坏混凝土,用压缩空气清除混凝土碎屑,立模浇筑混凝土修补材料,用养护剂养生,达设计强度后,即可开放交通。

③当水泥混凝土板边全深度破碎,可按全深度补块的方法进行修复。

（2）板角修补

①板角断裂应按破裂面的大小确定切割范围并放样,如图 6-9 所示。

②用切割机切边缝,用风镐凿除破损部分,凿成规则的垂直面,对原有钢筋不应切断,如果钢筋难以全部保留,至少也要保留 20~30cm 的钢筋头,且应长短交错。

③检查原有的滑动传力杆,如果有缺陷应予更换,并在新老混凝土之间加设传力杆。

143

④如基层不良时,应用 C15 混凝土浇筑基层,并在面板厚中央用冲击钻打设水平孔,深为 20cm、直径为 3cm、水平间距为 30~40cm。每个洞应先将其周围湿润,先用快凝砂浆填塞捣实,然后插一根直径为 2cm 的钢筋,待砂浆硬化后,浇筑快凝混凝土。

⑤与原有路面板的接缝如为缩缝,应涂上沥青,防止新旧混凝土黏结在一起。如为胀缝,应设置解封板。

⑥浇筑的混凝土硬化后,用切割机切出宽 3mm,深 4cm 接缝槽,并用压缩空气清缝,灌入填缝材料。

⑦待混凝土达到强度后,方可开放交通。

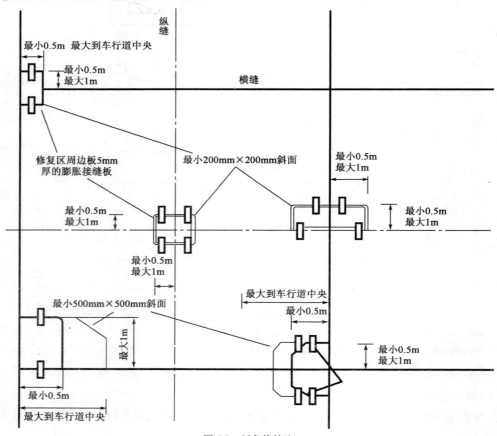

图 6-9 板角修补法

注:修复纵向边不能位于车轮轨迹上

三、错台处治

水泥混凝土路面错台,轻者影响行车的舒适性,重者危及行车安全,应根据错台轻重采取不同措施及时维修处治。轻微错台,其高差小于 5mm 时,可不作处理。

1. 高差 5~10mm 错台处治方法

(1)人工处治法

①划定错台处治范围。

②用钢尺测定错台高度。

③用平头钢凿由浅到深从一边凿向另一边,凿后的面板应达到基本平整。
④清除接缝杂物,吹净灰尘,及时灌入填缝料。
(2)机械处治法
①用磨平机从错台最高点开始向四周扩散,边磨边用3m直尺找平,直至相邻两块齐平为止,如图6-10所示。
②磨平后,应将接缝内杂物清除干净,并吹净灰尘,及时将嵌缝料填入。
(3)人工配合机械处治法
先用人工将高出的错台板基本凿平,然后用磨平机再磨平,并清缝灌入填缝料。

2.高差大于10mm的严重错台处治方法
(1)沥青砂填补法(此法不宜在冬季进行)
①清除路面杂物和灰尘。
②喷洒一层热沥青或乳化沥青,沥青用量为$0.4 \sim 0.6 kg/m^2$。
③摊铺沥青砂,修补面纵坡控制在$i \leq 1\%$。
④沥青砂填补后,应用轮胎压路机碾压。
⑤待沥青砂修补层冷却成型后开放交通。
(2)水泥混凝土修补法
①用风镐将错台下沉板凿除$2 \sim 3mm$,修补长度按错台高度初始坡度(1%)计算,如图6-11所示。
②用压缩空气清除毛面混凝土上的杂物。
③浇筑细石混凝土。
④喷洒养护剂,养护混凝土。
⑤混凝土达到通车强度后,即可开放交通。

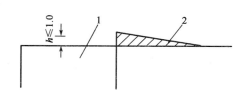
图6-10 错台磨平法示意图(尺寸单位:cm)
1-下沉板;2-磨平

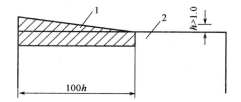
图6-11 错台填补法示意图(尺寸单位:cm)
1-凿除修补;2-下沉板

四、沉陷、拱起处理

沉陷是水泥混凝土路面严重病害之一,可导致面板的错台、严重破碎进而影响到行车安全。因此,必须设置排水措施,并对严重沉陷应及时处治,处治方法有板块灌砂顶升法、千斤顶顶升法和整块板翻修法等。

1.设置排水设施
(1)设置排水的基本要求
①应经常保持路面和路肩的设计横坡,以便使地表水迅速从路面上排出。
②应将土路肩改造为硬路肩。硬路肩宜采用水泥混凝土或沥青混凝土。
③路面裂缝、接缝以及路面与路肩接缝应经常保持密封状态。

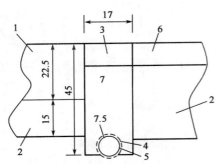

图6-12 边部排水管布置图(尺寸单位:cm)
1-水泥混凝土;2-集料基层;3-沥青混凝土;4-渗滤织物;5-多孔管;6-沥青混凝土路肩;7-细渗滤集料

(2)设置纵向积水管和横向出水管

①在水泥混凝土路面的外侧边缘挖一条纵向沟,宽约为15~25cm,沟深挖至集料基层以下15cm,横沟与纵沟的交角应在45°~90°之间,横沟间的距离约为30cm,如图6-12所示。

②设置纵向积水管和横向出水管。积水管一般采用直径为10cm多孔塑料管,出水管为无孔塑料管,并按设计的距离将积水管和出水管连接起来,然后在纵向多孔管上裹一层土工织物渗滤层,使其与积水管间无空隙。

③将积水管和出水管放入沟槽内,纵横沟槽底部应避免凹凸不平,横向出水管的坡度应大于或等于纵向排水坡度,出水管的管端应延伸到排水沟内,并设置端墙。

④封盖排水沟。沥青混合料或水泥混凝土均可作封盖排水沟的材料,但应采用与路肩相同的材料,如果使用水泥混凝土时,应用塑料布将混凝土排水沟底与回填材料隔开,使用沥青混凝土时,沟的宽度应不小于压实设备宽度。

(3)设置盲沟

适用于全幅路面为水泥混凝土和沥青路面两种路面结构。

①沿水泥混凝土路面外侧挖纵向盲沟,沟底应低于面板以下10cm,水泥混凝土路面接缝处挖横向沟。

②沟槽底面及外侧铺设油毡隔离层,沿水泥路面交界处及盲沟顶部铺设土工布过滤层。

③在盲沟内填筑碎(砾)石过滤材料。

④盲沟上应用相同材料填筑路面(路肩),且保持平整密实。

2. 沉陷处理

(1)板块灌砂顶升法

①板在顶升前,应用水准仪测量下沉板的下沉量,测站与下沉处距离应大于50m,并绘出纵断面,求出升起值。

②每块板上,钻出两行与纵轴平行的直径为3cm的透孔,孔的距离约为1.7m(板宽3.5m时,一孔所占面积3~3.5m²),当板需要从一侧升起时,只需在升起部分钻孔。

③在升起前将所有孔用木塞堵好,逐孔地灌砂,充气管与板接头处,用麻絮密封,用排气量为6~10m³/min的空气压缩机向孔中灌砂,直至砂冒出缝外时为止。

④板升起后,继续往另一个孔中灌砂,直至下沉板全部顶升就位。

(2)整板翻修

当水泥混凝土整板沉陷并产生破碎时,应进行整板翻修。

①宜用液压镐将旧板凿除,尽可能保留原有拉杆,并清运混凝土碎块。

②将基层损坏部分清除,并整平压实。

a. 对基层损坏部分,宜采用C15混凝土补强,其补强混凝土顶面高程应与旧路面基层顶面高程相同。

b. 宜在混凝土路面板接缝处的基层上涂刷一道宽20cm的薄层沥青。

③整块翻修的面板在路面排水不良地带,路面板边缘及路肩应设置路基纵横向排水系统。

a. 单一板块翻修时,应在路面板接缝处设置横向盲沟。
b. 路面有纵坡时,宜设置纵向盲沟,在纵坡底部设置横向盲沟。
④板块修复,混凝土施工时,配合比及所有材料宜采用快速修补材料。
a. 按配合比采用混凝土搅拌机拌和混凝土材料。
b. 将拌和好的混合料用翻斗车运送到施工现场,进行人工摊铺。
c. 宜采用插入式振捣器振捣边角混凝土,并用振动梁刮平砂浆,人工抹平,与原混凝土板面高低一致。
d. 按原路面纹理对混凝土表面进行处理。
e. 宜采用养护剂进行养护。
f. 相邻板边的接缝,用切缝机切至1/4板块深度。
g. 清除缝内杂物,灌入接缝材料。
h. 待混凝土达到通车强度后,开放交通。

3. 拱起处理

水泥混凝土路面拱起主要是因为胀缝失效,混凝土板块热胀而突然使横缝两侧的板体明显提高,其处理措施应根据具体情况,采取相应的方法。

(1)路面拱起的主要原因
①非高温季节施工时,胀缝设置间距过长或失效。
②接缝内嵌入硬物。
③夏季连续高温,使板体热胀。

(2)拱起处理方法
①对轻微拱起处理
a. 用切缝机或其他机具将拱起板间横缝中的硬物切碎。
b. 用压缩空气将缝中石屑等杂物和灰尘吹净,使板块恢复原位,并灌入填缝料。
②对严重拱起处理
a. 板端拱起但路面完好时应根据拱起高低程度,计算多余板的长度,将拱起板块两侧附近1~2条横缝切宽,待应力充分释放后切除拱起端,逐渐使板块恢复原位。
b. 将横缝和其他接缝内的杂物、灰尘用空气压缩机清除干净,并灌入填缝料,如图6-13所示。

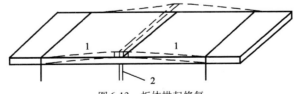

图6-13 板体拱起修复
1-拱起板;2-切除部分

③胀缝间因传力杆部分或全部在施工时设置不当,使板受热时不能自由伸长而发生拱起,应重新设置胀缝。

五、坑洞修补

水泥混凝土坑洞的产生主要是粗集料脱落或局部振捣不密实等原因,坑洞尽管对行车影响不大,但对路面的外观和表面功能都有较大影响,对坑洞应根据实际情况采取相应措施进行修补。

1. 对个别坑洞的修补

(1)用人工或机械将坑洞凿成矩形的直壁槽。
(2)用压缩空气把槽内的混凝土碎块及尘土吹净。
(3)用海绵块蘸水后湿润坑洞,不得使坑洞内积水。
(4)用高强度等级水泥砂浆等材料填补,并达到平整密实。

2. 对较多坑洞的修补

对较多坑洞且连成一片,面积在 20m² 以内,应采取罩面方法修补。
(1)划出与路中心线平行或垂直的修补区域图形。
(2)用切割机沿修补图形边线切割深为 5~7cm 的槽,槽内用风镐清除混凝土,使槽底平面达到基本平整,并将切割的光面凿毛。
(3)用压缩空气吹净槽内混凝土碎屑和灰尘。
(4)按混凝土配合比设计配制修补混凝土。
(5)将拌和好的混凝土填入槽内,人工摊铺、振捣密实,并保持与原路面齐平。
(6)喷洒养护剂养生。
(7)待混凝土达到通车强度后,开放交通。

3. 对大面积坑洞的修补

对面积大于 20m²,深度在 4cm 左右成片的坑洞,可用浅层结合式表面修复成沥青混凝土罩面进行修补。

(1)浅层结合式表面修复

①将连成片的坑洞周围标划出与路中心线平行或垂直的区域,用风镐凿除深度 2~3cm,如图 6-14 所示。

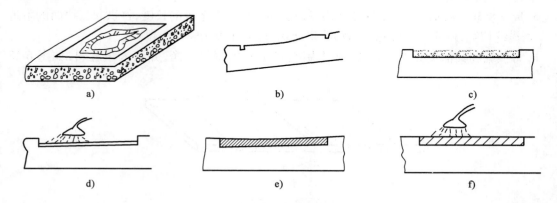

图 6-14 浅层结合式表面修复的程序

a)在损坏处周围标出正方形或长方形区域;b)沿着修复区的周边刻出轮廓槽;c)取出修复区内有缺陷的混凝土;d)用水完全湿润修复区或根据需要打底层;e)加入修复材料并完全压实;f)加上表面纹理并立即养生

②将修复区内凿掉的混凝土碎块运出,并清除其碎屑和灰尘。
③在修复区表面用水喷洒湿润,并适时涂刷黏结剂。

④将拌和好的混凝土摊铺于修复区内振捣、整平。
⑤用压纹器压纹,压纹深度宜控制在 3mm 左右。
⑥养生,使修复板块经常处于潮湿状态。
⑦待混凝土达到通车强度后,开放交通。
(2)沥青混凝土修补
①划出与路中心线平行或垂直的处治区,并用切割机在其周围切割 2~3cm 深度。
②用风镐凿除处治区内的混凝土,并清除混凝土块、碎屑和灰尘。
③将切割的槽壁面和凿除的槽底面喷洒黏层沥青,其用量为 $0.4 \sim 0.6 kg/m^2$。
④铺筑沥青混凝土,并碾压密实。
⑤待沥青混凝土冷却后,开放交通。

第六节　水泥路面加铺

一、加铺水泥混凝土面层

1. 选择加铺方式

加铺方式应根据原有路面的损坏状况、接缝类型和布置、路面的路拱坡度和加铺路面的路拱坡度等条件来选择。当加铺层与原有路面坡度基本一致时,可采用结合式或直接式加铺。当原有路面结构损坏严重,板块裂缝多,不易修复或原有路面接缝不合理,新旧路面坡度不一致时,应采用分离式加铺层。

(1)结合式加铺层作业时首先对原路面进行凿毛,并清洗干净,涂以黏结剂,随即浇筑加厚层。加厚层与旧路面相黏结为一个整体,共同发挥结构的整体强度作用。可用等强度法按结合式进行应力计算与厚度设计。结合式加铺层厚度不小于 10cm。

(2)分离式加铺层是在旧路与加铺层之间设置隔离层,各层混凝土独立地发挥其强度作用。但隔离层为油毡时,其隔离层厚度很小,引起的垂直变形可以忽略不计,直接进行加厚层的应力分析与厚度设计。分离式加铺层厚度不小于 18cm。

(3)直接式加铺层是在清洗干净的原路面上,不涂黏合剂,也不凿毛,直接浇筑水泥混凝土。由于新旧路面之间的摩擦阻力作用,因而具有一定的结构整体性。层间结合能力介于结合式与分离式之间。直接式加铺层厚度不小于 14cm。

2. 选择加铺结构

加铺结构选择时,对于大交通量、重载交通道路水泥混凝土路面加铺,应采取连续配筋或钢筋混凝土加铺层。对于地面高程受到限制的路面、桥面铺装,可采取钢纤维混凝土加铺层。钢纤维混凝土的弯拉强度约为普通混凝土的 1.5~2.0 倍。钢纤维混凝土加铺层可按普通混凝土加铺层的规定,计算普通混凝土加铺层的厚度,然后取普通混凝土加铺层厚度的 0.65~0.75 倍。采用钢纤维混凝土加铺层时,结合式加铺层厚度不小于 5cm,直接式加铺层厚度不小于 12cm,分离式加铺层厚度不小于 14cm。

3. 各类加铺层适用的技术条件

(1) 当旧的混凝土路面状况评定为"优"时，混凝土路面板基本完好，板块的平面尺寸和接缝布置合理，新旧路面路拱坡度基本一致，接缝基本对齐，为了提高水泥路面的承载能力，宜采用结合式加铺层。加铺层铺筑前应首先对路面的结构性损坏进行修复，对旧混凝土板表面凿毛并仔细清洗路表油垢、剥落及接缝中的杂物，重新封缝，并在洁净的混凝土毛面上涂水泥浆，铺筑水泥混凝土加铺层。

(2) 当旧水泥路面状况为良、中时，路拱坡度基本符合要求，板的平面尺寸和接缝布置合理，为提高水泥混凝土路面的承载能力，宜采用直接加铺层。加铺层铺筑前，应首先对路面结构性损坏进行修复，对旧混凝土路面表面仔细清洗，清除旧混凝土表面剥落碎块及接缝中的杂物，并重新封缝。

(3) 当旧水泥路面状况为次，或新旧混凝土路面的尺寸不同，或新旧路面的路拱坡度不一致，或路面要进行拓宽时，为提高路面通行能力，应采用分离式加铺层。加铺层铺筑前，应对旧路面严重破碎、脱空、裂缝继续发展的板块进行破碎、清除，用混凝土补平。隔离层材料应采用油毡、沥青砂及细粒式沥青混凝土等稳定性较好的材料。隔离层的厚度为 1.5～2.0cm。

(4) 当旧水泥路面的状况为差时，应将旧水泥路面破碎、灌浆、碾压稳定，作为垫层使用，在垫层之上铺筑一层半刚性基层，半刚性基层的最小厚度不小于15cm，然后再铺筑水泥混凝土加铺层。

4. 加铺前的技术调整

在对旧水泥混凝土路面进行加铺前，应对原有水泥混凝土路面做技术调查，调查的项目有年平均交通量、交通组成及增长率，公路修建与养护的技术资料，原有路面结构、宽度、厚度及路拱情况，原有路面状况的评定，路基的填土高度、地下水位、多年平均最大冻深、排水与积水状况等，旧混凝土弯拉强度与弯拉弹性模量、旧混凝土路面面板的厚度、基层顶面的当量回弹模量的调查。

5. 旧路面处理

在旧水泥混凝土路面上加铺水泥混凝土面层之前，应对旧混凝土路面进行处理。

(1) 对旧混凝土路面进行调查，分板块逐一标号，绘制病害平面图。

(2) 按设计要求对有病害的面板进行处理。

(3) 板底脱空可采用板下封堵的方法进行压浆处理。

(4) 板块破碎、角隅断裂、沉陷、掉边、缺角等病害板，必须用破碎机（液压镐）凿除。清除混凝土碎屑后，整平基层，并夯压密实，然后铺筑与旧板块等强度的水泥混凝土，其高程控制与旧板面齐平。

6. 铺筑隔离层

在旧混凝土顶面宜铺筑一层隔离层。

(1) 铺筑前应先清除旧面板表面杂物，冲刷尘污，使板面洁净无异物。

(2) 用清缝机清除水泥混凝土面板接缝杂物，用灌缝机灌入接缝材料。

(3) 在旧混凝土表面洒布黏层沥青。

①在封闭交通施工的路段，施工路段长度一般不宜大于1 000m；在半幅通车半幅施工路段，一般不宜大于300m。

②黏层沥青采用热沥青或乳化沥青。沥青用量为 0.4kg/m²，使用乳化沥青，宜采用快裂洒布型乳化沥青 PC-3、PA-3，乳液中沥青含量不少于 50%，乳化沥青用量为 0.6kg/m²。洒布过量处，应予刮除。

③应随隔离层摊铺速度，相应先行洒布涂刷黏层沥青，沥青应均匀洒布或涂刷在干燥洁净的旧水泥混凝土面板上，沥青以不流淌为宜。

④严禁在已洒布或涂刷黏层沥青的面板上通行车辆和行人，并防止土石杂物等散落在沥青表面。

⑤黏层沥青洒布或涂刷后应紧跟着进行隔离层施工，采用乳化沥青时摊铺隔离层应在破乳后方可进行。

(4) 沥青混凝土隔离层

①沥青混凝土隔离层的材料技术性能、矿料级配和施工工艺应符合《公路沥青路面施工技术规范》(JTG F40—2004)的相关要求。

②沥青混凝土厚度以 1.5~2.5cm 为宜。

③摊铺宽度应超过加铺板边缘 25cm，严禁出现空白区。

④碾压机械宜采用轮胎压路机，自路边向路中心碾压，边压边找平，至沥青混凝土隔离层平整无轮迹为止。

(5) 土工布隔离层

①在水泥混凝土路面上满铺土工布，边铺边用木棍推压整平。

②在土工布搭接部分涂刷热沥青，搭接宽度为 20cm。

③铺好的土工布隔离层，严禁非施工车辆和行人通行，以避免人为损坏，同时要保持土工布隔离层洁净无污染。

(6) 沥青油毡隔离层

①在水泥混凝土路面上满铺沥青油毡，采用不低于 350 号的石油沥青纸胎油毡，其应符合国家标准《石油沥青纸胎油毡》(GB 326—2007)的技术要求。

②油毡应纵向摊铺，沥青油毡纵横向搭接宽度为 20cm。如果摊铺二毡二油，则每层油毡的搭接位置应错开，在沥青油毡搭接部分涂刷热沥青，摊铺时边铺边用滚筒碾平压实，务必使毡油紧贴。

③铺好的油毡隔离层，严禁车辆和行人通行，并保持洁净，发现损坏应及时修整。

7. 计算加铺层厚度

水泥混凝土加铺层厚度应通过计算确定，且不小于 18cm。

(1) 水泥混凝土加铺层半幅施工时模板应采用钢模板，中模以角钢为宜，必须支立稳固，其平面位置与高度应符合设计要求。

(2) 安装模板宜采取由边模固定中模的方法。边模由钢钎固定，中模每间隔 1m 用膨胀螺钉将模板外侧底部预先定位固定，中、边模之间采用横跨两模板的活动卡梁辅助固定。活动卡梁间距不大于 2m，并随铺筑进度相应装拆推移。

(3) 混凝土配合比设计，混合料搅拌、运输、摊铺、振捣、整平、接缝设置、表面修整、养护、锯缝、填缝等工艺应符合公路水泥混凝土路面有关施工规范规定。

(4) 加铺层以及新、旧混凝土面板应尽可能锯缝，模板拆除时必须做好锯缝位置的标记。

8. 钢纤维混凝土加铺层

钢纤维混凝土加铺层适用于路面高程受到限制的路段。

(1) 钢纤维混凝土加铺层与普通混凝土加铺层的形式相同,也分为结合式、直接式和分离式,钢纤维混凝土加铺层除纤维混凝土施工工艺外,与普通混凝土加铺层的施工前准备工作、对旧面板的处理、立模等基本相同。

(2) 集料的粒径不大于15mm,其最大粒径一般为钢纤维长度的1/2,宜选用连续级配。钢纤维规格应符合《公路水泥混凝土路面设计规范》(JTG D40—2011)的规定,其抗拉强度不低于600MPa,直径一般为0.4～0.7mm,长度与直径比为50～70。

(3) 钢纤维混凝土路面板厚度应通过结构设计确定,也可取普通混凝土路面板厚度的0.65倍,直接式加铺层厚度一般不小于12cm,结合式厚度一般不小于5cm,分离式加铺层厚度一般不小于14cm。

(4) 钢纤维用量按占混凝土的体积百分率计,一般采用1.0%～1.2%。含砂率应根据钢纤维用量选择,一般采用45%～55%,钢纤维用量多的一般取高限。冰冻地区水泥用量不得低于380kg/m²,非冰冻地区水泥用量不得低于360kg/m²。钢纤维混凝土拌和物的配合比、混合料搅拌、摊铺、振捣、整平、养护等均应符合公路水泥混凝土路面有关施工规范的规定。

(5) 结合式或直接式加铺层的接缝应与原路面相对应。分离式加铺层可不受老路面限制,横向缩缝间距可为15m,纵、横施工缝及胀缝的设置与普通混凝土路面相同,全幅摊铺的路面可不设纵缝。拆模时必须做好锯缝标记。

(6) 进行钢纤维混凝土配合比设计时,首先应计算配制强度,确定钢纤维体积率及水灰比、单位用水量、单位水泥用量及含砂率,应采用绝对体积法计算粗、细集料的用量,最后计算钢纤维用量。

(7) 钢纤维一次性直接投入搅拌机易出现结团现象,为使钢纤维充分分散,国外常将钢纤维通过分散机分散后再进入搅拌机。常用的钢纤维分散机有振动式、摇拔式、筛筒旋转式和离心式几种类型,机器功率多为0.75～1.0kW,分散力一般为20～60kg/min。因使用分散机使钢纤维水泥混凝土搅拌时间延长3～6min,影响工程进度,常在施工时在料斗入口处设置振动筛。

(8) 当干燥的水泥堆在纤维上部时,水泥会渗进纤维骨架内进入搅拌机,经搅拌易形成内包干燥水泥的钢纤维球。为了防止钢纤维结团,需采取分级投料、先干后湿的工艺。即按如下顺序进料:投放瓜子片→1/4钢纤维→1/2砂→水泥→1/2砂→1/4钢纤维→1/2碎石→1/4钢纤维→1/2碎石→1/4钢纤维。混合料先干拌1min,然后加水湿拌2min。

(9) 使用插入式振捣器对钢纤维进行振捣时,有可能使钢纤维向着振动着的振动棒聚集,产生集束效应,为确保钢纤维的二维分布,宜使用平板振捣器振捣成型。为保证边角混凝土密实,振捣棒可沿路线纵向斜向拖动。

(10) 钢纤维混凝土宜采用真空吸水工艺机械抹平,阻止纤维外漏。采用刻槽机刻槽工艺可以避免压纹或拉毛产生的平整度差和纤维外漏现象。

(11) 钢纤维混凝土收缩性小,抗裂性好,有条件封闭交通的施工路段,采用混凝土摊铺机可做成整幅式,不设纵缝。钢纤维混凝土养生到设计强度的50%后方可对旧混凝土路面的缩缝每隔15m切一条缩缝,缝深为$1/3h$～$1/4h$,清理后灌入接缝材料。

9. 连续配筋混凝土加铺层

连续混凝土加铺层适用于高速公路和一级公路。

(1)连续配筋混凝土加铺层的厚度设计方法与普通混凝土路面相同,其所用材料应符合有关施工技术规范的要求。

(2)纵向、横向钢筋应采用螺纹钢筋,直径为12~20mm。纵向钢筋配筋率由计算决定,一般控制在0.5%~0.7%范围内。横向钢筋用量可取纵向钢筋用量的1/8~1/5。

(3)钢筋布置应符合下列要求:

①纵向钢筋间距不小于10cm,不大于25cm。

②横向钢筋间距不大于80cm。

③纵向钢筋焊接不小于50cm或钢筋直径的30倍,焊接位置错开,不应在一个断面上重叠。

④纵向钢筋应设在面板厚度的1/2处,横向钢筋位于纵向钢筋之下,横向钢筋下设梯形混凝土支撑垫块。

⑤边缘钢筋至板边的距离一般为10~15cm。

(4)纵向钢筋的焊接,应采用闪光对焊或电弧焊,焊接的接头形式、焊接工艺和质量验收应符合现行有关施工技术规范的要求。

(5)连续配筋混凝土加铺层的施工必须连续作业,搅拌与运输各个环节应严格控制水量,运输宜采用自卸汽车。

(6)摊铺前应在基层表面洒水,摊铺顺序应严格安排,前后各道工序应紧密焊接,避免高温施工。一般宜采用摊铺机,如采用人工摊铺时应注意防止扰动钢筋的正确位置。每段施工中不得有接缝,若摊铺因故中断,则需设置平缝形式的施工缝,纵向钢筋仍应保持连续,并穿过接缝增设拉杆。

(7)端部处理

在与其他路面、桥梁、涵洞等构造物连接处,必须进行端部处理。可根据实际情况连续设置三道胀缝或三道锚固地梁。当采用地梁锚固时,锚固段按设计的结构尺寸开挖地槽,应不扰动两侧基层(垫层)和地基,当采用灌注桩锚固时,桩顶应与混凝土连成整体;当采用宽翼缘工字梁端部接缝时,应确保搁置在枕垫板上的连续配筋混凝土路面板端部可自由滑动,其与工字钢连接的部分以胀缝填料充填。

(8)接缝设置

①一次铺筑宽度为4.5m时,应增设纵向缩缝。缩缝不另设拉杆,由一侧板的横向钢筋延伸,并穿过纵缝代替拉杆。

②施工缝可采用平缝,纵向钢筋应保持连续,穿过接缝。

③胀缝构造与普通混凝土路面相同。

10. 钢筋混凝土加铺层

钢筋混凝土加铺层适用于一般路段。

(1)钢筋混凝土板厚按普通混凝土规定进行设计。

(2)纵、横向钢筋宜采用相同的直径。钢筋的最大间距和最小直径按表6-11确定。

钢筋的最大间距和最小直径 表6-11

钢筋类型	光圆钢筋	螺纹钢筋
最小直径(mm)	8	12
纵向最大间距(cm)	15	35
横向最大间距(cm)	30	75

（3）钢筋的搭接长度宜大于直径的25倍，钢筋应设在板面下1/3～1/2板面范围内，外侧钢筋中心距接缝或自由边的距离为10～15m，钢筋保护层的最小厚度不小于5cm。

（4）横向缩缝间距宜为10m，并应设传力杆，纵缝、胀缝和施工缝的设置与普通混凝土路面相同。

11. 直接式加铺层施工注意事项

直接式加铺层施工须清除旧面板表面积物，冲刷尘污，使板面洁净无异物。直接式加铺层厚度应通过计算确定且不小于14cm。

（1）采用直接式加铺层的路段，其板面应基本完好、平整。旧混凝土面板局部裂缝处应采用钢筋网片补强，钢筋网片覆盖于裂缝之上，超过裂缝不小于50cm，网片距板底面5cm。

（2）水泥混凝土路面施工，按照公路水泥混凝土路面有关施工规范规定执行。

二、加铺沥青面层

1. 沥青混凝土加铺层一般要求

沥青混凝土加铺层要求旧混凝土路面稳定、清洁，对面板损坏部分必须维修。

2. 反射裂缝的防治

反射裂缝的防治可采用土工格栅、油毡、土工布、切缝填封橡胶沥青或二灰碎石、水泥稳定粒料层。

（1）采用土工格栅施工，应符合下列规定：

①混凝土面板应洁净干燥，在其上洒黏层沥青，沥青用量为$0.4～0.6kg/m^2$。

②用1～2cm沥青砂调平旧混凝土路面，宜采用玻璃纤维格栅压入沥青调平层，目前常用的玻璃纤维格栅有带自黏胶和不带自黏胶两种。带自黏胶的可直接在平整清洁的路面上铺设，不带自黏胶的通常采用水泥钉加垫片固定。

③玻璃纤维格栅铺设可由拖拉机或汽车改装的专用设备进行铺设，也可继续人工铺设。

铺设前应使胶面向下，铺设时应保持其平整、拉紧，不得有起皱现象，使格栅具备有效的张力，铺完一层再用干净的胶轮压路机碾压一遍。玻璃纤维格栅铺设时，要求气温大于10℃，沥青加铺层的最小厚度为4cm。

④采用膨胀螺丝加垫片固定格栅端部。

⑤格栅纵、横向的搭接部分不小于20cm，纵向搭接应根据沥青摊铺方向将前一幅置于后一幅之上。

⑥格栅中部在混凝土面板纵、横缝位置及两外侧边缘用铁钉加垫片固定。固定格栅时不能将钉子钉在玻璃纤维上，也不能用锤子直接敲击玻璃纤维，固定后如发现钉子断裂或铁皮松

动,则需重新予以固定。

⑦玻璃纤维格栅铺设固定完成后,必须用胶轮压路机进行适度碾压稳定,使格栅与原路表面黏结牢固。

⑧玻璃纤维格栅背胶易溶于水,雨天或路面潮湿时不得进行施工。因为玻璃纤维格栅有刺激性,所以施工时作业人员应戴防护手套。

⑨在玻璃纤维格栅铺设过程中,若发现路面有较小的坑槽时,可将铺好的格栅在对应坑槽的部分剪开,并用沥青混凝土填平,以便在铺上层沥青混合料时能保证其具有均匀的压实度。

(2)采用聚酯改性沥青油毡施工,应符合下列规定:

①将油毡切割成50cm宽的长条带。

②用压缩空气清除表面杂物和灰尘,在接缝内灌入接缝材料。

③将油毡铺放在接缝处,缝两侧各25cm,薄膜面朝下,然后用喷灯烘烤油毡底面,当烘烤到薄膜熔化,毡底有光泽并发黑,有一层薄的熔融层时,再用推杆压实油毡,使油毡与底层黏结,按此方法铺好第一卷。

④在油毡接头搭接部分,结合部搭接宽度为10cm,用喷灯烘烤后将油毡压紧。用汽油喷灯烘烤油毡,当油毡处于熔融状态后压实,要使上、下层油毡紧密结合在一起。

⑤在沥青层摊铺前,用一层沥青砂覆盖油毡表面。

⑥非施工车辆不得在油毡上行驶,若发现油毡脱皮,使用喷灯烘烤,用推杆压实。

(3)采用土工布施工,可按照下列步骤进行:

①凿平板块错台部位。

②喷洒黏层热沥青,其温度为150～170℃,沥青用量为$0.4～0.6kg/m^2$,黏层沥青喷洒范围要比土工布宽5～10cm。

③在一端用垫片加水泥钉固定土工布,然后拉紧、铺平并粘贴土工布。

④将支撑棒插入土工布卷调节制动器,然后提高布卷,展开大约5～10cm土工布,土工布卷一端与路面边缘成一直线,拉紧土工布,然后将土工布放下,铺在黏层沥青上。

⑤在土工布首尾相接处,沿铺布方向搭接15cm,土工布连接处应喷洒黏层沥青,相邻两卷土布边与边的搭接也应沿铺布方向搭接,要确保土工布浸透沥青,土工布施工温度要大于10℃。在弯道上摊铺土工布,可用剪刀将土工布剪开,然后再搭接起来。

⑥土工布铺好后,摊铺沥青混凝土应立即开始,每天铺完土工布的路段应同时完成沥青混凝土的摊铺。同时应采用全路幅施工,以避免产生纵向施工缝。

⑦严禁非施工车辆在土工布上行驶,沥青混凝土运料车,不得在土工布上转弯、掉头、制动,只能在土工布上倒行。

⑧沥青混凝土应采用10t以上的压路机碾压。

(4)在沥青路面上对应水泥混凝土横向接缝处切缝、灌接缝材料可按下列步骤进行:

①按旧水泥混凝土路面平面图,确定水泥混凝土板的接缝位置。

②在沥青面层已定位的接缝上方,锯深1.5cm宽0.5cm的缝。

③用压缩空气将锯缝清理干净,并保持干燥。

④灌填橡胶沥青。

(5)做二灰碎石、水泥稳定碎石上基层:

基层厚度不小于15cm,基层施工按《公路路面基层施工技术规范》(JTJ 034—2000)执行。

3. 沥青混凝土面层结构厚度要求

沥青混凝土面层结构厚度应满足沥青混凝土最小结构厚度的要求,沥青路面厚度一般不低于7cm,其施工应符合《公路沥青路面施工技术规范》(JTG F40—2004)的有关规定。

第七节　旧水泥混凝土路面再生

当采用修复技术来延长现有路面的使用寿命并不经济时,再生利用旧水泥混凝土路面就成为一种可供选择的方案。对于大面积破损的旧水泥混凝土路面进行再生利用,通常采取的方法有：
(1)对旧水泥混凝土路面进行破碎、稳固,作为路面底基层。
(2)作为半刚性基层集料。
(3)对旧水泥混凝土块可用于砌筑挡土墙、边沟。

一、旧水泥混凝土路面打碎用作垫层

1. 准备工作

(1)水泥混凝土路面破损状况评定属差级时,应将混凝土板破碎,作为底基层使用。
(2)在水泥混凝土路面两侧板底高程以下,开挖断面为 20cm×20cm 的纵向排水沟,每隔 20m 开挖断面为 20cm×20cm 的横向排水沟,排除路面积水。
(3)对水泥路面进行调查,在平面图上标注地下构造物,确定破碎混凝土板的范围。

2. 水泥稳定碎块混凝土垫层

(1)在不允许采用冲击锤施工的位置,采用液压镐,进行破碎混凝土施工。
(2)在允许采用冲击锤施工的部位,在混凝土板上画出 45cm×45cm 的网格。
(3)采用冲击锤对准网格结点进行冲击,混凝土板块最大边长尺寸不超过 30cm。
(4)采用砂浆搅拌机,按水泥:砂:水 =1:4:0.5 制备 C5 水泥砂浆。
(5)用人工将砂浆灌入破碎板缝隙内。
(6)用 15t 以上的大吨位的轮胎式振动压路机进行振动碾压,压路机碾压速度为 2.5km/h,往返碾压 6~8 遍。压路机在振碾过程中,一旦发现缺浆,应立即进行补浆,要求底基层上有一层 0.5cm 厚的薄层砂浆。
(7)对软弱松动的碎块应予清除,并用 C15 混凝土回填。
(8)水泥砂浆稳定破碎板应保养 3d。3d 后可进行弯沉测量。凡弯沉达不到设计要求,应将弯沉大于 0.55mm 的较大点位置的破碎板进行挖补,用 C15 贫混凝土回填,一般代表弯沉值控制在 0.67mm 以下。

3. 断裂稳固旧水泥混凝土路面垫层

(1)进行冲击破碎之前,首先要调查清楚施工路段上的涵洞、通道、桥台的位置,用石灰水标明破碎压实范围和控制点,检测人员做好一切准备工作。
(2)压实机械行驶时速度一般为 9~12km/h,转弯半径为 8m,冲压遍数根据沉降量和混凝土块的破碎状况来确定。即行车道和超车道一般冲压 20 遍左右,然后根据具体实际情况再酌情增减。

（3）混凝土面板在水平方向所受的约束力越小,冲击破碎的效果越好。因比,施工作业时,冲击顺序应从路面的边板开始,即从路肩→行车道→超车道依次进行。

（4）冲压质量控制

采用冲击压实技术修复混凝土路面的质量目标是:破碎并稳固混凝土面板,并使其破碎板块紧密嵌锁,与压实后的原路面基层,形成稳固厚实的底基层,有效减少和缓解反射裂缝。采用路面沉降量、冲击遍数和板块破碎状况,作为冲击压实的质量控制指标。

①沉降量与冲击遍数控制

沉降量与冲击遍数是紧密相关的。沉降量用不同冲压遍数后测得的路面高程之差计算得出。检测方法和频率为：

a. 在路面上布好沉降量高程检测点,测点布置如图6-15所示。

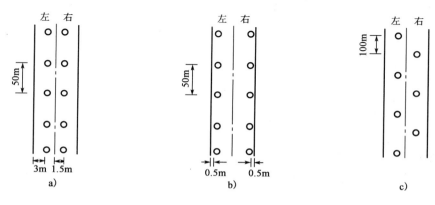

图6-15 测定布置图
a)沉降观测点布置图;b)压实度测点布置图;c)贝克曼梁弯沉布置图

b. 冲压前,测量记录原地面高程,每冲压5、10、15、20遍后测一次。

c. 如两次之间的高程测量差值小于5mm,即可结束冲压,以最后一次的冲压遍数(如20遍)作为沉降量控制标准。如大于5mm,则再冲压2~3遍,直至沉降量小于5mm,以最后的冲压遍数作为控制遍数。

②破碎状态控制

首先应对未冲压前混凝土板块损坏情况进行现场实测和记录,以后每5遍检测一次。最终破碎的网状碎块应控制在45~60cm。该碎块并非一般意义的明显碎块,而是裂缝(纹)贯穿块与块之间并形成集料嵌锁的结构从而保全原路面所具有大部分结构强度。一般代表弯沉值为0.53mm左右。

（5）冲压施工注意事项

由于冲压时产生极强冲击力,因此,施工时必须对其影响范围内的涵洞、构造物进行安全避让。

①桥梁、通道:冲压边界距桥头和通道边不少于5m,并控制在桥头搭板之外。

②涵洞:冲压边界距管涵中线或板涵边线不少于2m,管涵上方土层厚度不小于2m,板涵上方土层厚度不小于3m。

③房屋:视房屋的不同结构确定安全距离,避免造成损失。

避让方法:首先要准确调查所有桥涵构造物,明显标出安全距离线,施工中冲压至安全线时,可将冲压轮升起,低速空驶过安全范围后,再进行冲压施工。

(6)由于冲压破碎后,路面产生大量的裂缝,丧失抵抗雨水渗透侵蚀的能力,会造成板下基层和土基含水量增大,且不易散发,影响冲压效果。所以路面破碎后要及时进行防水处理,最好及时采取沥青下封等措施。

二、旧水泥混凝土路面回收

(1)对旧水泥混凝土路面及地下状况进行调查,并在平面图上标注地下构造物、涵洞、地下管道(自来水管、煤气管、通讯电缆、光缆)、排水设施(下水管)、桥头搭板和沥青混凝土修补路段。

(2)用铣刨机或人工清除旧水泥路面板块上的沥青混凝土。用推土机把路肩材料推光,让路边暴露出来。

(3)在地下构造物、涵洞、地下管道(线)、排水设施、桥头搭板位置以及破碎板与保留板连接处的第一块旧混凝土板使用液压镐破碎。

(4)旧混凝土板块破碎时从路中心线开始,用冲击锤交替向路肩进行破碎旧混凝土路面板块,落锤中心距为45cm。经破碎机破碎后的碎块边长约为30cm左右。

(5)破碎工作结束后,用装载机将水泥混凝土碎料堆积在旧路面的中线附近。

(6)将回收的水泥混凝土路面材料运送到轧石厂,在装车和运输过程中,这些回收旧料还会进一步破碎,应注意及时把暴露的钢筋抽出来。

(7)在轧石机之间的传送带和进料斗的上方,悬吊一块磁铁,以便把钢筋吸附出来。

三、再生集料水泥路面

(1)旧混凝土板块强度达到石料二级标准,可作为再生混凝土集料使用。旧混凝土集料的最大粒径为40mm,小于20mm的粒料不再作为集料。粗集料与再生粗集料级配范围见表6-12。

粗集料与再生粗集料级配要求　　　　表6-12

方孔筛尺寸(mm)	2.36	4.75	9.50	16.0	19.0	26.5	31.5	37.5	试验方法
级配类型	累计筛余(以质量计)(%)								
合成级配	4.75~16.0	95~100	85~100	40~60	0~10				JTG E42—2005;T 0302—2005
	4.75~19.0	95~100	85~95	60~75	30~45	0~5	0		
	4.75~26.5		90~100	70~90	50~70	25~40	0~5	0	
	4.75~31.5	95~100	90~100	75~90	60~75	40~60	20~35	0~5	0

(2)水泥混凝土路面碎块材料较轻,吸水性强、磨损试验的损失较大,相对密度较小。采用回收集料的混凝土混合料的和易性比采用原生集料差。尤其是细集料有尖锐棱角。采用天然细集料,可解决和易性差和水分控制问题。

(3)粉煤灰可以作为一种提高和易性的掺加剂加入到混合料中,亦可用来等量替代一部分水泥。可采用减水剂减少需水量。

(4)做混凝土配合比设计时,粒径小于20mm的集料宜采用新的碎石。宜掺加减水剂和二级干粉煤灰。细集料级配要求见表6-13。

细集料(机制砂)级配要求　　　　　表6-13

机制砂分级	细度模数	方孔筛尺寸(mm)(试验方法 JTG E42—2005;T 0327)						
		9.5	4.75	2.36	1.18	0.60	0.30	0.15
		水洗法通过各筛孔的质量百分率(%)						
Ⅰ级砂	2.3~3.1	100	90~100	80~95	50~85	30~60	10~20	0~10
Ⅱ、Ⅲ级砂	2.8~3.9	100	90~100	50~95	30~65	15~29	5~20	0~10

(5)再生水泥混凝土路面施工与普通水泥混凝土路面施工工艺基本相同,应按《水泥混凝土路面施工及验收规范》(GBJ 97—1987)执行。

第七章
公路沿线设施养护

公路沿线设施是公路交通安全、管理、服务、环保等设施的总称,是公路的重要组成部分。它与行车、行人的安全和交通的畅通有着密不可分的关系,对提高公路服务性能以及保障行车安全和交通畅通具有重要意义。公路交通工程及沿线设施主要包括交通安全设施、公路机电系统(监控系统、收费系统、通信系统、供配电系统)、服务设施、管理设施等。交通安全设施主要有交通标志、交通标线、视线诱导标、隔离栅、防护网、防眩板、护栏、防撞垫、特殊交通安全设施等;服务设施主要有服务区、停车区、公共汽车停靠站等;管理设施主要由管理机构对损坏的进行及时维修或更换,缺失或需要增加的应及时按技术要求进行补充,保持完整、齐全和良好的工作状态,满足公路的各种功能要求。

第一节 养护基本要求

交通工程及沿线设施包括:交通安全设施、公路机电系统(监控系统、收费系统、通信系统、供配电系统)、服务设施及养护房屋等。

交通工程及沿线设施养护的一般要求:交通工程及沿线设施养护应遵循"保障安全、提供服务、利于管理"的原则,保持完整、齐全和良好的工作状态;各种设施应加强养护,及时维修和更换损坏部件,设施不全或设施设置不合理的,应根据公路性质、技术等级和使用要求,有计划、有步骤地补充和完善。

第二节　交通安全设施养护维修

交通安全设施包括:公路交叉设施、护栏、隔离栅、标柱、反光镜、隔离带、防眩板、反光路钮、公路标志、标线、示警桩、边线轮廓标、震颤设施、安全岛、隔声墙、跨线桥、地下横道等。其基本要求:①结构完整;②及时检修;③防止生锈和结构清洁。

一、交通标志养护

公路交通标志是用图形符号和文字传递特定信息,用以管理交通、保证公路交通安全,协助车辆顺利通行的安全设施。公路交通标志包括:警告标志、禁令标志、指示标志、指路标志等主要标志和表示时间、车辆种类、区域或距离、警告、禁令理由等起辅助说明作用的辅助标志及其他标志。公路交通标志形状、颜色、尺寸、图案种类和设置地点均按《道路交通标志和标线》(GB 5768—2009)的规定执行。

公路交通标志设置以后,应按管理责任分工认真养护,保持位置适当、表达准确、完整、醒目、美观。夜间交通量大的公路,应采用反光标志。国际公路和重要的旅游公路,一般同时标注英汉两种文字。

1. 公路交通标志的分类

(1)主标志

①警告标志。

②禁令标志。

③指示标志。

④指路标志。

(2)辅助标志

辅助标志是附设在主标志之下,起辅助说明作用的标志,包括表示时间、车辆种类、区域或距离、警告、禁令理由等类型。

2. 公路交通标志的检查与维修

公路交通标志应经常检查是否受到树木等物体的遮挡,以及标志牌、支柱是否受到损坏,另外一般还应进行定期检查。遇到有风暴等异常气候及洪水、地震等自然灾害或交通事故时,应进行临时检查。检查包括下列内容:

(1)标志牌、支柱的变形、损坏、污秽及腐蚀情况。

(2)油漆及反光材料的褪色、剥落情况。

(3)标志牌设置的角度及安装情况。

(4)照明设施情况。

(5)基础或底座情况。

(6)反光标志的反射性能。

(7)缺失情况。

此外,还需要根据公路条件(如新增或取消平面交叉、新建或改建桥梁、窄路石宽、局部线形变更)或交通条件(如增加或变更交通限制等)的变化,检查公路交通的设置地点、指示内容、各标志之间的相互位置、标志的高度和尺寸是否适当等。

通过检查,发现公路交通标志出现异常时,应及时恢复到正常状态。公路交通标志是用图形和文字传递特定信息,用以管理交通,保证交通安全,协助车辆顺利通行的安全设施。

交通标志的维修包括:

(1)公路标志牌、支柱变形、损坏、污秽及腐蚀情况——及时清洗。
(2)油漆及反光材料的褪色、剥落情况——定期刷新。
(3)标志牌设置的角度及安装情况——尽快修复。
(4)照明装置情况——尽快修复。
(5)基础或底座情况——尽快修复。
(6)反光标志的反射情况——尽快修复。
(7)缺失情况——尽快修复。

二、交通标线养护

公路交通标线是管制和引导交通安全的安全设施,如图7-1所示。公路交通标线包括:路面上的各种线条、箭头、文字、立面标记、突起路标和轮廓标等所构成的交通安全设施。它可以与标志配合使用,也可单独使用。公路交通标线的形状、颜色、尺寸和设置地点均按《道路交通标志和标线》(GB 5768—2009)的规定执行。

图7-1 道路交通标线

公路交通标线设置后,应按管理责任分工,再认真保养,经常保持完整、齐全、鲜明。高速公路、一级公路、二级公路均应设置路面标线。其他道路可根据需要按标准设置标线。

1. 路面标线材料的选择

路面标线应采用耐磨耗、耐腐蚀、与路面黏着力强、具有较好的辨认性、便于施工、对人畜无害的路林漆、塑胶标带、陶瓷和彩色水泥等材料制作。标线材料的选择,应从涂料性能和施工方便两方面加以考虑。

(1)涂料性能

①车辆行驶时,无论是白天或黑夜都能由于光泽和色彩的反衬而清晰地识别和认清标线。

②涂料必须保持与路面之间的紧密结合,一定时期内不会因为车辆和行人来往通行而剥落。

③涂料必须具有优良的耐久性,能经受车轮长久的磨耗,不会产生明显的裂缝。

④涂料应具有很好的防滑性能,车辆驶过标线时产生较小的噪声和振动。

⑤涂敷作业要安全、无毒、无污染。

⑥反光标线涂料,应确保较好的反光性能,并在相当长的使用期间不会显著下降。

⑦保持路面标线颜色的均匀一致,一定时期内不会因气候、路面材料等作用而变色。

(2)施工性能

①标线涂料应具有快干的特性,涂敷作业应尽量减少对交通的干扰。

②标线涂料应具有良好的施工性能,划出的标线边缘整齐、表面平整,不会产生涂料流淌,表面产生沟槽、气泡等缺陷。

③标线施工过程中,按规定控制标线厚度。

④标线施工过程中,应严格控制施工温度,常温涂料施工温度为4℃以上,加热型涂料施工温度为50~80℃,热熔涂料施工温度为180~230℃。当气温低于4℃,以及雨、雪天不能施工。

2. 交通标线的养护与维修

(1)路面标线、导向箭头、文字标记

①路面标线污秽,影响辨认性能时,应及时进行清扫或冲洗。

②路面标线磨损严重或脱落,影响辨认性能时,应重新喷刷或修复,并注意避免与原标线错位。

③进行路面局部修理使路面标线局部缺损或被覆盖,应在路面修理完工后予以修补或喷刷。

(2)立面标记

①立面标记应保持颜色鲜明、醒目,并经常清除标记表面污秽。

②对于用反光膜制作的立面标记,若被破坏,应及时重新更换、贴补。

③对于用油漆涂刷制作的立面标记,若已褪色或油漆剥落,应及时重新涂漆。

(3)突起路标

为辅助和加强标线,可设置固定于路面上的突起路标。突起路标是安装于路面的一种块状突起结构,一般与路面交通标线配合使用,设置在行车道的边缘外侧或车行道分界线的虚线处。

①突起路标的主要养护内容是保持其反射性能。应经常清扫突起部位周围的杂物,清除反光玻璃球表面污秽。

②突起路标的主要修理内容是保持其完好的反射角度,发现松动的应予固定;发现损坏或丢失的,应及时修复或更换。

③突起路标的养护应符合下到要求:

a. 突起路标应无严重的缺损。

b. 破损的突起路标应不对车辆、人员等造成伤害。

c. 突起路标应无明显的褪色。

d. 突起路标的光度性能应保持其在夜间良好的视认性。

(4)轮廓标

轮廓标是设置于道路边缘,用于诱导视线的一种设施。轮廓标上具有逆反射体或逆反射材料,在夜间车灯的照射下,显示出道路边缘的轮廓,对行车进行安全引导。汽车专用公路和实施 GBM 工程的公路或路段,应设置路边轮廓标,其他公路可视实际需要设置。

凡设置示警桩和护栏路段,以及路肩上已种植整齐的行列式乔木路段,可不再设置路边轮廓标。路边轮廓标与百米桩结合设置时,应在桩下部标明百米桩号。

①轮廓标养护与修理包括以下主要内容:

a. 反光矩形色块剥落,应及时贴补。

b. 清除表面污秽和遮蔽轮廓标的杂草、树木物体。

c. 油漆剥落的,应重新漆涂。

d. 标柱倾斜或松动的,应予扶正固定。如已变形、损坏,应尽量修复或更换。

e. 丢失的应及时补充。

②轮廓标的养护应符合下列要求:

a. 轮廓标应进行表面清洗。

b. 轮廓标应无缺损。

c. 轮廓标应无明显的褪色。

d. 轮廓标的光度性能应保持其在夜间良好的视认性。

3. 交通标线的养护要求

公路交通标线的养护应符合下列要求:

(1)具有良好的可视性,边缘整齐,线形流畅,无大面积脱落。

(2)颜色、线形等应符合相关标准要求。

(3)反光标线应保持良好的夜间视认性。

(4)重新画设的标线应与旧标线基本重合。

三、交通安全防护设施养护

公路安全保障工程实施路段,无论是处于生态环境脆弱的山区还是人口密集的平原区,都应该注意尽量减少对生态环境的影响。为减少对生态环境的影响,提高公路行车安全性,应以综合运用交通工程技术为主要处治手段。在全面分析交通安全隐患的基础上,合理确定技术方案,注重环境保护和综合处治措施。

公路安全保障工程实施路段,应重视现场勘查和科学分析,采用低成本措施解决影响交通安全的主要矛盾,从而提高公路行车安全性。如:因弯道内侧植物或边坡杂乱等阻碍行车视线时,通过修剪树木、清除杂物等低成本措施提高会车视距。

1. 安全设施管理设施的要求

根据公路安全保障工程实施路段的判定指标,公路安全保障工程提出了陡坡、急弯、连续下坡、视距不良和路侧险要路段安全设施管理设施的设计标准和实施要求,具体应满足以下要求:

(1)单个急弯路段。在进入弯道之前设置"向左(右)弯路"警示标志,如图7-2a)、b)所示,在弯道起点设置限速的标志,弯道路段根据平曲线情况设置视线诱导设施,根据路侧危险程度在弯道外侧设置护栏。

a)   b)   c)   d)   e)

图 7-2 几种警示标志

a)向左急转弯标志;b)向右急转弯标志;c)连续急弯标志;d)下陡坡标志;e)上陡坡标志

(2)连续转弯路段。在进入弯道之前设置"连续弯路"警示标志,如图7-2c)所示,在弯道起点设置限速标志,根据平曲线情况设置视线诱导设施,并设置相应防撞等级的护栏。

(3)陡坡路段。下坡路段在起点前设置"下陡坡"标志,如图 7-2d)所示,上坡路段在起点前设置"上陡坡"标志,如图 7-2e)所示。根据需要设置限速标志、减速设施和视线诱导设施。根据路侧危险程度设置相应防撞等级的护栏。

(4)连续下坡路段。在起点前适当位置设置"连续下坡"标志,如图 7-3 所示,根据情况在标志上表明连续下坡长度。

如果设置了避险车道,应在避险车道起点前设置"避险车道"标志和至少两处避险车道预告标志,如图 7-4 所示,根据需要设置限速标志、禁止超车标线、减速设施和线形诱导标,并根据路侧危险程度设置护栏。

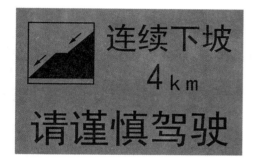

图 7-3　连续下坡标志

图 7-4　避险车道标志

(5)视距不良路段。设置鸣喇叭标志、限速标志、禁止超车标志,如图 7-5 所示,根据需要设置线形诱导标、减速设施。

图 7-5　视距不良路段的交通标志
a)鸣喇叭标志;b)限速标志;c)禁止超车标志

(6)路侧险要路段。根据车辆驶出路外可能产生的事故严重程度设置路栏,根据路侧情况设置"傍山险路"、"堤坝路"、"注意落石"、"注意横风"等警告标志,如图 7-6 所示,并根据线形适当设置视线诱导设施。

图 7-6　路侧险要路段的交通标志
a)傍山险路;b)堤坝路;c)注意落石;d)注意横风

2. 安全保障工程实施路段的交通标志

(1) 安全保障工程实施路段的交通标志的设置要求

实施安全保障工程路段的交通标志应根据公路、交通和环境等条件选用,做到交通标志标准规范、经济美观,避免因警告、禁令和相关提示性标志的频繁使用,使驾驶员产生麻痹心理。

公路交通标志的设置,应以不熟悉周围路网体系的公路使用者为设计对象,在配合使用地图情况下,使其能够顺利通过一定的路径到达目的地。标志上的公路编号和命名应严格按相关国家标准进行标识。

安全保障工程实施路段,应重视事故多发路段告示牌的设置工作,结合相关警告和禁令标志等,提醒驾驶员谨慎驾驶。交通标志应与交通标线配合使用,协调一致。两块以上标志牌设置在一根立柱上时,应按警告、禁令、指示的顺序,先上后下、先左后右排列。

二级及二级以下公路上设置的大型标志板应充分利用,可以在其背面设置公益标志。实施安全保障工程路段的交通标志设置应注意:山区公路应根据公路线形、视距条件、同时考虑交通量、交通组成、车速等交通状况,以及历史事故情况、路侧情况等,合理设置警告、禁令标志,并避免沿线标志林立的情况。平原区公路指路标志的设置应根据其在整个路网中的地位、作用以及与相连公路的关系,进行总体布局,平面交叉的标志设置应注意路权、通行优先权以及相应的指路标志的设置。此外,需要注意的是要求驾驶员根据标志信息采取相应操作的标志,如变换车道、改变行驶方向、减速或停车等标志,设置应有足够的前置距离,以保证行车安全。

(2) 安全保障工程路段的新增标志

安全保障工程路段在实施过程中,需要用到一些《道路交通标志和标线》(GB 5768—2009)中没有相应规定的标志,可参考以下的标志板面设计。

① 避险车道标志。山区公路设有避险车道的场所,应设避险车道标志。该标志设在避险车道引道端头醒目位置。可在避险车道引道起始端前 1km 或 500m 位置,设避险车道预告标志。

② 人文标志。提示"请勿疲劳驾驶"、"系安全带"、"严禁乱扔废物"、"严禁酒后驾车"等有助于交通安全的标志,其他类似标志板面设计应采取统一风格。设置这些标志时,应注意结合事故情况、主要交通标志设置情况,不宜多设。

③ 观景台、小型停车区标志。在沿路开辟的观景台和小型停车区处,应在入口附近设置停车场所标志。

④ 减速丘标志。设置减速丘的地方,应设置警告标志,并应配合相应的减速丘标线,以提示驾驶员减速行驶。为了帮助驾驶员理解减速丘警告标志含义,可以在警告标志下设辅助标志。

(3) 安全保障工程路段的限速标志

限速标志的限速值可以取自由流状态下第 85 位车速,并在一定范围内调整。实际设立限速标志时可能还需要考虑以下的其他因素:

① 公路等级、特征、路肩条件、线形和视距等。

② 路侧土地使用和环境。

③ 停车需求和行人活动。

④一个时间段的事故记录、设置限速标志时,可以分车型分别限速,如客车、货车;也可以分时段或天气分别限速,如专门的夜间限速标志。

对于设立了限速标志的一般公路,应对公路特征或周围土地使用情况发生了重大变化的路段的限速标志进行再评估。

3. 安全保障工程实施路段的交通标线

实施安全保障工程路段的交通标线应根据路面宽度、交通量和视距等主要因素画交通标线,并做到标准规范、线形流畅和合理衔接,充分发挥其引导交通流的功能。在交通标线中应重视中心实线的应用。在不满足会车视距的路段,如急弯、陡坡等视距不良路段,应施画中心实线,禁止车辆不安全超车行为,从而预防会车事故的发生。在易发生事故的路段,还可以同步设置突起路标和中央隔离设施等,以提高行车安全性。此外,应重视平面交叉的标线设置。根据平面交叉的形式和交通流的特点予以合理渠化,明确通行优先权,尽可能消除交通冲突点,引导车辆有序通过平面交叉。

（1）车道边缘线与分界线

一级公路路段设置车道边缘线及车道分界线,线宽15cm。

（2）双向两车道路面中心线

双向车道路面中心线原则上画单线,下列情况可以考虑画双线:

①路面宽度足够,为了规范车辆在车道内行使而不侵入对向车道(双线的间距根据路面宽度、车道宽度确定)。

②双向超车的管理规定不同,一个方向允许超车而另一方向不允许。

（3）车行道边缘线

同方向同一断面上的机动车道与非机动车道的分界线,应视为机动车道的边缘线,应画白色实线,在机动车需要跨越边缘线的地方可画白色虚线,线宽15cm,受路面宽度限制时可采用10cm的线宽。

（4）立面标记

在跨线桥、渡槽等的墩柱成侧面端面上、隧道洞口、收费岛岛头或人行横道上的安全岛的壁面上适宜画立面标记,提醒驾驶员注意在车行道或近旁有高出路面的障碍物,以防发生碰撞。

（5）减速标线

《道路交通标志和标线》(GB 5768—2009)中将减速标线划分为车行道横向减速标线和车行道纵向减速标线。

车行道减速标线设置于弯路、坡路、隧道洞口前、长下坡路段及其他需要减速的路段前或路段中的机动车行车道内,分为车行道横向减速标线和车行道纵向减速标线,可用振动标线的形式。

①车行道横向减速标线。车行道横向减速标线为一组垂立于车道中心线的白色标线,线宽45cm,线与线间距45cm。车行道横向减速标线的设置间隔应使车辆通过各标线间隔的时间大致相等,以利于行驶速度逐步降低,减速度一般设计为$1.8 m/s^2$。

②车行道纵向减速标线。车行道纵向减速标线为一组平行于车行道分界线的菱形块虚线。在车行道纵向减速标线的起始位置,设置长30m的渐变段。菱形块虚线由窄变宽,宽度

从10cm渐变为30cm,当车辆通过设置了车行道纵向减速标线的路段时,驾驶员的主观视觉会感觉到车道在逐渐变窄,提醒他们提高注意力,主动采取减速措施,缓慢前行,可以有效地防止机动车驾驶员在临近停止线前采取紧急制动的情况。

(6)轮廓标

①在视线不良、急弯、车道数或车道宽度有变化及连续急弯陡坡等路段应设置轮廓标,设计速度大于或等于60km/h的公路和国省道干线公路宜全线设置轮廓标。

②在气候条件恶劣、线形条件差和事故多发地段应设置反光性能高的轮廓标或采用尺寸较大的反射器。

③轮廓标一般设置在公路的土路肩上或附着在路侧护栏上。轮廓标形式可根据公路是否设置护栏以及所设护栏的形式,选用附着式或柱式轮廓标。双向行车的隧道内壁上附着的轮廓标应为双向反光。二级及二级以下等级公路,路侧轮廓标也是双向反光。

④轮廓标在公路前进方向左、右侧对称设置。一级公路整体式设置了中央分隔带以及一级公路分离式,按行车方向在左侧设置黄色轮廓标,右侧设置白色轮廓标;二级及二级以下等级公路,按行车方向,左右两侧的轮廓标都是白色。

(7)线形诱导标

在受土体、树木或房屋等阻挡,使驾驶员难以明了前方线形走向,易发生交通事故的小半径弯道外侧,可视具体情况设置一定数量的线形诱导标。

①线形诱导标的尺寸。设计速度大于或等于80km/h,可选用600mm×800mm,设计速度小于80km/h时,可选用400mm×600mm,最小不得小于220mm×400mm。

②线形诱导标的设置数量、间距。线形诱导标的设置应根据曲线半径、长度、偏角大小确定,偏角较小(≤7°)的曲线路段,可在曲线重点位置设一块诱导标;偏角较大(>7°),曲线较长的弯道,可根据需要设置若干块诱导标,应保证驾驶员在曲线范围内连续看到不少于三块诱导标。

③线形诱导标颜色。一般情况下,使用指示性线形诱导标,为蓝底白图案;在经常发生驶出路外事故、事故严重度较高或需强烈警示驾驶员注意的曲线路段,可使用警告性线形诱导标,为红底白图案;黄底黑图案线形诱导标用于施工区。

④线形诱导标板的下缘至路面的高度应为120~150cm,板面应尽可能垂直于驾驶员视线。

(8)示警桩、示警墩

作为轮廓标的一种形式,示警桩、示警墩的设置位置同轮廓标,只是间距不同。示警桩间距4~6m,示警墩间距2m。

4.安全保障工程实施路段的护栏

应根据路侧危险程度、事故率、行车速度和交通流组成等主要因素设置护栏,合理选择防护栏防撞等级。护栏形式应与周边景观相协调。避免盲目设防、过度设防,最大限度减少工程对环境和景观的破坏。

护栏形式的选择还要考虑当地的养护条件、环境和气候因素。如在北方积雪地区宜采用波形梁或缆索护栏,以便于清除积雪,选用连续混凝土护栏的路段,还要考虑清扫、排水等因素。

护栏设计应考虑路面加铺、罩面等因素对护栏设置高度的影响。

(1) 护栏的设置原则

护栏的设置应根据交通事故率、车辆驶出路外的可能性和路侧危险程度等条件,确定是否设置护栏。车辆驶出路外的可能性与交通量、公路的曲线半径、下坡坡度有关,与上坡影响不大。可综合以上因素和技术条件,在下列路段设置护栏:

①在发生过车辆驶出路外交通事故的地方,尤其是驶出路外的交通事故多发的路段,应设置防护等级高的护栏。

②急弯或连续急弯,特别是连续下坡路段小半径曲线的外侧,应设置护栏。

(2) 护栏的形式选择

①护栏形式的选择,应针对每条公路的具体情况,充分比较各种护栏的性能,分析行驶安全感、压迫感、视线诱导、瞭望的舒适性,并考虑与公路周围环境的协调,结合经济性、施工条件及养护维修等因素,在综合分析的基础上确定。

②波形梁护栏应刚柔相兼,具有较强的吸收碰撞能量的能力,具有较好的视线诱导功能,能与公路线形相协调,外形美观,损坏处容易更换。波形梁护栏较混凝土护栏具有一定的通透性,可用于美观性要求较高的一般路段和沙漠、积雪地区。

③混凝土护栏防止车辆越出路(桥)外的效果。由于混凝土护栏几乎不变形,因而维修费用很低,但当车辆与护栏的碰撞角度较大时,对车辆和乘员的伤害大。混凝土护栏可用于山区急弯路段外侧,路侧为深沟、陡崖,车辆冲出将导致严重伤亡事故的部分路段。

5. 安全保障工程实施路段的减速设施

因车速快而导致交通事故的路段可设置减速设施。减速设施形式选择应考虑行车的舒适性、路面排水和日常养护等因素。使用物理性减速设施应注意设置相应的标志标线进行预告、警告。

6. 安全保障工程实施路段的视线诱导设施

应根据公路线形、路侧危险程度和其他设施的应用情况选择合理的设施形式。

对于事故概率低、严重度小、路侧危险程度不大、线形指标较好的路段,可选用示警桩、示警墩和轮廓标等视线诱导设施;对于线形指标较差的路段,可选用线形诱导标。

7. 避险车道

根据历史事故资料,在多次发生车辆因制动失效冲出路外且地形条件许可的长大下坡路段,修建避险车道。

避险车道设置,应首选上坡制动床型避险车道。当因空间位置所限不能建造上坡制动床型避险车道时,可选择建造沙堆避险车道,但应保持沙子松散、干燥。

设置避险车道,应根据连续长大下坡路段货车失控事故情况、坡度、坡长、货车占交通量的百分比以及事故的严重程度等因素,综合考虑是否设置避险车道。

避险车道应设置在能拦住大部分失控车辆的地方,一般设置在:

(1) 连续长大下坡或陡坡路段接小半径曲线前方(在车辆驶入小半径曲线前,宜沿曲线切线方向设置避险车道)。

(2) 连续长大下坡路段的下半部。

此外,还应考虑设置地点的具体地形条件。

四、其他安全防护设施养护

1. 中央分隔带

高速公路和一级公路上设置的中央分隔带和在城镇附近混合交通量大的公路沿线纵向设置的用于分割行车道的分隔带,应保持状态良好。

(1)中央分隔带的检查

①中央分隔带或分隔带的排水通道是否阻塞。

②路缘石的变形、损坏情况。

(2)中央分隔带的养护与修理

①排水通道阻塞应及时疏通。

②清理中央分隔带或分隔带内的杂物,修剪高草。

③修复变形的路缘石,更换损坏的路缘石。

2. 隔离栅和防护网

隔离栅是为防止牲畜、行人、非机动车等进入高速公路,在路基以外设置的栅栏。其他公路在穿越城镇的路段,根据实际情况也可以设置。

(1)隔离栅的检查

除日常巡回检查外,每季度还应进行一次定期检查。检查包括下列内容:

①隔离栅的损坏或变形情况。

②污损程度。

③油漆损坏及金属锈蚀情况。

(2)隔离栅的养护与维修

①污损严重的应定期清理。

②一年定期重新涂漆一次。

③损坏部分应及时修复或更换。

(3)隔离栅的养护要求

①应保持隔离栅完整无缺、功能正常。

②隔离栅金属网片、立柱、斜撑、连接件、基础等部件应无缺损。

③隔离栅质量应符合相关标准要求。

④隔离栅应无明显倾斜、变形,各部件稳固连接。

⑤隔离栅防腐涂层应无明显脱落、锈蚀现象。

防护网的检查、养护与维修基本和隔离栅相同。

3. 标柱

标柱分为警示标柱和道口标柱两种。警示标柱是设置在漫水桥和过水路面两侧及平原地区路堤高 4m 以上、山岭地区路堤高 6m 以上路段和危险路段,以表明公路边缘及限行的示警标志。道口标柱是设在公路沿线较小交叉路口两侧,表明平面交叉位置的设施。

标柱制作材料可采用金属、钢筋混凝土、水泥混凝土、木料或石料等。标柱间距 6~10m,断面 15cm×15cm,高出地面 80cm,高出地面部分一律涂以间距为 20cm,顶端为红色的红白相间油漆。

应经常检查标柱有无歪斜、变形、缺少、损坏,油漆是否剥落、褪色。养护和修理的主要内容是及时扶正标柱、修理或更换变形、损坏部分,缺少的应填补,保持标柱位置正确,颜色鲜明、醒目。

4. 防眩板

防眩板是使夜间行车的驾驶员免受对向来车前照灯眩光干扰而设置在中央分隔带的设施。

(1)防眩板的检查

在日常巡回中、应经常检查遮光栅有无缺损歪斜。钢质遮光栅有无油漆剥落,锈蚀,支柱有无变形。

(2)防眩板的养护与修理

①损坏部分应及时修复,歪斜的应扶正。

②定期重新涂漆,锈蚀和变形严重的应予以更换。

(3)防眩板的养护要求

①防眩板应保持完整、清洁、具有良好的防眩效果。

②防眩板应安装牢固、无缺损。

③防眩板应无明显变形、褪色或锈蚀。

④防眩板的质量应符合相关标准要求。

5. 隔声墙

(1)隔声墙作用

隔声墙是为了减轻高速公路行车噪声对附近居民的影响而建造在公路旁边的墙式设施。

(2)隔声墙检查

①经常检查其排水通道是否堵塞。

②墙体有无变形或损坏情况,特别是雨季。

(3)隔声墙养护维修

①及时清理隔声墙周围的杂草、泥土、垃圾,疏通排水通道。

②对变形或损坏的隔声墙应及时修复。

6. 震巅设施

(1)震巅设施作用

震巅设施是设在路面上并高出路面,用以警告驾驶人员减速的安全设施。高速公路震巅设施主要设置在收费站,当汽车通过震巅设施时受到冲击和振动,起到警告和强行减速的作用。震巅设施一般为半球状、搓板、门槛等形式。

(2)震巅设施必须定期仔细检查

①与路面的固定有无松动。

②设施本身有无裂缝、损坏。

(3)震巅设施养护维修

①经常清扫设施上的杂物。

②对于因磨损而影响震巅性能时,应予以更换或修复。

③发现有松动,应立即将固定部件紧固,不易紧固时,应更换。

④严重缺损的震巅设施,应拆除重新设置。

7. 反光镜

视距不足的急转弯和路线平面交叉处,可根据需要设置能使驾驶员从镜中看到对方来车的平曲线反光镜。由于反光镜与交通安全密切相关,应经常进行检查与养护维修。

(1)反光镜的检查

除在日常巡回检查反光镜的反射能力外,还应进行定期检查。检查包括下列内容:
①反光镜的设置位置、方向和角度是否正确。
②支柱有无倾斜和损坏。
③镜面有无污秽和损坏。
在发生风雨等异常气候时,应立即进行上述相同内容的检查。

(2)反光镜的养护
①保持镜面清洁和反射能力。
②及时清除反光镜周围树枝、杂草等遮蔽物。
③检查出的病害,应立即修复。

对于公路交通安全设施的养护除以上内容以外,还应注意以下两点:

(1)应保持里程碑、百米桩、道口标柱、公路界碑、防落网、锥形交通路标、公路防撞桶、减速垫、安全岛、平曲线反光镜、声屏障、示警标柱等交通安全设施的清洁完整和功能正常。

(2)应选择恰当和可行的方法对里程碑、百米桩、道口标柱、公路界碑、防落网、锥形交通路标、公路防撞桶、减速垫、安全岛、平曲线反光镜、声屏障、示警标柱等交通安全设施进行养护。

第三节 通信与监视设施养护

一、通信设施养护

通信设施检查、检测及维护的主要项目内容和周期参见《公路养护技术规范》(JTG H10—2009)附录1,具体内容见表7-1。

通信系统检查、检测及维护的主要项目和周期 表7-1

序号	项 目	周 期	备 注
1	数字传输系统监测和记录	d	包括误码秒(ES)、严重误码秒(SES)事件次数,误码计数、误码率(BER)、不可用时间和各类告警等
2	电源和设备状态显示检查	d	每天交接班时检查记录,紧急电话电源每季一次
3	数字程控交换机、IP网络设备运行状况检查	d	告警、工作电压,数字程控交换机还应包括中继闭塞、设备和电路变更等状况,IP网络设备还应包括路由器的路由表、端口流量、交换机的VLAN表和商品流量等

续上表

序 号	项 目	周 期	备 注
4	机房与设备保洁、除尘	周	设备表面清除尘每周一次,机顶、走线架、配线架及机框内部清扫除尘每年一次
5	浪涌保护器检测	月	性能测试,夏季雷雨季节应及时检查
6	数字程控交换机、IP网络维护	月	包括防潮滤网除尘或更换,数字程控交换机磁带机清洁、系统时间核准,后备磁带(光盘)制作、告警记录分析等
7	紧急电话总机、分机外观与功能检查维护	月	检查并进行通话试验
8	数字传输系统网管数据备份	季	数据修改后和网管系统升级前应及时做好数据备份
9	光电缆险路巡视检查	季	尾纤(缆)、终端盒、配线架外观检查每月一次,入孔内检查有无积水、垃圾每半年一次
10	数字程控交换机性能测试	季	包括告警性能、中继线电路、迂回路由、I/O设备诊断等,障碍自动诊断、信号音电平、计费差错率等测试每年一次
11	无线通信设备的检查	季	转发器功率及接收灵敏度、收集机分路器隔离度及损耗、天馈系统、发信机合路器损耗和系统控制器功能等测试
12	数字传输系统倒换试验、光功率测试	半年	包括与壳的滤尘网,网管无此功能可不测发送和接受光功率
13	电缆绝缘电阻测试	年	绝缘电阻测试仪抽测10%芯线
14	光纤通道后向散射信号曲线测试检查	年	OTDR测试
15	数字传输系统通道误码性能测试	年	每个组抽一个通道,在线测试24h
16	无线铁塔检查	年	天线、避雷针、地线、坚固螺钉和基础等
17	强电端与外壳的绝缘电阻测试	年	年500V兆欧表测试
18	防雷和接地检查	年	防雷测试仪和接地电阻测定仪测试

二、监视设施养护

监视设施检查、检测及维护的主要项目内容和周期参见《公路养护技术规范》(JTG H10—2009)附录1,具体内容见表7-2。

监视设施检查、检测及维护的主要项目和周期　　　　表7-2

序 号	项 目	周 期	备 注
1	除尘	d	机房保洁每日一次,摄像机(含镜头)为每月一次,外场设备为每季一次,其他设备每周一次
2	地图屏、投影显示屏各项显示功能检查	d	键入命令观察
3	闭路电视设备检查	周	观察、检查,编解码器和视频切换器每季检查一次

续上表

序号	项目	周期	备注
4	车重测量仪设备检查	周	现场检查积水或杂物,机箱、坚固螺(栓)钉。车重测量仪应定期送检
5	一氧化碳浓度、烟雾浓度等环境检测装置	周	观察、检查、保洁与维护
6	交通调查数据采集设备检查	周	检查,检测精度测试每季一次,其中车速用手持式测速器测试对照,车型、流量与人工测试对照
7	浪涌保护器检测	月	性能测试,夏季雷雨季节应及时检查
8	计算机系统维护	月	功能测试,数据保存、备份设备整理,网络及系统目录和文件的维护,系统软件、防病毒软件升级与补丁
9	隧道照明、风机、消防喷淋等的控制系统	月	实际操作,检查其控制功能
10	桥梁检测装置的检查和检测	月	试验、检查
11	通信功能与传输性能测试	季	测试
12	车辆检测器性能测试	季	车速用手持式测速器测试对照,流量与人工测试对照
13	线缆、电源、接插件检查、测试	季	万用表测试(室内为每周一次)
14	可变信息标志显示屏亮度与光控	季	亮度计检测,光控功能试验
15	区域控制器、匝道控制器功能检测	季	试验
16	视频光端机发送功率、接收灵敏度检测	年	用光功率计测试
17	气象检测仪检查	年	检查和调整灵敏度,必要时检查和校准传感器
18	外场设备的箱体、门架和坚固件	年	检查、坚固螺(栓)钉,除锈、油漆
19	绝缘电阻测试	年	500V欧表测试
20	接地电阻测试	年	接地电阻测定仪测试

第八章 公路桥梁涵洞养护

第一节 概 述

为了保持桥涵处于正常使用状态和延长桥涵结构物的使用年限,对桥涵结构进行养护与维修的工作是非常必要的。当桥涵结构物无法满足承载能力、通行能力(如荷载标准提高、原结构严重损伤从而使承载能力降低、桥面过窄妨碍车辆通行)、防洪等要求时,则需对桥梁结构进行必要的加固、拓宽等技术改造。因此桥梁竣工验收并交付使用后将进行两方面的工作,其一是日常的养护维修,其二是针对桥梁在运营过程中实际存在的问题与新的使用要求,进行必要加固改造。

具体来说,桥梁养护的工作内容主要有以下几方面:

(1)制定健全的公路桥涵检查、评定制度,使得其检测、评定、加固系统化及标准化。

(2)建立完善的桥涵技术档案,建立公路桥涵管理系统和数据库,实施桥涵病害监控,实施科学决策。

(3)桥涵构造物的养护作业和工程实施应注意保障车辆、行人的安全通行及环境保护。

(4)桥涵构造物养护应有对洪水、流水、泥石流和地震等灾害的防护措施,同时具备应急交通方案。

(5)桥梁构造物的经常养护、维修和加固。

第二节　桥梁的检查与检验

桥梁的检查与检验是进行桥梁养护、维修加固的前期工作,是决定维修与加固方案可行和正确与否的基础。通过对桥梁进行检查与检验,可以系统地掌握桥梁的状况,特别是对发现存在较大安全隐患的桥梁,通过加固将隐患消灭于萌芽状态。桥梁检测分为局部检测和整体检测两大类。按对结构自身的影响程度分为非破坏性检测与破坏性检测两种。

一、桥梁检查的一般规定

桥梁检查是桥梁养护的基础工作。公路桥涵的检查可分为经常检查、定期检查、特殊检查。

1. 经常检查

桥梁的经常检查,也称为日常检查,主要指对桥面设施、上部结构、下部结构和附属构造物的技术状况进行检查。

经常检查的周期根据桥梁技术状况而定,一般每月不得少于一次,汛期应加强不定期检查。经常检查一般采用巡视目测方法。检查时,路段检查人员、桥工班或护桥人员进行扫视性检查,需当场填写桥梁经常检查记录表(表8-1)。

桥梁经常检查记录表　　　　表8-1

公路管理机构名称					
路线编码		路线名称		桥位桩号	
桥梁编码		桥梁名称		养护单位	
部件名称	缺损类型	缺损范围		养护措施意见	
桥面铺装					
桥头跳车					
伸缩缝					
泄水孔					
桥面清洁					
人行道、缘石					
栏杆、护栏					
照明、灯柱					
翼墙					
锥坡					
桥头排水沟					
桥头人行台阶					
其他					
负责人		记录人		检查日期	

桥梁的经常检查包括如下内容:

(1)桥面铺装是否平整,有无裂缝、局部坑槽、积水、沉陷、波浪、碎边,混凝土桥是否有剥离、渗漏,钢筋是否锈蚀,桥头有无跳车。

(2)排水设施是否良好,桥面泄水管是否堵塞和破损。

(3)桥面是否清洁,有无杂物堆积,杂草蔓生。

(4)伸缩缝是否堵塞卡死,连接部件有无松动、脱落、局部破损,支座是否完好。

(5)人行道、缘石、栏杆、扶手和引道护栏(柱)有无撞坏、断裂、松动、错位、缺件、剥落、锈蚀等。

(6)河床是否受到冲刷而下切以至低于设计高程。

(7)墩台的基础是否受到冲刷变形、下沉。

(8)墩台是否受到船只或漂浮物撞击而受损。

(9)翼墙(侧墙、耳墙)有无开裂、风化剥落和异常变形。

(10)锥坡、护坡有无局部塌陷,铺砌面是否塌陷、缺损,有无垃圾成堆、灌木杂草丛生,桥头排水沟和行人台阶是否完好。

(11)交通信号、标志、标线、照明设施是否完好。

(12)当在定期检查中发现桥梁重要(部)构件存在明显缺陷,达到 3~5m 技术状况的病害时,应向地(市)级公路管理机构专职桥梁养护工程师及时汇报。

2. 定期检查

定期检查是为评定桥梁使用功能、制订管理养护计划提供基本依据,对桥梁主体结构及附属构造物的技术状况进行全面检查。主要检查各部件的功能是否完善有效,构造是否合理耐用,发现需要大、中修、改善或限制交通的桥梁缺损状况;同时检查小修保养状况。

桥梁定期检查是桥梁养护管理系统中采集结构技术状况动态数据的重要工作,为评定桥梁使用功能、制订养护计划提供基础参数。

(1)定期检查必须接近或进入各部件内仔细检查其功能及材料的缺损状况,并在现场完成下列工作:

①现场校核桥梁基本数据并填写《公路养护技术规范》(JTG H10—2009)要求的桥梁基本状况卡片(表8-2)。

②当场填写"桥梁定期检查记录总表"和"桥梁定期检查记录分表"(表8-3、表8-4),记录各部件缺损状况。

③根据调查做出技术状况评分。

④实地判断缺损原因,估定维修范围及方式。

⑤对难以判断损坏原因和程度的部件,提出特殊检查(专门检验)的要求。

⑥对损坏严重、危及安全运行的危险桥梁,提出暂时限制交通的建议。

⑦根据桥梁的技术状况,确定下次检查时间。

桥梁基本状况卡片 表8-2

A. 行政识别数据								
1	路线编号		2	路线名称		3	路线等级	
4	桥梁编号		5	桥梁名称		6	桥位桩号	
7	功能类型		8	下穿通道名		9	下穿通道桩号	
10	设计荷载		11	通行载重		12	弯斜坡度	
13	桥面铺装		14	管养单位		15	建成年限	

续上表

B. 结构技术数据

16	桥长(m)		17	桥面总宽(m)		18	车行道宽(m)	
19	桥面高程(m)		20	桥下净高(m)		21	桥上净高(m)	
22	引道总宽(m)		23	引道路面宽(m)		24	引道线形	

上部结构	25	孔号			下部结构	29	墩台	
	26	形式				30	形式	
	27	跨径(m)				31	材料	
	28	材料				32	基础形式	

33	伸缩缝类型		34	支座形式		35	地震动峰值加速度系数	
36	桥台护坡		37	护墩体		38	调治构造物	
39	常水位		40	设计水位		41	历史洪水位	

C. 档案资料(全、不全或无)

42	设计图纸		43	设计文件		44	施工文件	
45	竣工图纸		46	验收文件		47	行政文件	
48	定期检查报告		49	特殊检查报告		50	历次维修资料	
51	档案号		52	存档案		53	建档年/月	

D. 最近技术状况评定

54	55	56	57	58	59	60	61	62	63	64
检查年月	定期或特殊检查	全桥评定等级	桥台与基础	桥墩与基础	地基冲刷	上部结构	支座	经常保养小修	处治对策	下次检查年份

E. 修建工程记录

65		66	67	68	69	70	71	72	73	74	75
施工日期		修建类别	修建原因	工程范围	工程费用(万元)	经费来源	质量评定	建设单位	设计单位	施工单位	监理单位
开工	竣工										

76	备注:

F	桥梁照片	77	立面照		78	桥面正面照	
79	主管负责人		80	填卡人		81	填卡日期	年 月 日

桥梁定期检查记录总表　　　　　　　　　　　　　　　　　　　　　　　　表 8-3

1. 路线编码		2. 路线名称		3. 桥位桩号	
4. 桥梁编码		5. 桥梁名称		6. 下穿通道名	
7. 桥长(m)		8. 主跨结构		9. 最大跨径(m)	
10. 管养单位		11. 建成年月		12. 上次大中修日期	
13. 上次检查日期		14. 本次检查日期		15. 气候状况	

16. 部件号	17. 部件名称	18. 评分(0～5)	19. 特别检查	20. 维修范围	21. 维修方式	22. 维修时间	23. 费用(元)
1	翼墙						
2	锥坡						
3	桥台及基础						
4	桥墩及基础						
5	地基冲刷						
6	支座						
7	上部承重构件						
8	桥面铺装						
9	伸缩缝						
10	人行道						
11	栏杆、护栏						
12	照明、标志						
13	排水设施						
14	调治构造物						
15	其他						

24. 总体状况评定等级		25. 全桥清洁状况评分		26. 保养、小修状况评分	
27. 经常性养护建议					
28. 记录人		29. 负责人		30. 下次检查时间	
31. 缺损说明					

桥梁定期检查记录分表　　　　　　　　　　　　　　　　　　　　　　　　表 8-4

部件号	部件名称	缺损位置	缺损状况				照片或简图(编号/年)
			类型	性质	范围	程度	
1	翼墙、耳墙						
2	锥坡、护坡						
3	桥台及基础						
4	桥墩及基础						
5	地基冲刷						
6	支座						

续上表

部件号	部件名称	缺损位置	缺损状况				照片或简图（编号/年）
			类型	性质	范围	程度	
7	上部承重构件						
8	桥面铺装						
9	伸缩缝						
10	人行道						
11	栏杆、护栏						
12	照明、标志						
13	排水设施						
14	调治构造物						
15	其他						

（2）定期检查的时间应根据桥梁的不同状况符合如下规定：

①新建桥梁交付使用一年后必须进行定期检查。

②一般桥梁检查周期不得超过三年。

③非永久性桥梁每年检查一次。

④桥梁技术状况在三类以上的，必须安排定期检查。

⑤定期检查一般安排在有利于检查的气候条件下进行。

3. 特殊检查

特殊检查是查清桥梁的病害原因、破损程度、承载能力、抗灾能力，确定桥梁技术状况的工作。

特殊检查分为专门检查和应急检查。

（1）专门检查：根据经常检查和定期检查的结果，对难以判明损坏原因及程度、要求提高载重等级以及技术状况为四类的桥梁，要求针对病害进行专门的试验检测、验算与分析鉴定工作，以便采取有效的养护措施。

（2）应急检查：当桥梁受到灾害性损伤后，如遭受洪水、流冰、漂流物、船舶撞击、滑坡、地震、风灾和超重车辆自行通过等，为了查明破损状况，采用应急措施，组织恢复交通，对结构进行详细检查和鉴定工作。

桥梁特殊检查是针对桥梁破损性质为检查目的，采用适当的仪器、设备以及现场勘探、试验等特殊手段和科学分析方法，查明桥梁病害的原因、破损程度和承载能力，确定桥梁的技术状态，以便采取相应的加固改造措施。

特殊检查之后，应提交检查报告。公路桥梁定期检查工作流程见图8-1。

二、桥面系检查

1. 桥面铺装的检查

首先是调查桥面铺装的类型，然后调查铺装层存在的主要缺陷。沥青桥面铺装的主要病害有：轻微裂缝（发状或条状）、严重裂缝（龟裂、纵、横裂缝）、坑槽、车辙、拥包、磨光和起皮等。

此外，沥青桥面铺装应保证足够的平整且粗糙，过分光滑雨天易使车辆打滑。水泥混凝土桥面铺装的主要病害有裂缝、剥落、坑洞、磨光等。

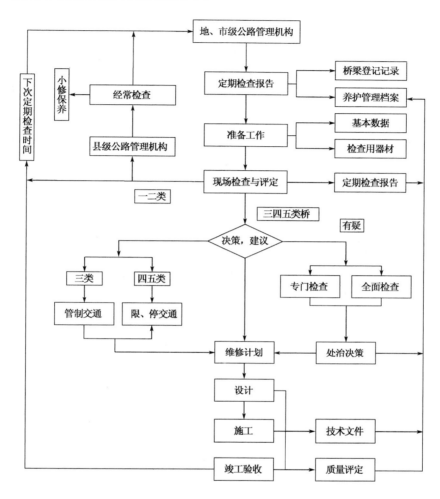

图 8-1　公路桥梁定期检查工作流程图

桥面系铺装层纵横坡是否顺适，有无严重的裂缝、坑槽、波浪、桥头跳车、防水层漏水，特别是纵横向裂缝及坑槽的检查。当桥面铺装发生问题后，车辆冲击力加大，同时还会导致渗水冲刷梁体，导致梁体腐蚀。

2. 伸缩缝装置的检查

伸缩缝设置于梁端构造较弱部位，因直接承受车辆的反复荷载，故最易遭受破坏。随着交通量的增大，重车增多，老旧伸缩缝装置的破坏逐渐增多。不仅妨碍行驶性能，而且会发展到引起结构本身的破坏，如桥面伸缩缝的损坏，使水向下渗漏从而影响梁体端部结构和造成支座锈蚀等破坏。伸缩缝装置的损坏往往还会引起驾驶员心理上变化，从而可能引发交通事故。各种伸缩缝装置一般具有的缺陷通常表现在伸缩缝本身的破坏损伤、锚固件损坏、接头周围部位后铺筑料的剥落、凹凸不平等，这些缺陷也成为伸缩缝处漏水的原因，从而加速支座和结构本身的恶化。对于常见道路桥梁伸缩缝类型，伸缩缝装置本身的破损有以下几种：

(1) 对于 U 形锌铁皮式伸缩缝,主要检查沥青是否挤出或冷缩,锌铁皮是否拉脱。

(2) 钢制板式伸缩缝,主要检查钢板是否破坏,角钢间缝隙是否被石块等卡死,连接螺栓是否损坏。

(3) 橡胶伸缩缝,主要检查橡胶件是否剥离、损坏,锚固螺栓是否失效断裂,伸缩缝本身是否下陷及高出,填充料是否被拉离。

(4) 弹塑性体伸缩缝是一种新型的伸缩缝装置,主要检查填充体(弹塑性体)是否老化剥离,是否软化上凸或下凹,是否脆断,填充体(弹塑性体)范围内的平整度是否满足要求等。

3. 桥面排水设施的检查

桥面排水设施的检查主要是桥面排水是否通畅,泄水管是否完好、通畅,桥下是否漏水。桥面排水设施的缺陷在降雨、化雪时最易观察,因此最好在此时检查,也可在雨后进行。

桥面排水设施的缺陷往往导致桥面积水,降低桥面摩擦系数,引起车辆打滑;同时,积水通过桥面铺装裂缝或伸缩缝缺陷浸入桥梁主要承重结构,进而影响这些承重结构的耐久性。

4. 栏杆、扶手及人行道的检查

主要检查栏杆、扶手本身破坏情况以及相互连接处是否脱落,钢制构件是否锈蚀、脱漆,对于人行道,检查路缘石是否有破碎,人行道与桥面板连接的牢固程度等。

5. 桥面附属设备的检查

主要检查桥上交通信号、标志、标线、照明设施是否损坏;桥上避雷装置是否完好;桥上航空灯、航道灯是否完好,是否正常照明;桥上的路用通信、供电线路及设备是否完好等。

三、桥梁上部结构检查

桥梁上部结构是桥梁最重要的部分,一般由梁、板和拱肋等基本构件组成。

1. 基本构件缺陷的检查

缺陷可能出现在施工或者使用阶段。对于钢筋混凝土结构,主要检查是否存在以下现象:

(1) 表面缺浆、粗糙,出现麻面。

(2) 灌浆不密实出现的空洞现象。

(3) 钢筋锈蚀破坏、露筋现象。

(4) 梁体表面裂缝。

上部结构梁体在外载荷作用下,有可能是先开裂后引起钢筋锈蚀,也可能是钢筋在氧气、氯离子共同作用下先锈蚀膨胀再导致混凝土开裂。

各类混凝土桥梁裂缝检查的重点部位见表 8-5,各类恒载裂缝不应超过表 8-6 的规定,否则需进行加固。

裂 缝 检 查 位 置　　　　　　　　　　　　　　表 8-5

桥型	检查部位	桥型	检查部位
简支梁	跨中、四分点、支点	双曲拱	主拱圈(拱脚、四分点、拱顶);拱上建筑(侧墙、腹拱)
连续梁	跨中、四分点、支点		
悬臂梁	支点、牛腿	桁架桥	桁片的受拉弦杆、腹杆、实腹段、节点、拱脚

裂缝限值（单位：mm） 表 8-6

结构类别	裂缝部位	允许最大缝宽	其他要求	结构类别	裂缝部位	允许最大缝宽	其他要求
钢筋混凝土	主筋附近竖向裂缝	0.25		砖石、混凝土拱	拱圈横向	0.30	裂缝高小于截面高一半
	腹板斜向裂缝	0.30			拱圈纵向裂缝	0.50	裂缝长小于跨径1/8
	组合梁结合面	0.50	不允许贯通结合面		拱波与拱肋结合处	0.20	
	横隔板与梁体端部	0.30		墩台	墩台帽	0.30	不允许贯通墩台身截面一半
	支座垫石	0.50			墩台身 经常受侵蚀 有筋	0.20	
预应力混凝土	梁体竖向裂缝	不允许			墩台身 经常受侵蚀 无筋	0.30	
					墩台身 有水、无侵蚀 有筋	0.25	
					墩台身 有水、无侵蚀 无筋	0.35	
	梁体纵向裂缝	0.20			干沟或季节有水	0.40	
					有冻结部分	0.20	

注：表中适用于一般条件下，对于潮湿和空气中含有较多腐蚀性砌体等条件下的裂缝宽度限制应要求严格一些。

2. 梁式桥横向联系的检查

梁桥的横向联系是保证桥梁上部结构整体的重要部分。对于横向联系的检查一般有联系本身的检查和与连接状况的检查。

对于有横隔板的梁式桥，主要检查横隔板的损伤裂缝和连接钢板的锈蚀情况。

空心板梁桥由于横向连接薄弱，很多空心板梁桥的混凝土桥面铺装沿铰缝出现严重的纵向裂缝。

预制拼装的空心板梁桥是靠铰缝混凝土和少量的铰缝连接钢筋将预制空心板连为一体共同受力。目前的计算理论都假设铰缝只传递剪力，不承受弯矩。实际上，空心板梁在主要承受纵向弯矩的同时，还要承受一定的横向弯矩。而由于铰缝本身的横向连接较弱，这一横向弯矩主要由铰缝顶面的混凝土铺装层来承担。而混凝土铺装层厚度很薄，同时配筋少，在该横向弯矩作用下，桥面铺装层在很多情况下出现纵向裂缝。因此在对空心板梁桥的检查中，要重点加强横向铰缝的检查。

而对于T形梁桥，由于早期T形梁桥的横向联系设计安全度偏小（横隔梁厚度较薄），在后期的使用过程中，特别是在超重车作用下，横系梁受力开裂、钢筋锈蚀及梁纵向结合部混凝土剥落的现象经常出现。

3. 拱桥的检查

主要检查拱圈的拱脚、$L/4$、$3L/4$、拱顶和拱上建筑的变形，以及混凝土的开裂与钢筋锈蚀等。拱上立柱上下端、盖梁和横系梁应检查混凝土有无开裂、剥落、露筋和锈蚀,下承式拱桥的吊杆上下锚固区域的混凝土有无开裂、渗水、吊杆锚头附近是否有锈蚀或者断裂现象。

圬工拱桥的主要病害有面层风化、灰缝剥落、个别砌块剥落、拱顶附近或拱脚附近出现的拱圈开裂、桥面防水层破坏。圬工拱桥的检查,应包括下列内容:

(1)主拱圈是否变形、灰缝松散脱落、渗水、砌块有无断裂和脱落。
(2)空腹拱的侧墙和主拱圈是否脱裂,侧墙脚有无变形,拱上填土是否沉陷。
(3)空腹拱的小拱是否变形/错位,立墙和立柱是否倾斜、开裂。
(4)砌体表面是否长有苔藓,砌缝是否滋长草木。

四、桥梁技术状况的评定

根据缺损程度、缺损时结构使用功能的影响程度和缺损发展状况等三个方面,已累加评分方法对各部件缺损状况做出等级评定。评定方法见表8-7。

桥梁状态评定方法表　　　　　　　　　　　　　　　表8-7

缺损状况及标度			组合评定标度		
缺损程度及标度	程度		小—大 少—多 轻度—严重		
	标度	0	1	2	
缺损对结构使用功能的影响程度	无、不重要	0	0	1	2
	小、次要	+1	1	2	3
	大、重要	+2	2	3	4
以上两项评定组合标度			0	1	2	3	4
缺损发展变化状况的修正	趋向稳定	-1	0	1	2	3
	发展缓慢	0	1	2	3	4
	发展较快	+1	1	2	3	4	5
最终评定结果			0	1	2	3	4	5
桥梁技术状况及分类			完好	良好	较好	较差	差的	危险
			一类	二类	三类	四类	五类

重要构件,如墩台基础、上部承重构件、支座等,以其中缺损最严重的构件评分,其他部件根据多数构件缺损状况评分。

全桥总体技术状况等级评定,应采取考虑桥梁各构件加权系数的综合评定方法,或以重要构件最差的缺损状况评定。《公路桥涵养护规范》(JTG H11—2004)推荐的各部件权重见表8-8,也可以根据当地的环境条件和养护要求,采用专家评估确定各部件的加权系数。

桥梁技术状况评定等级,分为一类、二类、三类、四类、五类。桥梁总体及部件技术状况评定标准见表8-8,桥梁各部件权重及综合评定方法见表8-9。

桥梁技术状况评定标准   表8-8

类别	一类 完好良好状态	二类 较好状态	三类 较差状态	四类 差的状态	五类 危险状态
总体评定	（1）重要部件材料均良好； （2）次要部件功能良好，材料有少量（3%以内）轻度缺损或污染； （3）承载能力与桥面行车条件符合设计指标； （4）只需日常清洁保养	（1）重要部件功能良好，材料有局部（3%以内）轻度缺损或污染，裂缝小于限值； （2）次要部件有较多（10%以内）中等缺损或污染； （3）承载能力和桥面行车条件达到设计指标； （4）需要小修保养	（1）重要部件材料有较多（10%以内）中等缺损，裂缝宽度超限，或出现轻度功能性病害，但发展缓慢，尚能维持正常使用能； （2）次要部件有大量的（10%~20%）严重缺损，功能降低，继续恶化将不利于重要部件和影响正常交通； （3）承载能力比设计降低10%以内，桥面行车不舒适； （4）需要进行中修	（1）重要部件材料有大量（10%~20%）严重缺损，裂缝宽度超过限值，裂缝间距小于计算值，风化、剥落、露筋、锈蚀严重；或出现中等功能性病害，且发展较快。结构变形小于或等于规范值，功能明显降低； （2）次要部件有20%以上严重缺损，失去应有功能，严重影响正常交通； （3）承载能力比设计降低10%~25%，必要时限速或限载通行； （4）要通过特殊检查，确定大修、加固或更换构件的措施	（1）重要部件出现严重的功能性病害，且有继续扩张现象；关键部位的部分材料强度达到极限，出现部分钢筋断裂、混凝土压碎或压杆失稳变形的破损现象，变形大于规范值，结构的强度、刚度、稳定性和动力响应不能达到平时交通安全通行要求； （2）承载能力比设计降低25%以上，必须降低通行荷载与车速，或封闭交通； （3）要通过特殊检查，确定处治对策
墩台与基础	（1）墩台各部分完好； （2）基础及地基状况良好	（1）墩台基本完好； （2）3%以内的表面有风化麻面、短细裂缝，缝宽小于限值，砌体灰缝脱落； （3）表面长有苔藓、杂草； （4）基础无冲蚀	（1）墩台3%~10%的表面有各种缺损，裂缝宽度超过限值，有风化、剥落、露筋、锈蚀现象；砌体灰缝脱落，局部变形等； （2）出现轻微的下沉、倾斜滑动等现象，发展缓慢或趋向稳定； （3）基础有局部冲蚀现象，桩基顶段被磨损	（1）墩台10%~20%的表面有各种缺损，裂缝宽而密，剥落、露筋、锈蚀严重，砌体大面积的松动、变形； （2）墩台出现下沉、倾斜、滑动、冻起现象，台背填土有沉降裂缝或挤压隆起变形发展较快，变形小于或等于规范值； （3）基础冲刷大于设计值，基底冲空面在10%~20%内。桩基顶段被侵蚀，露筋、颈缩，或有环状冻裂，木桩腐蛀蚀严重	（1）墩台不稳定，下沉、倾斜、滑动。冻起现象严重，变形大于规范值，造成上部结构和桥面变形过大，不能正常行车； （2）墩台、桩基出现结构性断裂缝，裂缝有开合现象； （3）基底冲刷面达20%以上，冲刷深度大于设计值，地基失效，承载力降低，桥台岸坡滑移
支座	（1）各部分清洁、完好无缺，位置正确； （2）活动支座伸缩与转动正常	（1）支座有尘土堆积，略有腐蚀； （2）支座滑动面干涩	（1）钢支座固定螺栓松动，锈蚀严重； （2）橡胶支座开始老化； （3）混凝土支座有剥落、露筋、锈蚀现象	（1）钢支座组件出现断裂； （2）橡胶支座老化开裂； （3）混凝土支座碎裂； （4）活动支座坏死； （5）支座上下错位过大，有倾倒脱落的危险	支座错位、变形，破损严重，已失去正常支承功能，使上下部结构受到异常约束，造成支承部位的缺损和桥面的不平顺

续上表

类别	一类 完好良好状态	二类 较好状态	三类 较差状态	四类 差的状态	五类 危险状态
砖石混凝土上部结构	（1）结构完好，无渗水，无污染； （2）次要部位有少量短细裂纹，裂纹宽度小于限值	（1）结构基本完好； （2）3%以内的表面有风化、麻面短细裂纹，缝宽小于限值，砌体灰缝脱落； （3）上、下游侧表面有水迹污染，砌体滋生草木	（1）结构3%～10%的表面有各种缺损，裂缝缝宽超过限值，有风化、剥落、露筋、锈蚀，桥面板裂缝渗水； （2）石砌拱桥砌体灰缝脱落，局部松动、外鼓； （3）横向连接件断裂、脱落或松动，边梁或边拱肋有横移或外倾迹象	（1）结构10%～20%的表面有各种缺损，重点部位出现接近全截面的开裂，裂缝缝宽超过限值，间距小于计算值，顺主筋方向有纵向裂缝，钢筋锈蚀和混凝土剥落严重，桥面开裂渗水严重，砌体有较大松动、变形； （2）结构存在永久变形，变形小于或等于规范值，桥面竖向成波形； （3）支座脱落，桥面呈锯齿状	（1）结构永久变形大于规范值； （2）重点部位出现全截面开裂，部分钢筋屈服或断裂，混凝土压碎。主拱圈出现四铰不稳定结构； （3）受压构件有严重的横向扭曲变形； （4）结构的振动或摆动过大，行车和行人有不安全感； （5）承载能力比设计降低25%以上
钢结构	（1）各部件及焊缝均完好； （2）各节点铆钉、螺栓无松动； （3）各部分油漆均匀平光、完整、色泽鲜明	（1）各部件完好，焊缝无开焊； （2）少数节点有个别铆钉、螺栓松动变形； （3）油漆变色、起泡剥落，面积在10%以内	（1）个别次要构件有局部变形，焊缝有裂纹； （2）联结铆钉、螺栓损坏在10%以内； （3）油漆失效面积为10%～20%	（1）个别主要构件有扭曲变形、损伤裂纹、开焊、严重锈蚀； （2）联结铆钉、螺栓损坏在10%～20%之间； （3）油漆失效面积在20%以上	（1）主要构件有严重扭曲变形、开焊，锈蚀削弱截面10%以上，钢材变质，强度性能恶化。油漆失效面积在50%以上； （2）节点板及联结铆钉、螺栓损坏在20%以上； （3）结构永久变形大于规范值； （4）结构振动或摆动过大，行车和行人有不安全感
木桥	（1）各部构件完好无缺； （2）防腐、防蚁效果良好	（1）基本完好，少数连接点松动，小件脱落； （2）结构有泥土、杂草堆积	（1）主要构件结合部位和木桩干湿交替部位等出现腐朽松动、局部脱落； （2）墩台开始变形，结构出现轻度不稳固现象	（1）10%～20%的主要构件和20%以上的次要构件有腐朽、松动、脱落； （2）墩台、结构变形小于或等于规范值，结构有明显的不稳固现象	（1）结构全面严重朽、脱落； （2）墩台不稳定，下沉、倾斜、冻拔严重，形变大于规范值； （3）桥面起伏和摆动过大，结构极不稳定
人行道栏杆	完整清洁，无松动，少数构件局部有细裂纹、麻面	个别构件破损、脱落，3%以内构件有松动、裂缝、剥落和污染	10%以内构件有松动、开裂、剥落、露筋、锈蚀、破损、脱落	10%～20%构件严重损坏、错位、变形、脱落、残缺	20%以上构件残缺

续上表

类别	一类 完好良好状态	二类 较好状态	三类 较差状态	四类 差的状态	五类 危险状态
桥面铺装伸缩缝	(1)铺装层完好平整、清洁,或有个别细裂缝; (2)防水层完好、泄水管完好畅通; (3)伸缩缝完好、清洁; (4)桥头平顺,无跳车现象	(1)铺装层10%以内的表面有纵横裂缝,间距大于1.5m,浅坑槽、波浪; (2)防水层基本完好,泄水管堵塞,周围渗水; (3)伸缩缝局部螺帽松动,钢桥开焊,铺装碎边缝内堵塞卡死; (4)桥头轻度跳车,台背路面下沉在2cm以内	(1)铺装层10%~20%的表面有严重的龟裂、深坑槽、波浪; (2)桥面板接缝处防水层断裂渗水,泄水管破损、脱落; (3)伸缩缝普遍缺损,铺装碎边严重,出现跳车现象; (4)桥头跳车明显,台背路面下沉2~5cm	(1)铺装层20%以上表面有严重的破碎、坑槽,桥面普遍坑洼不平、积水; (2)防水层老化失效,普遍断裂、渗水,泄水管脱落,孔堵塞; (3)伸缩缝严重破损、失效,难以修补; (4)桥头跳车严重,台背路面下沉大于5cm	
翼墙耳墙,锥坡护坡	(1)翼墙完好无损、清洁; (2)锥坡完好,无垃圾堆积,无草木滋生; (3)桥头排水沟和行人台阶完好	(1)翼墙出现个别裂缝,缝宽小于限值,局部剥落,砌体灰缝脱落面积在10%以内; (2)锥坡局部塌陷,铺砌缺损,垃圾堆积,草木丛生; (3)桥头排水沟堵塞不畅通,行人台阶局部塌落	(1)翼墙断裂与桥台前墙脱开,但无明显外倾、下沉,砌体灰缝脱落、局部松动外鼓,面积小于20%; (2)锥坡出现大面积塌陷,铺砌缺损,形成冲沟或积水坑,坡脚有局部冲蚀; (3)桥头排水沟和行人台阶损坏,功能降低	(1)翼墙断裂、下沉、外倾失稳,砌体变形,严重部分倒塌; (2)锥坡体和坡脚冲蚀严重,有滑坡、坍塌,坡顶下降较大,护坡作用明显减小; (3)桥头排水沟和行人台阶全部损坏,几乎消失	
调治构造物	(1)构造设置合理,功能正常; (2)构造物完好,无存留漂浮物	(1)构造物功能基本正常; (2)构造物局部断裂,砌体松动、变形	(1)构造本身抗洪能力不足,基础局部冲蚀; (2)构造物20%以内出现下沉、倾斜、局部坍塌	(1)构造本身抗洪能力太低,基础冲蚀严重; (2)构造物20%以上被破坏,部分丧失功能或功能下降	(1)构造物大范围毁坏,失去功能,或设置不合理,未达到预期效果; (2)原未设置而调查表明需要补充设置者
照明标志	完好无缺,布置合理	照明灯泡坏,灯柱锈蚀,标志不正、脱落	灯柱歪斜不正,灯具损坏,标志倾斜损坏	照明线路老化断路或短路,灯柱、灯具残缺不齐,标志损失严重	

推荐的桥梁各部件权重及综合评定方法表 表8-9

部件	部件名称	权重	桥梁技术状况评定方法
1	翼墙、耳墙	1	(1)综合评定采用下列计算式: $$D_r = 100 - \sum_{i=1}^{n} R_i \omega_i / 5$$ 式中:R_i——按《公路桥涵养护规范》(JTG H11—2004)中表3.5.2-1方法对各部件确定的评定标度(0~5); ω_i——各部件权重; D_r——全桥结构技术状况评分(0~100);评分高,表示结构状况好,缺损少
2	锥坡、护坡	1	
3	桥台及基础	23	
4	桥墩及基础	24	
5	地基冲刷	8	
6	支座	3	

续上表

部件	部件名称	权重	桥梁技术状况评定方法
7	上部主要承重构件	20	(2)评定分类采用下列界限
8	上部一般承重构件	5	$D_r \geq 88$　　　　　　一类
9	桥面铺装	1	$88 > D_r \geq 60$　　　　二类
10	桥头与路堤连接部	3	$60 > D_r \geq 40$　　　　三类
11	伸缩缝	3	$40 > D_r$　　　　　　四类、五类
12	人行道	1	$D_r \geq 60$ 的桥梁,并不排除其中有评定标度≥3 的部件,仍有维修的需要
13	栏杆、护栏	1	
14	灯具、标志	1	
15	排水设施	1	
16	调治构造物	3	
17	其他	1	

按《公路桥涵养护规范》(JTG H11—2004)的规定:一类桥梁进行正常保养;二类桥梁需进行小修;三类桥梁需进行中修,酌情进行交通管制;四类桥梁则需要进行大修或改造,及时进行交通管制,如限载、限速通过,当缺损较严重时应关闭交通;五类桥梁则需通过检验以确定加固或改建。

五、桥梁承载能力鉴定

1. 何时需进行承载能力鉴定

(1)新建的大跨度桥梁或者虽然跨度不大但是体系新颖复杂的桥梁:前者如大跨度斜拉桥、悬索桥、拱桥和特大跨度的连续梁桥等;后者包括近些年国内修建的若干中等跨度的、体系新颖、构造复杂的城市景观桥梁。上述桥梁需通过荷载试验进行承载力鉴定,以判断设计与施工质量是否满足设计文件和规范的要求,并收集相关技术资料从而补充完善设计理论。

(2)按维修养护计划,运营一定年限后,进行承载力状况鉴定。

(3)船舶和车辆撞击等突发事件后进行承载力状况鉴定。

(4)加固、改造后的桥梁应进行承载力鉴定,特别是采用新的加固工艺或者新的加固材料加固的桥梁,必须进行承载力鉴定。

(5)超过设计载荷等级的车辆过桥时,也需借助承载力鉴定认可方能通行。

(6)缺乏设计和施工技术数据的旧桥为判断是否能承受预计的荷载,也需要借助承载力鉴定。

2. 承载力等级鉴定方法

桥梁承载能力鉴定方法从广义上讲,有三种:

(1)根据《公路桥涵养护规范》(JTG H11—2004),对照桥梁存在的缺陷或病害进行综合评定。

(2)理论计算评估方法。

(3)荷载试验评估方法。

但第(1)中方法只能给出宏观结果,无法给出具体承载能力具体指标数值,所以不归入承载能力鉴定方法。

（1）理论计算评估方法

在不具备荷载试验条件时，可通过理论计算评估桥梁承载力。对运营中的桥梁，尤其是旧桥或较大损伤过的桥梁，必须考虑结构病害、损伤及具体几何尺寸，按现行规范进行承载能力的验算。具体注意点包括：

①荷载横向分布系数按实际情况选取。
②考虑裂缝对承载能力的影响。
③考虑钢筋腐蚀对承载能力的影响。
④实测混凝土强度等级。
⑤车辆荷载按照新规范选取。
⑥实测结构尺寸，然后再按有关规范和要求进行计算和分析。

（2）荷载试验

荷载试验包括静力试验和动力试验两种。静力试验的一般内容有：

①竖向挠度。挠度数据的获取是十分重要的，因为它代表了结构的实际刚度。
②控制截面的应力。
③支座伸缩、转角。
④是否出现裂缝、初始裂缝荷载以及裂缝出现的位置、方向、长度、宽度及卸载后闭合情况。
⑤混凝土的碳化深度与强度。
⑥卸载后的残余变形。

动力试验的一般内容有：

①测定桥跨结构在车辆荷载下的强迫振动特性，如冲击系数、强迫振动频率、动位移和动应力等。
②测定桥跨结构的自振特性，如自振频率、振型和阻尼特性等。

（3）承载力判定

综合技术状况评定、理论计算和荷载试验结果，可做出下述判断和结论：

①桥梁技术状况良好或较好，承载力满足设计荷载等级要求。可按设计荷载等级运营使用，只需进行正常保护管理及必要的局部小修。
②技术状况较差或不好，承载力不能满足设计荷载等级要求。可降低使用荷载等级、限速通行，进行中、大修或加固方案的设计与实施。
③桥梁处于危险状态，应立即封桥。通过专家会议决定根治病患，加固、更换构件，甚至拆除重建。

第三节　桥梁上部构造的养护、维修与加固

一、人行道、栏杆、护栏、防撞墙的养护维修

人行道块件应牢固、完整，桥面路缘石应经常保持完好状态。若出现松动、缺损，应及时进行修整或更换。

桥梁栏杆应经常保持完好状态。钢筋混凝土栏杆开裂严重或混凝土剥落，应凿除损坏部分，修补完整。钢质栏杆应涂漆防锈，一般每年一次。

护栏、防撞墙应牢固、可靠，若有损坏应及时修理或更换。钢护栏与钢筋混凝土护栏上的外露钢构件应定期涂漆防锈，一般每年一次。

二、伸缩缝的养护与维修

桥面伸缩缝是容易遭受破坏而又相对难以加强和修复的部分。如果不及时修补，任其发展，不仅会影响正常行车的舒适性，而且会产生较大的结构上的破坏。

1. 日常检查

日常检查的项目包括：伸缩缝中是否有杂物；各部分构件是否完好；连接部分是否牢固；有无局部损坏；密封橡胶带是否老化或者开裂；伸缩缝是否有不正常的响声或者异常的伸缩量；钢结构是否锈蚀；伸缩缝两端是否平整，有无跳车现象等。

2. 养护

（1）伸缩缝需要经常养护，如清除杂物、拧紧螺栓、加油保护、修理个别损坏部件。

（2）对于常用的几种伸缩缝，应分别注意以下问题。

①U形锌铁皮伸缩缝：注意锌皮是否老化、开裂、断裂。

②钢板伸缩缝或者钢梳齿板伸缩缝：注意钢板变形，螺栓是否脱落，伸缩缝的有效性。

③橡胶条伸缩缝：注意是否有橡胶条的老化、脱落，固定角钢变形、松动。

④板式橡胶支座：注意是否有橡胶的老化、预埋螺栓的松脱、伸缩的有效性。

3. 伸缩缝的维修

（1）维修根据损坏的程度，部分修补或全部更换。

（2）对于锌铁皮伸缩缝，当其软性填料老化脱落时，要彻底清理原填料和混入的杂物，重新注入新的填料。若铺装层损坏，要凿除重新铺装。清除旧料再铺筑新料时，要采用快硬水泥并注意新旧接缝要保持平整。

（3）对于钢板伸缩缝，当钢板与角钢焊接破坏时，应清除脏物后重新焊接；当梳齿断裂或者出现裂缝后，也要采用焊接方法进行修补。排水沟堵塞要及时清除。

（4）桥面伸缩缝的修补或更换工作大都不能阻断交通。因此，可以考虑限制车辆通行，半幅施工半幅通车。

（5）伸缩缝的更换要选型合理，其伸缩量能满足桥跨结构因为温度、混凝土收缩、徐变等引起变形的需要。

（6）对早期多孔简支桥梁伸缩缝更换，可采用桥面连续的方法进行处理，从而提高行车性能。

三、桥面排水系统的养护维修

桥面排水设施出现缺陷会导致桥面积水，给行车带来不利影响，降雨时引起车辆滑移，成为交通事故的诱因，严重的还会危及桥梁结构本身的安全。当雨水由伸缩缝直接进入支座时，将会使支座锈蚀，造成支座的功能恶化。因此，必须对桥面排水系统加强维修养护。

（1）桥面的泄水管、排水槽如有堵塞，应及时疏通，并经常保持通畅。缘石的横向泄水孔道不够长的要接长，避免桥面流水沿梁侧流泻。

(2)泄水管损坏要及时修补,接头不牢已掉落的要重新安装接上,损坏严重的要予以更换。

(3)引水槽已破裂的要重新修理,长度不足时应予以接长。当槽口太小,不能满足排水需要时要扩大槽口重新修筑。

(4)桥面应保持大于 1.5% 的横坡,以利于桥面排水。

(5)桥梁设置的封闭式排水系统,应保持各排水管道通畅,排水系统的设备如水泵等应工作正常,若有堵塞应及时疏通,若有损坏应及时更换。

四、桥面铺装的养护维修

桥梁铺装是抵御桥面结构钢筋腐蚀破坏,提高桥梁结构耐久性的第一道防线,保持桥面的清洁,及时排水,对于确保行车安全,提高桥梁结构耐久性具有重要作用。

桥面铺装的维修或修补可采用局部凿补和全部凿除重铺等修补方法。

桥面混凝土铺装层有局部病害时,可将破损处凿毛,深度以使集料露出为准,用清水冲洗干净断面并充分润湿,涂刷同等强度等级的水泥砂浆或其他黏结材料,最后铺筑 4~5cm 厚的水泥混凝土铺装层。桥面铺装病害严重时,可考虑全部凿除后铺装。

新的桥面铺装设计应该注意以下几点:

(1)确保后加桥面铺装层与原桥面混凝土黏结可靠。

(2)可使用高密实混凝土。

(3)桥面铺装设置带肋钢筋。

五、桥梁支座的养护、维修与加固

滚动支座的滚动面应定期涂润滑油(一般每年一次)。在涂油之前,应把滚动面拭擦干净,对钢支座要进行除锈防腐。除铰轴和滚动面外,其余部分均应涂刷防锈油漆,及时拧紧钢支座各部接合螺栓,使支承垫板平整、牢固。

(1)应防止橡胶支座接触油污引起老化、变质。滑板支座、盆式橡胶支座的防尘罩,应维护完好,防止尘埃落入或雨、雪渗入支座内。支座如有缺陷或产生故障不能正常工作时,应及时予以修整或更换。

(2)调整、更换板式橡胶支座、钢板支座、油毛毡垫层支座时采用如下方法:在支座旁边的梁底或端横隔处设置千斤顶,将梁(板)适当顶起,使支座脱空不受力,然后进行调整或更换。调整完毕或新支座就位正确后,落梁(板)到使用位置。

(3)需要抬高支座时,可根据抬高量的大小选用下列几种方法。

①垫入钢板(50mm 以内)或铸钢板(50~100mm)。

②更换为板式橡胶支座。

③就地浇筑钢筋混凝土支座垫石,垫石高度按需要设置,一般应大于 100mm。

六、桥梁结构的养护、维修与加固

1. 一般原则

(1)在桥梁检测及评定的基础上,针对病害的原因进行养护、维修与加固。

(2)充分发挥原结构的承载能力,并选择投资少、工效快、尽量不中断交通、技术上可行且有较好耐久性等的方法进行养护、维修与加固。

2. 梁式桥的养护、维修及加固

主要内容有裂缝的修补、主梁或横梁的补强加固等。

(1) 混凝土桥梁的裂缝修补

混凝土桥梁裂缝宽度超过了规定的限值就会影响到结构的耐久性,因此在桥梁养护工作中,裂缝的修补十分重要。目前,修补裂缝的材料有两大类,即水泥(砂)浆和高分子化学材料。

(2) 梁式结构加固

梁式桥的加固方法很多,目前较成熟且应用较广的技术有:增加构件截面、粘贴加固、施加桥体外预应力加固、增加构件加固、改变体系加固及综合改造加固等。上述加固方法,基本上可以划分为两大类:第一类为改变结构体系,调整结构内力,减轻原梁负担。例如:加斜撑减少梁的高度、简支梁改为连续结构、增加纵梁数目、调换梁位、加大新建边梁截面尺寸、调整横向分布系数、减轻原梁负担等。第二类为加大截面尺寸和配筋,加固薄弱构件。

对薄弱构件进行加固补强的方法很多,从作用原理可分为以下两类:

① 在受拉区直接增设抗拉补强材料,例如:补焊钢筋,粘贴钢板,粘贴高强复合纤维等。这种加固方法从作用原理上属被动加固的范畴,设计时必须考虑桥梁带载加固,分节段受力特点。一期荷载(构件自重和恒载)由原梁承担,二期荷载(活载)由加固后的组合截面承担,后加补强材料的强度发挥程度受原梁变形程度的限制。一般情况下,在极限状态时其应力是达不到其抗拉强度设计值的。若不考虑分阶段受力特点,过高地估计了后补强材料的作用,设计是不安全的。

② 采用预应力原理进行加固补强,例如:体外预应力加固,有黏结预应力正截面、斜截面加固等。从作用原理上讲,预应力加固属于主动加固的范畴。由于预应力的作用,改善了原梁的应力状态,提高了原梁的承载能力和抗裂性能。

3. 拱桥的养护与加固

(1) 砖、石拱桥的维修与加固

如发现没有防水层或防水层损坏失效时,应挖开拱上填料重做防水层或在桥面上加铺具有防水功能的黑色路面,防止桥面积水渗漏。砖、石拱桥的加固一般通过采用压注水泥砂浆进行修补,或做镶面石、设置混凝土帮面、帮圈以及加固拱圈来实现,拱圈可以采用增加厚度和横向联系或设置新加结构的方法来加固,严重部位必须进行翻修。

(2) 双曲拱桥的维修与加固

在实际工程中,双曲拱桥改造加固方法很多,从作用原理上可以包括以下几种:加强拱肋,提高承载能力,可以采用加大截面尺寸和增加配筋的方法加强拱肋;加强横向联系,提高全桥的整体工作性能和稳定性,可以采用改横系梁为横隔板、增加横向联系数目的方法;改变拱上建筑结构形式,减少拱上建筑重量,减轻拱肋负担,提高桥梁承受荷载的能力。

第四节 墩台基础的养护维修

墩台和基础是桥梁的重要组成部分,是直接承受桥梁上部结构的荷载,同时将荷载传递给地基的受力结构。在长年使用过程中,桥梁墩台基础将会出现不同程度的损坏,桥梁墩台和基础的破损将直接影响上部桥跨结构的安全,必须及时进行养护维修和加固。

一、墩台的受力情况

每座桥梁的墩台和基础,是根据其上部结构的类型、跨径、地质、水文和地形地貌等情况来决定的。墩台设置在桥梁的两桥台之间,支撑着上部结构。桥台设置在桥梁两端,除支撑上部结构外,还起着连接两岸道路的作用。

二、基础的主要特点

桥梁结构最低位置,并与地壳表层直接接触的部分称为桥梁基础。桥梁基础均在地面或者水面以下,建好后又深埋于水、土中,进行检查和维修很困难,属于隐蔽工程。

三、墩台及基础的养护维修要点

1. 墩台的养护维修

(1)墩台的缺陷

绝大多数墩台是由钢筋混凝土、混凝土或者砖石砌体建成。在墩台的众多病害中,墩台顺筋锈裂缝较为常见。这种病害是由于伸缩缝漏水,造成盖梁和墩身钢筋严重腐蚀,出现顺筋锈裂缝,该裂缝对结构的耐久性影响很大,应及时进行维修处理。归纳起来,墩台缺陷主要有:裂缝、剥落、空洞、钢筋外漏、锈蚀、老化、结构的变形位移等。上述病害中,裂缝病害最为重要。

(2)墩台的维修要点

①墩台表面保持清洁,及时清理杂草和秽物。

②定期对墩台混凝土进行裂缝观测,及时发现裂缝。

③对裂缝的处理:网状裂缝,为非受力裂缝,一般无须修补。经分析不影响墩台安全的裂缝,可用环氧树脂砂浆修补。对继续发展且较宽、上下贯通的受力裂缝,可以采用钢筋混凝土围带或钢箍的方法进行加固。对有急剧发展、缝口犬牙交错的裂缝,可采用围绕整个墩台设置钢筋混凝土护套的方法加固。对于承载力不足或出现严重裂缝的圆形截面墩柱,一般采用缠绕粘贴高强复合纤维布(碳纤维或芳纶纤)的方法加固。

④当桥台发生变形,应查明原因,采用针对性措施加固。

⑤连续梁桥、连续刚构桥和拱桥、墩台发生沉降或者位移时,会引起结构内力重分布,有可能引起新的较大病害。一旦有此现象发生,及时组织设计部门、专家进行分析计算,采取相应的应对措施。

2. 基础的养护维修

(1)基础常见缺陷:基础沉降、基础倾斜、基础结构的异常应力和开裂。

(2)养护维修加固要点:主要检查包括桩基或其他的暴露部分有无缺损、开裂、砂浆面层剥落及露筋锈蚀等病害;应对桥梁墩台基础冲刷、河床断面变化、主河道变迁和流速、流量进行观测。

基础常见的养护维修加固方法有:钢筋混凝土钻孔桩受冲刷时,可采用抛填大块石、石笼护底或混凝土砌块防护,防止继续冲刷;对于基础承载力不足,沉降变形过大的石砌或混凝土刚性基础,可以采用在基础周围加宽基础的方法;对于承载能力不足的桩基础,可以采用在桩基础的周围补加钻孔桩的方法。

第五节 涵洞的养护、维修与加固

一、涵洞的检查

涵洞养护工作的内容包括：经常检查和定期检查，日常养护、维修、加固与改建。特别是洪水和冰雪季节之前要对所有涵洞全面检查一次，主要内容有：

(1) 涵洞的位置是否恰当，孔径是否足够，洞内有无淤塞、冲刷。
(2) 涵洞有无开裂，填土有无沉陷，涵底涵墙有无漏水，八字墙是否完整。
(3) 进水口是否堵塞，沉砂井有无淤积，洞口铺砌有无冲刷脱落。
(4) 涵洞内有无积水，洞口有无冻裂。

二、涵洞的养护维修

涵洞的养护维修应依不同的结构形式和病害而采取不同的方法。

砖石涵洞表面如发生局部风化、轻微裂缝及砖灰缝剥落等现象，应用水泥砂浆勾缝或修补封面。

混凝土管涵的接头处和四铰管涵接缝处发生填缝脱落时，应用干燥麻絮浸透沥青后填实，不宜用灰浆抹缝，以免再次碎裂脱落。

波纹管涵发生涵管沉陷、变形，应挖开填土进行修理。

压力式涵洞进水口周围路堤发生渗流、空洞、缺口或冲刷现象时，应及时进行修补处理。洞口周围路基可用不透水黏性土堵封，洞前做铺砌或修挡水墙。

三、涵洞加固

对局部损坏及承载力不足的涵洞应进行加固或改建。

(1) 砖石混凝土及钢筋混凝土端墙和翼墙，如有离开路堤倾斜等变形情况，应查明原因视情况加固：如因填土未夯实发生沉落，或填土中水分过多土压力增大而引起的，应更换透水性好的填土并夯实，也可采取加固基础等措施；如属基础变形引起的，则需要修理或加固基础。

(2) 涵洞进、出水口处已严重冲刷，可采用下列方法维修加固：

① 浆砌块石铺底，并加水泥砂浆勾缝。铺砌长度视土质和流速而定，铺砌的末端应设置混凝土或浆砌块石抑水墙。

② 涵洞经常发生泥沙淤积时，可在进水口设沉沙井，以沉淀泥沙、杂物。

③ 流速特别大的涵洞，应在出水口处加设消力设施，如急流槽、消力池等。

(3) 浆砌砖石涵洞的表面如局部风化、裂缝及灰缝剥落时，应用水泥砂浆勾缝或修补封面；洞顶如有漏水，应挖开填土，用水泥砂浆或水泥石灰砂浆修理其损坏部分，并加设防水层。

(4) 混凝土管涵的接头处和有铰涵管的铰点接缝处发生填缝料脱落时，应用干燥麻絮浸透沥青后填实，不宜用灰浆抹缝，以免再次碎裂脱落。涵管的管节如因基础被压沉陷而发生严重错裂，应挖开填土处理地基后重建基础。

(5)钢筋混凝土盖板涵的加固,除加固涵台外,可将原盖板面凿毛,洗刷干净,再浇筑混凝土或钢筋混凝土,加厚盖板。

(6)涵洞因承载力不足,可采用下列方法加固:

①挖开填土,用混凝土或钢筋混凝土加大原涵洞断面。

②涵洞内用混凝土或钢筋混凝土预制块衬砌加固或用现浇衬砌进行加固。

③挖开填土,用新构件分别进行更换改建。

④砖石拱涵因承载力不足,一般可采用拱圈上加拱的方法。

第六节　调治构造物的养护、维修与加固

调治构造物的作用是引导水流均匀、顺畅地通过桥孔,防止和减少桥位附近河床的不利变迁,保证桥梁墩台基础、河堤以及引道的稳定和安全,包括有导河堤、丁堤、梨形堤、顺坝和格坝。

一、调治构造物的养护

对于需要修建或改建的调治构造物的桥梁,应查明调治构造物的变化,并作记录,其内容如下:

(1)桥位处河床状态。

(2)各种水位高程,尤其是历史洪水位,以及水流状态,包括流速、流量、主流方向、有无漂流浮物等。

(3)结冰及流水状态:结冰时间、冰封范围、冰层移动时间及持续时间以及流冰速度和尺寸等。

(4)调治构造物工作状况。

二、调治构造物的维修与加固

调治构造物的维修与加固应做好以下工作:

(1)根据需要,将临时的竹木、铁丝石笼等调治结构物有计划地改为浆砌块、片石或混凝土的永久性结构。

(2)调治结构物由于洪水冲刷及漂流物撞击,发生基础冲空,砌体开裂时,应及时修理。

(3)通过一定时期的观察,位置不当、数目长度不足、不能正常发挥作用的调治结构物,应在洪水退后进行改建。

(4)若调治结构物不足以抗御洪水冲击,则应进行加固。

第七节　超重车辆过桥措施

一、超重车辆过桥的管理措施

通过加强超重车辆过桥的管理,可尽量减少过桥车辆的超重或偏载,减轻桥梁的受力,对

超重车辆过桥的管理措施有：

(1) 使超重车辆单车过桥。

(2) 使超重车辆沿桥面中心线行驶。

(3) 超重车辆过桥时要低速行驶，限速5km/h，并严禁在桥上变速、制动。

(4) 使超重车辆在指定位置行驶。

(5) 超重车辆过桥应选择在交通量较小的时间段进行。

二、超重车辆过桥的加固方案

为适应超重车辆过桥的要求，应采用一定的加固措施。常用的方案有：

(1) 全桥跨越法。当超重车辆需要通过单跨小桥时，为减轻超重车辆过桥时对桥梁的作用，可在桥面上搭设能直接跨越全桥的钢梁或木梁，并在加固梁两端设置连接跳板作为接坡，以便车辆上下。此法只适用于小跨径的桥梁或拱桥，一般只用于单孔桥。

(2) 多孔桥采用部分跨越法。当桥梁跨径较长，又不能找到可跨越全桥的加固梁时，可采用分段部分跨越的方法，在每段加固梁端部下面垫放支垫（木块），用垫块传递受力，同时垫块应尽量布置在支点附近，以减少原桥上部主梁所产生的弯矩。

(3) 加斜撑减小梁的跨度法。

第九章 公路养护安全作业

保证劳动者的安全和健康是促进社会生产力发展的基本保证,也是保证社会经济发展的基本条件。公路养护维修作业与其他作业一样,必须采取各项技术和管理措施,使养护维修作业人员增强作业安全意识,能够按照有关规定进行养护维修作业,保证作业安全。公路养护维修作业的安全不仅要保证作业本身的安全,同时,因为养护维修作业往往是在不间断交通的情况下进行的,还必须保证车辆运行的安全,保证不能因为养护维修作业而引发交通事故,从而保证公路养护过程中人员、设备以及交通的安全。

公路养护维修作业单位、公路经营单位和公路管理机构在公路养护维修作业安全方面具有不同的职责要求,必须各自履行相应的职责,共同做好公路养护安全作业。

第一节 公路养护安全作业的基本要求

为保证公路养护维修作业人员和设备在养护维修作业规程中的安全,以及车辆的安全运行,应当对公路养护维修作业提出以下要求:

(1)在养护维修作业前,应结合施工组织设计,制定安全保障方案,并报有关部门批准。

对于较大规模的公路养护维修作业,应在施工组织设计的基础上,结合工程的具体情况,例如:公路等级、工程性质、工程规模、施工方式、交通量大小、是否封闭交通等,单独制定安全保障方案,并报送有关部门审批。

(2)养护维修作业单位均应按国家规定建立安全管理部门,配备专职或兼职安全管理人员,实施对养护维修作业人员的安全培训和教育。

(3)养护维修作业人员必须接受安全技术教育,遵守各项安全技术规程。

(4)公路管理单位或经营单位应加强养护安全作业的管理,公路管理机构应对养护安全作业进行监督和检查。

(5)公路养护维修作业的安全设施应始终处于良好的工作状态,在未完成养护维修作业前,任何人不得随意撤出或改变安全设施的位置,扩大或缩小控制区范围,以保证养护维修作业控制区安全控制的有效性。

第二节　公路养护维修作业控制区及安全设施

一、养护维修作业控制区(Traffic Control Zone for Maintenance Work)

养护维修作业控制区为公路养护维修作业所设置的交通管理区域,分为警告区、上游过渡区、缓冲区、工作区、下游过渡区和终止区等六个区域,如图9-1所示。

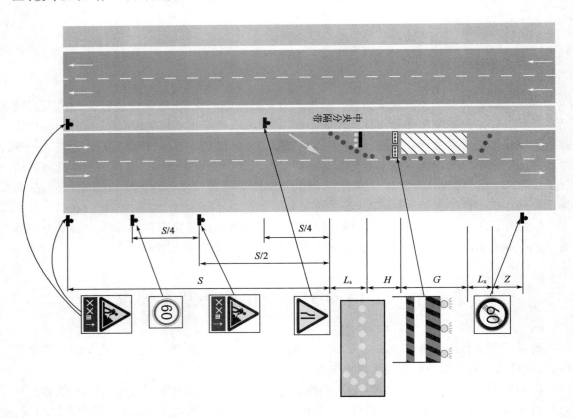

图9-1　不改变交通流方向的内侧车道封闭养护维修作业

S-警告区;L_s-车道封闭上游过渡区;H-缓冲区;G-工作区;L_x-下游过渡区;Z-终止区

1. 警告区(Warning Area)

警告区指从作业控制区起点设置施工标志到上游过渡区之间的路段,用以警告车辆驾驶员已经进入养护维修作业路段,按交通标志调整行车状态。

在作业控制区的六个分区中,警告区是最重要的一个分区。警告区是从最前面的施工标志牌开始到工作区的第一个渠化装置为止。当车辆遇到警告区的第一块施工标志牌时,则意味着这辆车已经进入作业控制区,在以后的路段上,要通过设置于警告区内的交通标志指示车辆驾驶员前方将要发生什么,行车状态应按照沿路所设置的交通标志牌的指示而随时改变。并且要使车辆驾驶员在到达工作区之前,可以有足够的时间改变他们的行车状态。

一般情况下,警告区的长度由下列因素所决定:车辆在警告区内改变行车状态所需要的时间以及在作业控制区附近车辆发生拥挤时的最大排队长度。

警告区最小长度(Minimum Length of Warning Area)是指保证驶入警告区的车辆减速至工作区规定的限速所需要的警告区路段的最短长度。

警告区的最小长度可由式(9-1)估算:

$$S = S_1 + S_2 + S_3 \tag{9-1}$$

式中:S——警告区最小长度(m);

S_1——从正常行驶车速降至所限制的行驶车速所需的距离(m);

S_2——车辆到达工作区地段附近的排队尾部时的最小安全距离(m);

S_3——在工作区地段附近车道封闭、车道数减少、行车条件改变等因素引起的车辆拥挤时的车辆排队长度(m)。

S_1是车辆进入警告区后从正常车速v_1按限速标志牌规定减速到v_2所需要的距离,可按式(9-2)估算:

$$S_1 = \frac{v_1}{3.6} t + \frac{v_1^2 - v_2^2}{2g(\varphi \pm i) \times 3.6^2} \tag{9-2}$$

式中:v_1——减速前车速(m/s);

v_2——减速后车速(m/s);

t——驾驶员反应时间,通常取2.5s;

φ——道路纵向摩阻系数,取值范围0.29~0.44;

i——道路纵坡,上坡取"+",下坡取"-";

g——重力加速度,9.8m/s²。

S_1计算结果见表9-1。

S_1 计 算 结 果　　　　表9-1

正常行驶速度(km/h)	120	100	80	60	40	30
降速后行驶速度(km/h)	60	60	40	30	20	20
减速距离(m)	225	150	120	70	45	30

S_2是已经以v_2车速行驶的后续车辆在到达前方工作区地段附近因车道关闭、车道数减少的断面时,不致与前面的改道车辆或排队车辆相撞的最小安全距离,可按式(9-3)估算:

$$S_2 = \frac{v_2}{3.6} t + \frac{v_2^2}{2g(\varphi \pm i) \times 3.6^2} \tag{9-3}$$

式中符号意义同前,计算结果见表9-2。

S_2 计 算 结 果　　　　表9-2

限制速度(km/h)	60	40	20
安全距离(m)	90	50	20

S_3 是工作区地段附近车道上拥挤车辆的排队长度,可按式(9-4)估算:

$$S_3 = \frac{Q \cdot l}{n} \quad (9-4)$$

式中:Q——发生在车道上的交通事件(包括养护维修作业)引起交通拥挤的最小流量,辆/h;

　　　l——每辆车的平均长度,按7m计;

　　　n——车道数。

根据相关统计资料,发生在车道上的交通事件(包括养护维修作业)引起交通拥挤的最小流量(15min流量)如表9-3所示。

最小流量(15min 流量)Q　　　　表9-3

公路等级	高速公路		一级公路		二级公路		三级公路
车道数	4	3	2	2	1		1
Q(辆/h)	860	540	260	220	100		60

按表9-3中的数据,用式(9-4)计算得到相应的拥挤排队长度如表9-4所示。

拥 挤 排 队 长 度　　　　表9-4

公路等级	高速公路		一级公路		二级公路		三级公路
车道数	4	3	2	2	1		1
S_3(m)	1 505	1 206	910	770	700		420

综合以上计算结果,按照《公路工程技术标准》(JTG B01—2014)的公路等级分类,警告区的最小长度可按表9-5选取。

警告区最小长度 S　　　　表9-5

位　置	公 路 等 级	设计速度(km/h)	警告区最小长度(m)
路段	高速公路	120、100	1 600
	一级公路	80、60	1 000
	二、三级公路	80	1 000
		60	800
		40	600
		30	400
各类平面交叉口		—	200

由于养护维修作业情况千差万别,在警告区内设置多少和设置何种交通标志,应视具体情况而定。但是,在警告区内至少设置三种标志,即施工标志、限速标志和可变标志牌或线形诱导标,其他标志可以根据具体情况再行增加。

2. 上游过渡区(Upstream Transition Area)

当工作区包含了一条或多条车道时,就需要封闭工作区所包含的车道。为防止车流在改变车道时发生突变,需要设置一个改变车道的过渡区,以使车流的变化缓和平滑。

过渡区一般有两种:上游过渡区和下游过渡区。

上游过渡区是为了保证车辆平稳地从封闭车道的上游横向过渡到缓冲区旁边非封闭车道的路段。

在上游过渡区中,应包括车道封闭和路肩封闭两种情况。假定车辆的行驶速度为v(km/h),被封闭的车道宽度为W(m),则车道封闭时所需要的上游过渡区的最小长度可用《道路交通标志和标线》(GB 5768—2009)建议按式(9-5)估算。

$$L_s = \begin{cases} \dfrac{v^2 W}{155} & (v \leqslant 60 \text{km/h}) \\ 0.625vW & (v > 60 \text{km/h}) \end{cases} \tag{9-5}$$

式中:L_s——上游过渡区(m);

v——养护维修工作区路段车速(km/h);

W——所关闭车道的宽度(m)。

上游过渡区长度设置是否合理,也可以通过现场观察。若车辆在通过过渡区时经常有紧急刹车或在过渡区附近拥挤较为严重,则有可能是前方交通标志设置不当或上游过渡区的长度过短。

如果隧道内的光线较暗,且其侧墙又会使驾驶员产生压抑感,为了提高安全性,隧道内上游过渡区的长度宜增加0.5倍,即隧道内上游过渡区的长度是正常情况的1.5倍。

车道封闭上游过渡区的最小长度可按表9-6选取,当在隧道内时,车道封闭上游过渡区的最小长度按表中数值的1.5倍选取。

路肩封闭上游过渡区的最小长度可按表9-7选取。

车道封闭上游过渡区的最小长度 L_s(单位:m)　　表9-6

封闭车道宽度(m)		3.0	3.5	3.75
限制车速(km/h)	60	70	90	90
	40	30	40	40
	20		10	

车路肩封闭上游过渡区的最小长度 L_j(单位:m)　　表9-7

封闭路肩宽度(m)		1.5	1.75	2.5	3.0	3.5
限制车速(km/h)	60	20	20	30	40	50
	40			20		
	20			10		

3. 下游过渡区(Downstream Transition Area)

下游过渡区是为了保证车辆平稳地从工作区旁边的车道横向过渡到正常车道的路段,也是为了将车流再引入正常车道的一个过渡路段。若下游过渡区设置得当,会有利于交通流的平滑。下游过渡区的长度一般只需保证车辆有足够的路程来调整行车状态即可。下游过渡区的最小长度宜取30m。

如果利用对向车道来转移本向车流,本向车道的下游过渡区实际上就是对向车道的上游过渡区,因此,设置要求与上游过渡区相同。

4. 缓冲区(Buffer Space)

缓冲区是上游过渡区和工作区之间的路段。缓冲区的设置主要是防止万一车辆驾驶员出现判断失误,有可能直接从过渡区闯入工作区,造成人员伤害和设备损坏。因此,设置缓冲区可以提供一个缓冲段,给失误车辆有调整行车状态的余地,避免发生严重事故。

缓冲区内不准堆放物品,也不允许养护维修作业人员在该区域内活动或工作。为了更有效地保护养护维修作业人员,在过渡区与缓冲区之间可以设置防撞装置,以加强防护作用。缓冲区的最小长度宜取50m。

5. 工作区(Activity Area)

工作区指养护维修作业的施工操作区。工作区是养护维修作业的工作场所,也是养护维修作业人员工作、堆放建筑材料、停放工作设备和车辆的地方。为了保证安全,在工作区与开放交通的车道之间必须设置醒目的隔离装置。工作区的长度应根据养护维修作业的实际需要确定。工作区的布置应考虑为工程车辆提供安全的进出口。

6. 终止区(Termination Area)

终止区是设置于工作区下游调整车辆运行状态的路段。设置终止区是为了给通过或绕过养护路段的车辆提供一个调整行车状态的路段。在终止区的末端应设置解除限速或解除超车等限制性交通标志,提示驾驶员已经通过了养护维修作业路段,可以恢复正常行车状态。终止区的最小长度宜取30m。

二、公路养护安全设施

养护维修作业的安全设施是保证安全的重要因素之一。公路养护安全设施主要包括警告、提醒、引导车辆和行人通过养护维修作业控制区域,保护养护维修作业人员和设备安全等的设施。

为满足养护维修作业安全需要而临时设置和施画的交通标志、标线属于临时性安全设施,交通标志和标线应组合使用。

养护安全设施的设置是为了保护养护维修作业人员和设备安全,警告、提醒、引导车辆及行人通过养护维修作业控制区域时集中注意力,加强防范意识。

1. 锥形交通路标

锥形交通路标宜由橡胶等柔性材料制成,底部应有一定的摩阻性能。形状为圆锥形或棱锥形,其颜色、尺寸和形状应符合《道路交通标志和标线》(GB 5768—2009)中的规定。布设间距宜为10~20m。用于夜间作业时应有反光功能,并配施工警告灯号,见图9-2。

2. 安全带

安全带宜由布质等柔性材料制成,宽度为10~20cm,带上有红白相间色,用于夜间作业应有反光功能。宜与其他设施组合使用。

3. 路栏

路栏应由刚性材料组成,用于夜间作业时应有反光功能,其颜色、尺寸和形状应符合《道路交通标志和标线》(GB 5768—2009)中的规定。

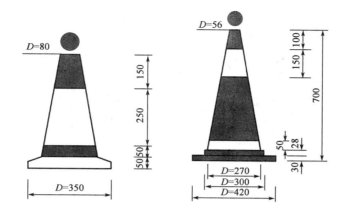

图 9-2　配有施工警告灯号的锥形交通路标(尺寸单位:mm)

4. 施工隔离墩

施工隔离墩宜由线性低密度聚乙烯等高强合成材料制成的空心半刚性装置,其上有黄、黑色和反光器,使用时其内部必须放置水袋或灌水,以达到消能的作用。如果灌水,一般所设置的水袋或所灌的水应达到其内部容积的 90%。施工隔离墩之间应由连杆相连接,将整个工作区围起来,见图 9-3、图 9-4。

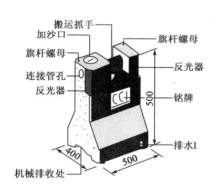

图 9-3　施工隔离墩(尺寸单位:mm)

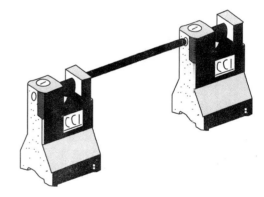

图 9-4　施工隔离墩的连接

5. 防撞桶(墙)

防撞桶(墙)应为半刚性装置,由线性低密度聚乙烯等高强合成材料制成的空心装置,其上有黄黑相间色,顶部可安装黄色施工警告灯号,使用时内部应放置水袋或灌水,防撞墙还应以两个为一组组合使用,见图 9-5、图 9-6。

6. 移动式标志车

移动式标志车是带有动力装置或可移动装置(拖车)的安全防护设施,颜色应为醒目黄色,装有黄色施工警告灯号,其后部有醒目的标志牌,图案和显示形式可按实际需要改变。使用时其尾部应面向交通流方向,设置于上游过渡区内或缓冲区内。

移动式标志车的显示方式比普通的交通标志更醒目,可以在不同的养护维修作业情况下改变显示内容,具有较强的适应性。因此,移动式标志车可以为作业内容和地点经常变化的养护维修作业提供更为方便的安全防护，如图 9-7 所示。

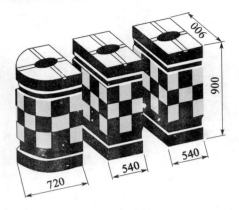

图 9-5　防撞桶（尺寸单位：mm）

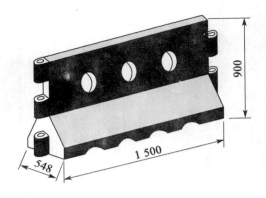

图 9-6　防撞墙（尺寸单位：mm）

7. 施工警告灯号

近年来，施工警告灯号被大量使用，且不断发展，已经出现了多种形式，特别是在高速公路上，除了《道路交通标志标线》（GB 5768—2009）规定的以外，还可以采用施工警告频闪灯，可固定于公路路侧的竖杆上，车辆驾驶员在较远的距离就能够清楚地看到警告灯号，如图 9-8 所示。为了较好地起到警示作用，还可以将警告灯号沿路连线设置，达到更好地警示效果。

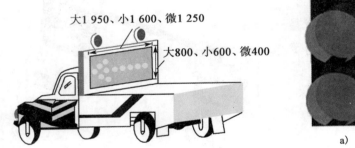

图 9-7　移动式标志车（单位：mm）

图 9-8　施工警告频闪灯

施工警告灯号应符合《道路交通标志标线》（GB 5768—2009）中的规定。施工警告灯号宜与其他安全措施一起组合使用。

8. 夜间照明设施

当夜间进行养护维修作业时，应设置照明设施。照明必须满足作业要求，并覆盖整个工作区域。

夜间作业的作业控制区布置必须设置施工警告灯号，所设置的交通标志必须具有反光功能。养护维修作业期间和结束以后应派专人看护照明设施。

9. 交通标志

根据养护维修作业情况，为养护维修作业而临时设置的交通标志，主要有警告标志、禁令标志、指示标志和施工区标志。交通标志的设置除应符合《道路交通标志和标线》（GB 5768—2009）的规定外，在养护维修作业时，还应该根据具体情况设置于专门位置，并尽可能利用公路可变信息板,配以图案或文字说明。在弯道、纵坡处进行养护维修作业时,应根据实际情况增设交通标志。

当工作区在道路右侧时,交通标志宜设在车道右侧或工作区上游车道上,见图9-9。当工作区在道路靠中央分隔带一侧时,交通标志宜设在中央分隔带护栏外侧或绿化带上,见图9-10。

图9-9　工作区在道路右侧时的交通标志设置图

图9-10　工作区在道路靠中央分隔带一侧时的交通标志设置图

因为养护维修作业的需要,还可以重新布置车道,使用临时性路面标线。临时性路面标线一般应使用与原路面标线不同的颜色加以区分,规定统一使用黄色路面标线作为临时性路面标线。养护维修作业期间,原有路面标线与临时性路面标线有矛盾的,在不能用其他方式加以区分时,必须除去或覆盖。

10. 养护安全设施的设置与撤除

当进行养护维修作业时,应顺着交通流方向设置安全设施。当作业完成后,应逆着交通流方向撤出为养护维修作业而设置的有关安全设施,恢复正常交通。

第三节　公路养护维修作业控制区布置

公路养护维修作业控制区布置应考虑养护维修作业的内容与要求、时间和周期、交通量、经济效益等因素,控制区内交通标志的设置必须合理、前后协调,起到引导车流平稳变化的作用。

一、高速公路及一级公路养护维修作业控制区布置

1. 基本要求

(1)工作区应设置工程车辆专门的进口和出口,出入口应设在顺行车方向的下游过渡区内。

(2)同一方向不同断面的相同车道同时维修作业,下游工作区距上游工作区1 000m以上时,应在下游工作区前端设置施工标志。如果下游工作区距上游工作区1 000m以内,可以作为一个作业控制区来布置;若维修施工的断面间距比较远,大于1 000m,这时应在下一个工作区前端设置施工标志。由于在同一个车道上连续布置了作业控制区,除了第一个作业控制区必须按规定的要求布置外,后续的作业控制区可以作适当简化。

(3) 同一方向不同断面的相同车道同时维修作业,下游工作区距上游工作区1 000m以上时,应在下游工作区前端设置施工标志。

(4) 同一方向不同断面的不同车道不宜同时养护维修作业,当必须同时养护维修作业时,作业控制区的布设间距要足够大,高速公路不小于1 000m,一级公路不小于500m。

(5) 当单向三车道以上(含三车道)的公路中间车道养护维修作业时,应与相邻一侧车道同时封闭。

单向多车道公路的中间车道需要养护,如果单独封闭中间车道,开放两侧车道,会给在作业控制区内的作业人员造成心理压力。由于活动范围较小,不安全的隐患较多。因此,这不是一种好的作业控制区布置方案,如果必须这样布置,应同时再封闭一条相邻车道。

(6) 应利用作业区上游的可变信息板显示"前方××公里封闭车道施工,请谨慎驾驶"的信息。

2. 养护维修作业控制区布置

(1) 在警告区内设置施工标志、限制速度标志和可变标志牌或线形诱导标等;在上游过渡区起点至下游过渡区终点之间应放置锥形交通路标;在缓冲区与工作区交界处应布设路栏。控制区内其他安全设施可视具体情况而定。

在作业控制区内必须设置两块施工标志,一块设置在作业控制区的最前端,另一块设置在警告区的中间断面。警告区最小距离S按照表9-5选取。在警告区内的其他断面处要设置禁止超车标志、限速标志、窄路标志以及线形诱导标。在上游过渡区内要设置移动式标志车,上游过渡区的距离按表9-6选取。在工作区的前端要设置护栏,护栏上要安装施工警告灯号。从上游过渡区到终止区必须用锥形交通路标按照规定的距离围起来。

(2) 当需要布置改变交通流方向的作业控制区时,可与中央分隔带开口位置相结合,利用非作业控制区一侧的车道。当警告区范围内有入口匝道时,应在匝道右侧路肩外设置施工标志。

改变交通流方向的作用控制区布置,因为要借用对向车道,所以除了本向车道要按照规定的要求布置作用控制区外,对向车道也要按照规定的要求布置作业控制区。

(3) 立交区进出口匝道养护维修作业控制区的布置,应根据工作区在匝道上的具体位置和匝道的长度确定。当匝道长度比表9-5中规定的警告区最小长度短时,作业控制区最前端的交通标志可设置于匝道的起点处,由于匝道的车速较低,这样也不会影响作业和交通安全。在匝道上布置养护维修作业控制区时,无论工作区的位置在匝道的哪个断面上,都应当先在匝道的起点位置处设置施工标志,提前告知车辆驾驶员前方有养护维修作业控制区。

(4) 在同一位置的作用时间在半天以内时,可适当减少交通标志,但应设置施工标志以及锥形交通路标,并应在上游过渡区内设置移动式标志车或配备交通指挥人员。

临时定点养护维修作业是日常养护维修作业的一种。日常养护维修作业是为保持公路的正常使用而进行的经常性维修作业。在同一地点作业时间多于半天而当日能够完工的养护维修作业应按临时定点养护布置作业来布置作业控制区。临时性定点养护维修作业主要有路面裂缝修理、路面油包或拥包修理、路面坑槽修理、路面接缝修理等。

(5) 当养护维修作业的位置移动时,可按实际条件适当简化。移动养护维修作业的特点是其作业的地点是随着维修操作而改变的,这类的作业主要有绿化浇水、路面清扫等。

二、二级和三级公路养护维修作业控制区布置

1. 基本要求

（1）控制区布置应兼顾养护维修作业的内容与要求、时间和周期、交通量、经济效益等因素，控制区内交通标志的设置必须合理、前后协调，起到引导车流平稳变化的作用。

（2）控制区上游因道路线形造成视距不良时，应在控制区上游的适当位置处增设施工标志。

2. 养护维修作业控制区的分布

（1）在警告区内应设置施工标志、限制速度标志和可变标志牌或线形诱导标等；在上游过渡区起点至下游过渡区终点之间应放置锥形交通路标；在缓冲区与工作区交界处应布设路栏；在工作区周围应布设施工隔离墩或安全带。控制区内其他安全设施可视具体情况而定。

在设置交通标志牌时，警告区距离应按表9-5取值。与高速公路和一级公路不同，由于在二、三级公路上车速不高，又有平面交叉口，当出现交叉口间距较近的情况时，应根据交叉口间距的实际情况来设置临时性交通标志牌，当交叉口间距小于规定的警告区最小长度时，应在上游交叉口的出口处设置施工标志牌。

（2）路段养护维修作业时，对于单向通行的情况，除必要的安全设施外，必须在工作区两端各配备一名交通指挥人员或设置交通信号控制灯。

当由于施工作业仅允许单车道通行车辆时，为了保证车辆的通行安全，需要指挥车辆交替通行。指挥交替通行可以采用人工指挥或交通信号灯指挥。但无论采用哪种指挥方式，都需要现场指挥人员配合。

（3）在弯道上养护维修作业时，控制区的布置主要应考虑曲线对车辆驾驶员视距的影响。控制区的布置应符合以下规定：

①当工作区处于视距不良的路段时，应在控制区内增加施工标志，以避免由于视距受影响而造成驾驶员不能及时看到施工标志的现象。

当控制区处于弯道的下游时，必须要将警告区最前面一个施工标志牌前移至弯道的上游，使车辆驾驶员在到达弯道前就能够知道前方有养护维修作业控制区。

②当双车道的一个车道封闭作业时，工作区两端均必须配备交通指挥人员。但当单向两车道的其中一侧车道封闭作业时，工作区下游可不配备交通指挥人员。

（4）当对整个路面进行养护维修作业时，应修筑临时交通便道，以保证车辆通行。控制区的布置应符合以下规定：

①临时路面标线应使用黄色。

②控制区内必须设置路栏和施工警告灯号。

③作业车上必须安装施工警告灯号。

④所修筑的交通便道应划道路轮廓线，并应设置可渠化交通的安全设施。

（5）路肩上进行养护维修作业时，因工作区不在车道上往往会轻视交通安全问题，因此，作业时除满足作业控制区布置基本要求外，还应满足以下规定：

①必须保证紧靠路肩的车道宽度大于3m。

②作业车上必须安装施工警告灯号。

③若设置移动式标志车,可不设过渡区。
④当交通流量较大时,必须封闭紧靠路肩的车道,并按车道封闭要求布置控制区。
(6)养护维修作业周期在半天以内时,控制区布置应符合以下规定:
①上游过渡区宜设置移动式标志车。
②作业车上必须安装施工警告灯号。
③在移动作业时,移动式标志车应与作业车保持在50~100m的间距。

三、特大桥桥面和隧道养护维修作业控制区布置

桥梁作为连接两岸交通的通道,一旦封闭,将会对周围的交通产生不便,而特大桥更是如此,所以不宜进行全封闭交通的养护维修作业。但在开放交通条件下的养护维修作业,由于特大桥的交通流量大,养护维修时的安全防护尤为重要,必须有作业控制区的交通控制方案。

隧道也是交通网络中的重要节点,单洞双向交通的隧道一旦全封闭,整个交通网络将会出现堵塞。因此,此类隧道是不能采用全封闭养护维修作业的。

1. 基本要求

特大桥桥面和隧道养护维修作业控制区布置应满足以下基本要求:
(1)在开放交通条件下的养护维修作业,应制定控制区交通管理方案。
(2)应配备专职人员加强车速限制和车辆限宽的管理。
(3)隧道入口前必须设置施工标志、限速标志和限宽标志。
(4)隧道控制区必须有足够的照明。
(5)特大桥的养护维修,应根据需要设置限载标志。

2. 特大桥养护维修作业控制区布置

(1)特大桥桥面养护维修作业控制区布置,宜只封闭一条车道进行养护维修作业。当为单向3车道时,封闭部分的宽度最大不宜超过两条车道。
(2)特大桥通常是整个交通网络中的重要节点,为了不致产生交通拥堵,在进行养护维修作业控制区布置时,要尽量少封闭车道,至少要保证一条车道的交通顺畅。其作业控制区的布置方法与高速公路及一级公路作业控制区的方法相类似。

3. 隧道养护维修作业控制区布置

(1)隧道单洞双向交通的控制区布置,应只封闭一条车道进行养护维修作业。由于隧道内光线较差,无论在洞内哪个断面设置作业控制区,在洞口都必须设置交通标志,而且要配备交通指挥人员或设置交通信号灯,并至少应从隧道口开始封闭养护维修作业车道。当工作区处于弯道范围时,应将警告区的起始位置前移至道路的直线段。
(2)隧道双洞单向交通的控制区布置应将警告区和上游过渡区设于洞口外。
(3)移动维修作业时,宜设置移动式标志车,并应在隧道两端配备交通指挥人员。作业周期大于2h时需设置锥形交通路标。

四、平面交叉口养护维修作业控制区布置

平面交叉口养护维修作业时,对交通的影响非常大。由于养护维修作业的情况变化多端,

也导致了在平面交叉口进行作业控制区布置时有多种布置方式。

平面交叉口养护维修作业控制区布置应考虑养护维修作业的内容与要求、时间和周期、交通量、经济效益等因素,控制区内交通标志的设置要合理、前后协调,起到引导车流平稳变化的作用。

平面交叉口养护维修作业控制区的上游视距不良时,可在作业控制区上游的适当位置处增设施工标志。

平面交叉口养护维修作业控制区布置应符合以下规定:
(1)必须在工作区与缓冲区分界处设置施工警告灯号。
(2)可设置移动式标志车。
(3)作业车上必须安装施工警告灯号。

通常情况下平面交叉口作业控制区的警告区最小长度 S 应按表9-5取值。但在有些交叉口间距小于 S 的情况下,S 可按实际的交叉口间距取值。

对于进口道只有一条车道且该车道被封闭,要求该进口道左侧的出口车道要临时作为双向车道,所以,要指派专门的交通指挥人员。当交叉口流量较大时,不宜采用本方法。

对于车道数多于1条的情况,当一条车道被封闭时,另一条车道仍然可以通行,一般不会对另一方向的交通产生较明显的影响。当半个路幅被封闭时,需要借用对向车道来通行本向车辆,所以不仅会对本向交通,而且也会对对向交通产生影响。作业控制区布置时要特别注意分离临时的双向交通。

在我国的公路交叉口中,环形交叉口是最常见的形式。在环形交叉口布置养护维修作业控制区时,有进口道、出口道和环道三个不同的位置,除了在进口道上的养护维修作业控制区对其余车道上的交通没有影响外,在出口道和环道上的养护维修作业控制区对其余车道上的交通都有影响。

平面交叉口进口或出口车道因封闭改为双向交通时,应划出黄色车道分隔线。如车道宽度不够,不能双向通行时,应由现场指挥人员指挥车辆单向通行。

五、收费广场养护维修作业控制区布置

在收费广场进行养护维修作业时,应关闭受维修作业影响的收费车道,并对作业控制区的交通进行管理。

若工作区在收费亭的上游,则应关闭所对应的收费车道;若工作区在收费亭的下游,则可不设警告区和上游过渡区,但应关闭所对应的收费车道。

在有过渡段的收费广场,由于原有的交通管理措施与一般路段有所不同,譬如限速、停车缴费等,所以在布置养护维修作业控制区时,可以采用关闭收费通道等措施对养护维修作业控制区作适当的简化。

六、养护维修安全作业

为实现保障公路养护维修作业人员和设备的安全以及车辆的安全运行,规范养护维修工程的安全管理和作业行为,养护维修安全操作主要是着眼于保障车辆通行和作业人员及设备的安全。

1. 公路养护维修安全作业

(1) 凡在公路上进行养护维修作业的人员必须穿着带有反光标志的橘红色工作装(套装),管理人员必须穿着带有反光标志的橘红色背心。

(2) 公路路面养护维修作业必须按作业控制区交通控制标准设置相关的渠化装置和标志,并指派专人负责维持交通。

(3) 在高速公路和一级公路上养护维修作业时,应用车辆接送养护维修作业人员。养护维修作业人员不得在控制区外活动或将任何物体置于控制区以外。

(4) 在山体滑坡、塌方、泥石流等路段养护维修作业时,应设专人观察险情。

(5) 在高路堤路肩、陡边坡等路段养护维修作业时,应采取防滑坠落措施,并注意防备危岩、浮石滚落。

(6) 坑槽修补应当天完成,若不能完成须按规程规定布置养护维修作业控制区。

2. 桥梁、隧道养护维修安全作业

桥梁、隧道养护维修作业有其特殊性,两者均属于公路路线上的关键节点,对整个交通的畅通起着至关重要的作用,养护维修作业安全问题格外重要。

(1) 公路桥梁、涵洞、隧道养护现场要专门设置养护维修作业时的交通标志。桥面养护应按作业控制区布置要求设置相关的渠化装置和标志,并设专人负责维持交通。

(2) 桥梁养护维修作业时,应首先了解架设在桥面上下的各种管线,并应注意保护公用设施(煤气、水管、电缆、架空线等),必要时应与有关单位联系,取得配合。

(3) 在桥梁栏杆外进行作业须设置悬挂式吊篮等防护设施,作业人员须系安全带。

(4) 桥墩、桥台维修时,应在上、下游航道两端设置安全设施,夜间须设置警示信号,必要时应与有关单位联系,取得配合。

(5) 在养护维修明洞和半山洞前,应及时清除山体边坡或洞顶危石。

(6) 在隧道内进行登高堵漏作业或维修照明设施时,登高设施的周围应设醒目的安全设施。

(7) 对隧道衬砌局部坍塌进行养护维修作业时,应采取措施保证养护人员安全。

(8) 当实测的隧道内 CO 浓度或烟尘浓度高于规定的允许浓度时,作业人员应及时撤离,并开启通风设备进行通风。

(9) 隧道内不准存放易燃易爆物品,严禁明火作业或取暖。

(10) 隧道洞口周围 100m 范围内,未经隧道养护机构许可,不得挖砂、采石、取土、倾倒废弃物,不得进行爆破作业及其他危及公路隧道安全的活动。

(11) 养护维修作业宜选择在交通量较小时段进行。在进行养护维修作业前应做好以下工作:

① 检测隧道内 CO、烟雾等有害气体的浓度及能见度是否会影响施工安全。

② 检测隧道结构状况是否会影响作业安全,如有危险,应先处理后作业。

③ 检查施工道信号灯是否准确、明显,施工标志设置是否规范。

④ 对养护机械、台架应进行全面的安全检查,并应在机械上设置明显的反光标志,在台架周围设置防眩灯,以反映作业现场的轮廓。

(12) 在隧道内进行养护维修作业时,应遵守以下规定:

①养护维修作业控制区经划定后不得随意变更。
②作业人员不得在工作区外活动或将任何施工机具、材料置于工作区以外。
③养护施工路段内的照明应满足要求。
(13) 电力设施等有特别要求维护的,应按有关部门的安全操作规程执行。
(14) 隧道内发生交通事故时,应通知并配合交通安全管理部门到现场处理交通事故。
(15) 事故发生后,应尽快清理现场,排除路障,恢复隧道正常行车,并登记相关损失,应认真分析事故原因,恢复或改善隧道的防灾能力。

3. 冬季除雪安全作业

冬季除雪是我国北方特有的公路养护工作内容之一。降雪对冬季交通及其安全影响特别大。因此,做好冬季除雪至关重要。

(1) 除雪作业时应加强交通管制。
(2) 除雪应以机械为主,在机械除雪不能操作的地方可辅之以人工除雪。
(3) 除雪作业人员和除雪机械作业时除满足以上要求外,应做好防滑措施。

4. 雨季安全作业

水对于公路而言大多数情况下起不良作用,给养护工作带来不便甚至安全隐患,因此,雨季养护维修作业的安全问题,有其特殊性。

(1) 现场道路应加强维护,斜道和脚手板应有防滑措施。
(2) 暴雨台风前后,应检查工地临时设施、脚手架、机电设备、临时线路,发现倾斜、变形、下沉、漏电、漏雨等现象,应及时修理加固。
(3) 在雨季养护维修作业时,作业现场应及时排除积水,人行道的上下坡应挖步梯或铺砂,脚手架、斜道板、跳板上应采取防滑措施。加强对排架、脚手架和土方工程的检查,防止倾斜和坍塌。
(4) 在雨季施工时,处于洪水可能淹没地带的机械设备、材料等应做好防范措施,施工人员要提前做好安全撤离的准备工作。
(5) 长时间在雨季中作业的工程,应根据条件搭设防雨棚。作业中遇有暴风雨应停止施工。

5. 雾天养护维修安全作业

雾天由于能见度差,养护活动对交通会有较大影响,特别是车辆驾驶员的视距有限,会影响驾驶员及时看清养护安全作业警示标志,容易存在交通安全隐患。

(1) 雾天不宜进行养护维修作业。
(2) 雾天需要进行抢修时,宜会同有关部门,封闭交通进行作业,所有安全设施上均须设置黄色施工警告灯号。

6. 山区养护维修安全作业

山区公路曲线多,高边坡多,路线坡度大,视距受限。

(1) 在视距条件较差或坡度较大的路段进行养护维修作业时,应设专人指挥交通,作业控制区应增加有关设施。
(2) 控制区的施工标志应与急弯路标志、反向弯路标志或连续弯路标志等并列设置。
(3) 在同一弯道不得同时设置两个或两个以上养护维修作业控制区。

7. 清扫、绿化养护及道路检测安全作业

清扫作业和绿化养护是公路养护工作中最经常性的工作,由于作业次数多,时间长,作业安全问题必须得到足够的重视。道路检测多数是在行车道上作业,并经常是移动作业,并且大多数情况下不封闭交通,因此更应注意安全问题。

(1)严禁在能见度差(如夜晚、大雾天)的条件进行人工清扫。

(2)凡需占用车道进行绿化作业时,必须按作业控制区布置要求设置有关标志。

(3)遇大风、大雨、下雪、雾天等特殊气候时必须停止绿化养护维修作业。

(4)高速公路、一级公路中央分隔带绿化浇水作业时,浇水车辆尾部必须安装发光可变标志牌或按移动养护维修作业控制区布置。

(5)道路检测车在高速公路、一级公路进行道路性能检测时,凡行进速度低于 50km/h 时,均应按临时定点或移动养护维修作业控制区布置,或应在检测设备尾部安装发光可变标志牌。

8. 养护维修机具安全操作

养护维修机具除按相关操作规程进行作业操作外,还应注意以下要求:

(1)养护机械应按其技术性能要求正确使用,不得使用缺少安全装置或安全装置已失效的机械作业,不得操作带故障的机械作业。

(2)操作人员必须执行有关工作前的检查制度、工作中的观察制度和工作后的检查保养制度。

(3)养护机械进入施工现场前,应查明行驶路线上的隧道、跨线桥的通行净空,必要时应验算桥梁的承载力,确保机械设备安全通行。

(4)养护机械在作业时,操作人员应熟悉作业环境与施工条件。

(5)养护机械在靠近架空输电线路作业时,必须采取安全保护措施,养护机械工作装置运动轨迹范围与架空导线的安全距离必须符合相关规定。

(6)养护机械应按时进行保养,严禁养护机械带故障运转或超负荷运转。

(7)禁止在养护机械运转中进行保养、修理作业。各种电气设备的检查维修,应停电作业。

参 考 文 献

[1] 中华人民共和国交通运输部.国家公路网规划(2013~2030年).2013.
[2] 中华人民共和国交通运输部."十二五"公路养护管理发展纲要.2011.9.
[3] 中华人民共和国行业标准.JTG H10—2009 公路养护技术规范[S].北京:人民交通出版社,2009.
[4] 中华人民共和国行业标准.JTG H20—2007 公路技术状况评价标准[S].北京:人民交通出版社,2007.
[5] 中华人民共和国行业标准.JTG B01—2014 公路工程技术标准[S].北京:人民交通出版社,2015.
[6] 中华人民共和国行业标准.JTG F40—2004 公路沥青路面施工技术规范[S].北京:人民交通出版社,2005.
[7] 中华人民共和国行业标准.JTJ 073.1—2001 公路水泥混凝土路面养护技术规范[S].北京:人民交通出版社,2001.
[8] 中华人民共和国行业标准.JTG F40—2004 公路沥青路面施工技术规范[S].北京:人民交通出版社,2005.
[9] 中华人民共和国行业标准.JTG/T F30—2014 公路水泥混凝土路面施工技术细则[S].北京:人民交通出版社,2014.
[10] 中华人民共和国行业标准.JTG/T H21—2011 公路桥梁技术状况评定标准[S].北京:人民交通出版社,2011.
[11] 中华人民共和国行业标准.JTG H11—2004 公路桥涵养护规范[S].北京:人民交通出版社,2004.
[12] 中华人民共和国行业标准.JTG H30—2004 公路养护安全作业规程[S].北京:人民交通出版社,2004.
[13] 中华人民共和国国家标准.GB 5768—2009 道路交通标志和标线[S].北京:中国标准出版社,2009.
[14] 马松林,侯相深.公路养护与管理[M].北京:人民交通出版社,2010.
[15] 伍石生,郭平,张倩.公路养护与抢修实用技术[M].北京:人民交通出版社,2008.
[16] 徐剑,黄颂昌.沥青路面预防性养护理念与技术[M].北京:人民交通出版社,2011.
[17] 王玉顺,朱敏清.高速公路沥青路面预防性养护技术与应用[M].北京:人民交通出版社,2008.
[18] 王松根,张西斌.公路沥青路面养护机械化作业[M].北京:人民交通出版社,2009.
[19] 王夫成,袁堂涛.公路沥青路面养护机械化[M].济南:山东大学出版社,2009.
[20] 广东省交通运输厅.广东省高等级公路沥青路面预防性养护技术手册[M].广东:人民交通出版社,2010.
[21] 傅智,金志强.水泥混凝土路面施工与养护技术[M].北京:人民交通出版社,2004.
[22] 武鹤.公路养护技术与管理[M].北京:人民交通出版社,2013.
[23] 尤晓暐,刘宝华,王光明.实用公路养护技术与管理[M].北京:清华大学出版社,2012.
[24] 陈万春,黄平明.桥梁养护与加固[M].北京:人民交通出版社,2009.

[25] 福建省公路管理局,东南大学.公路桥梁养护维修与加固改造技术[M].北京:人民交通出版社,2013.

[26] 刘玉民,陈惟珍.桥梁养护技术与管理[M].北京:人民交通出版社,2013.

[27] 田莉,胡霞光.美国沥青路面裂缝处治技术应用与研究进展[J].中外公路,2009,29(6):93-96.

[28] 马进福.灌缝技术[J].建设机械技术与管理,2007,2:69-71.

[29] 马登成.沥青路面坑槽裂缝修补方法的适用性及经济性分析[J].建筑机械,2007,(17):82-85.

[30] 朱宏琴,项琴.路面预防性养护的研究现状及发展趋势[J].中外公路,2008(12):88-91.

[31] 曾峰,张肖宁.沥青路面预防性养护技术研究进展及关键问题[J].中外公路,2009(9):74-80.

[32] 赵斌,李远见.沥青路面热再生技术在我国的发展概述[J].内蒙古公路与运输,2011,120(1):31-33.

[33] 马登成,任化杰,马尉倘.沥青路面就地热再生混合料级配优化设计[J].公路交通科技,2014,8:1-6.

[34] 赵婷.高速公路沥青路面使用性能评价及预防性养护决策研究[D].西安:长安大学,2011.

[35] 李爱军.高速公路沥青路面状况评价与养护决策研究[D].天津:河北工业大学,2002.

[36] 玉俊杰.基于预防性养护的高速公路沥青路面使用性能评价和预测模型研究[D].北京:北京交通大学,2009.

[37] 张文会.沥青厂拌热再生技术研究[D].西安:长安大学,2011.